Volkmar Sigusch (Hg.)
Aids als Risiko
Über den gesellschaftlichen
Umgang mit einer Krankheit

Aids als Risiko

**Über den gesellschaftlichen
Umgang mit einer Krankheit**

**Herausgegeben von
Volkmar Sigusch**

**Konkret
Literatur
Verlag**

© 1987 Konkret Literatur Verlag, Hamburg
Satz: Fotosatz Knab, Lintach
Druck: Fuldaer Verlagsanstalt, Fulda
ISBN 3-922144-67-5

Inhalt

Volkmar Sigusch
Aids als Risiko
Ein Vorwort   7

KRANKHEIT UND GESELLSCHAFT
Gunter Schmidt
Moral und Volksgesundheit   24
Volkmar Sigusch
Aids für alle, alle für Aids
Momente der Vergesellschaftung   39
Paul Parin
Die Mystifizierung von Aids   54
Günter Amendt
Jetzt ist alles Gras aufgefressen   67

MENSCHEN UND RISIKEN
Rosa von Praunheim/Martin Dannecker
»Das ist rein kriminell.«
Ein Streitgespräch, moderiert von Ingrid Klein   82
Heide Soltau
Aus Verantwortung fürs Volkswohl
Frauen, Syphilis und »safer sex«   103
Ingrid Klein
Feministinnen und Aids   112
»Ich rechne damit, daß es mich brettert.«
Helles Roth interviewte den Fixer J.   120
Helga Bilitewski
Aids, Otto und die Nutte   127
»Dann geht die Prostitution in den Untergrund.«
Edith Kohn interviewte die Prostituierte Ellen D.   133
Irene Stratenwerth
Wer stiehlt, steckt auch an   140
Senta Fricke
Aids und Sexualerziehung   145

HILFE UND ZWANG

Eberhard Schorsch
Elitäre Sexualwissenschaft? 156

Karl-Georg Cruse
Aufgaben und Ziele der Deutschen Aids-Hilfe 162

Rolf Rosenbrock
Der HIV-Antikörper-Test
Medizinische und gesundheitspolitische Probleme 170

Sophinette Becker
Der Arzt, der Aids-Patient und die Sexualität 191

Michael Lukas Moeller
Das Leben kann den Tod nicht beseitigen 198

MEDIEN UND POLITIK

Ulrich Clement
Höhenrausch 210

Eberhard Hübner
Inszenierung einer Krankheit
Die Aids-Berichterstattung im »Spiegel« 218

Hermann L. Gremliza
Die Herren des Montagmorgengrauens
oder: Die Abwehrschwäche des Informationssystems
Der Spiegel (A.I.D.S.) 234

Frank Rühmann
Wege aus dem Zwang?
Zur Aids-Politik der Bundesregierung 240

Peter Rogge
Fortgeschrittene Paranoia 247

»Die Lust zur Waffe machen«
Interview mit **Maria Plague** von der Gruppe
»New Cancer Power« 252

Volkmar Sigusch
Aids als Risiko
Ein Vorwort

Mörderisch ist Aids, weil sich der Verstofflichungs-Charakter unserer Kultur im allgemeinen Umgang mit einer Krankheit auf allen Ebenen realisiert — ohne daß wir die Möglichkeit hätten, uns durch theoretische Abstraktionen seelisch zu schützen. Denn die Erkrankten gehen nicht wie wir alle chronisch kulturell zugrunde, sondern körperlich akut. Wer auf das allgemeine Geschehen nicht nur lethargisch oder zynisch reagiert, wer noch Mitleid empfindet, ist von Aids aufgewühlt. Nichts ist für reflektiert Erlebende entsetzlicher, als das scheinbare Zusammenfallen von individuellem und gesellschaftlichem Elend. Nichts ist für Saubermänner befriedigender als das Operieren am Volkskörper. Jene, die an Minderheiten und Lustseuchen traditionell ihr eigenes Schicksal zu besänftigen suchen, stehen Gewehr bei Fuß, nein: sie haben inzwischen durchgeladen und das Feuer eröffnet.

Aids ist beides: eine schwere Erkrankung und nichts als Blendwerk. Weil die Erkrankung tödlich ist und die Mystifikation verheerend, fällt es uns unendlich schwer, die Wirklichkeit von ihren Verdrehungen zu trennen und die Realangst von der neurotischen. Aids ist ein kultureller und politischer Volltreffer, in dem sich die einzelnen Greuel mit dem Grauen des Ganzen lärmend vermählen. In diesem Phänomen schießen zusammen: die latente Untergangsstimmung mit bestens bedienten Geschäftsinteressen, das Sicherheitsdenken mit dem ökologischen, der Präventivschlag mit dem Mythos vom Blut, das heidnische Aug-um-Auge der vatikanischen Geißeln Gottes mit der christlichen Charité, der Haß auf das Andersartige mit dem Neid auf den Glamour der Perversion, die Angst vor dem sexuell Triebhaften mit dem Liberalisierungshorror, der verdeckte Rassismus mit der öffentlichen Sozialhygiene, der Schrecken der Verseuchung mit der momentanen Ruhe des Tests, das Selbsthilfegruppengesamttreffen mit der Ohnmacht der kausalen Medizin, die eigenen homosexuellen Regungen mit der praktizierten Homosexualität, die Schuldangst der Libertinen und Randständigen mit der Rage der Verfolger. Aids für alle, alle für Aids.

Wird trotz allem der Versuch nicht unterlassen, vernünftig aufzuklären, muß die Krankheit von ihrer Indienstnahme getrennt werden. Erst dann wird es möglich, die gesellschaftlichen, sozialen und seelischen Instrumentalisierungen zu erkennen, erst dann können wir um die Menschen trauern, die an Aids versterben. Angesichts der Aufpeitschung ist das Trennen unumgänglich, weil wir sonst von Angst, Ekel, Rache und vom Haß auf die Ansteckenden überschwemmt werden.

Kein vernünftiger Mensch wird eine tödliche Erkrankung verharmlosen. Kein vernünftiger Mensch aber wird in Aids eine der größten Bedrohungen der Menschheit sehen. So sehr es sich auch aufdrängt, das Versagen der allgemeinen Abwehr mit dem der individuellen gleichzusetzen, so sehr muß die Differenz von Krankheit und Gesellschaft betont werden. Gerade weil das Individuum mit dem Allgemeinen zusammengebrannt ist, dürfen seine Ängste und Krankheiten nicht gleichgeschaltet werden. An Aids stirbt jeder allein. Das Sterben mag in dieser Kultur ebenso maskiert sein wie gang und gäbe — als menschliches ist es individuell.

Selbst für den, der sich nichts mehr vormacht, ist das Versagen jener Presse, die zwischendurch auch einmal liberal war, sind die Panikmache, das Ausgrenzen verfolgter Minderheiten, das Anstacheln des ohnehin dumpf grollenden »gesunden« Volksempfindens erschütternd. Als hätte es noch eines Beweises bedurft, daß der Rassismus bei uns nicht nur latent vorhanden ist — Aids hat ihn geliefert. Wer wissen will, wie bei uns mit Opfern einer körperlichen Krankheit verfahren wird, die höchstens gehorsamer und schutzloser das getan haben, was uns allen befohlen war; wer wissen will, was gegen Minderheiten unternommen wird; wer das Ausbreiten einer verkommenen »politischen Kultur« ertragen kann — der lese dieses Buch.

Hervorgegangen ist es aus der Schrift »Operation Aids«, die ich zusammen mit Hermann L. Gremliza als Heft 7 der Reihe

»Sexualität Konkret« im März 1986 herausgegeben habe. Da das Heft vergriffen ist, unsere Zwischenrufe aber heute ebenso notwendig sind wie vor eineinhalb Jahren, haben wir uns entschieden, noch einmal kritische Stimmen zu versammeln. Einige Beiträge der »Operation Aids« mußten wegen der andersartigen Konzeption oder aus Gründen der Aktualität entfallen. Die, die schon damals dabei waren, hatten Gelegenheit, ihre Beiträge durchzusehen und ohne Rücksicht auf irgendwen zu betiteln. Für dieses Buch neue Aufsätze geschrieben haben Frank Rühmann, Senta Fricke, Rolf Rosenbrock, Ingrid Klein sowie Karl-Georg Cruse von der Deutschen Aids-Hilfe. Den Beitrag von Helga Bilitewski habe ich aufgenommen, weil es wenig Authentisches aus diesem Feld gibt. Das Stück von Hermann L. Gremliza schließlich, zuerst in »Konkret« (Heft 7/86) erschienen, erinnert an die Wirksamkeit der »Operation Aids« und als Lehrstück daran, wie unwahr die Berichterstattung des Montagsmagazins ist.

Was die Autorinnen und Autoren verbindet? Wir trauern um die Toten und kümmern uns nicht um die »vitalen« Interessen der Banken oder das Florieren des Immobilienmarktes wie andere.[1] Wir fürchten uns vor der Unvernunft, die das Ganze durchherrscht und immer wieder von Amts wegen brachial wird; schon deshalb rufen wir nicht nach dem Staat wie andere. Wir hoffen auf die Einsicht der Subjekte und glauben nicht an Aids als eine sich natural-dinghaft blind durchsetzende Katastrophe wie andere. Wir setzen auf Aufklärung und damit auf die Menschen, die, wenn sie riskiert sind, schließlich nur selber ihr Verhalten ändern können. Wir versuchen, gegen den Einbruch der tradierten Zwangsmoral anzudenken und anzukämpfen. Denn Aids, und davon handelt dieses Buch vor allem, ist nicht nur ein tödliches Risiko für den einzelnen, sondern auch für das Bewahrenswerte unserer Kultur, ob das Risiko nun als gesellschaftliche Mystifikation, als seelische Verdrehung oder ebenso unverstellt wie brutal daherkommt. Ja, so weit ist es mit Hilfe von Aids schon gekommen: daß wir den Verlust sexueller Liberalität beklagen, von der wir doch immer gesagt haben, ihr Kennzeichen sei nicht zuletzt Scheinbefriedigung und sie habe mehr mit gesellschaftlicher Eingemeindung zu tun als mit Emanzipation. Die Mystifikation Aids hat die sexualtheoretische und sexualpolitische Debatte bereits einschneidend zurückgeworfen. Um so wichtiger ist es, das, was wenigstens im Kopf erreicht worden ist in den letzten zwanzig Jahren, dort auch zu erhalten, ob es nun um die erkämpften Errungenschaften der Homosexuellen geht oder die der Heterosexuellen oder um das Insistieren auf der Subjekthaftigkeit des Sexuellen, von der die vergangene Liberalisierung des Liebes-, Geschlechts- und Sexuallebens schließlich auch handelte, notgedrungen wie erklärtermaßen.

Zu erinnern und zu bewahren ist das alles, weil die Mystifikation Aids alte Wunden auffrischt, das sexuell Triebhafte wieder fest mit Angst und Schuldgefühl und dem Gedanken der Sühne, überhaupt mit dem Widerpart des Sexuellen verlötet, weil sie die erste Liebe wieder so richtig überschaubar zu einem Wagnis auf Leben und Tod macht und die Suche nach Ekstase, wie könnte es anders sein, epidemiologisch denunziert, weil sie Treue und Monogamie aus Horror erzwingt. Neu ist das alles nicht, scheinbar aber wieder einmal vernünftig und konsequent und human. Was vor der sexuellen Liberalisierung mit Hilfe der Geschlechtskrankheiten und der unerwünschten Schwangerschaften eingebleut und erpreßt wurde, kann sich jetzt auf einen natürlichen Todesengel berufen, der, so lautet die globale Parole, immer zur Stelle ist. Allgemein wirksam ist die Parole, nicht allein weil die Massenmedien so durchschlagend sind und unser aller Denken von Aids infiziert ist, sondern weil in uns selber die Strebungen präsent und am Werke sind, die Perversion wie Liebe mit Angst und Schrecken liieren. Sexualität wird in dieser Kultur seit dreihundert Jahren als Infektion und Gefährdung behandelt, und man wundert sich über den Aufschrei, den Aids hervorruft.

Wer dachte, das Sexualleben unserer Kinder werde einmal keine Plackerei sein, dem wird erneut die Lektion erteilt, sich gefälligst über diese Kultur keine Illusionen zu machen. Das Liebesleben Hunderttausender junger Menschen wird belastet, behindert, gestört — mit dem Gerede vom Austausch der Körperflüssigkeiten, obgleich die Wahrscheinlichkeit, sich bei der ersten Liebe anzustecken, so groß ist wie die: daß das Haus, in dem ich gerade sitze, über mir zusammenstürzt. Nicht der Erreger dieser schrecklichen Krankheit, den Menschen, als sei er auch einer, bösartig und heimtückisch nennen, bedroht die Kinder und Jugendlichen wirklich, sondern die, die ihnen einreden, jeder Intimpartner sei potentiell infektiös, »Zungenküsse« seien lebensgefährlich. Denn wie läßt es die Bundesgesundheitsministerin überall sagen? »Vertrauen ist gut, Vorbeugung ist besser!«

So ist das in dieser Kultur. Die Jugend soll mit allen Mitteln geschützt werden, angeblich vor der Krankheit, tatsächlich aber vor der bösen Sexualität. Die jedoch, die wirklich individuell und insgesamt als seelisch-soziale Minderheit in ihrer Existenz bedroht sind, die Suchtkranken, die immer weiter »wash out« und »needles sharing« praktizieren, die ihr Schicksal nicht aus eigener Kraft abwenden und sich nicht selber organisieren können wie Homosexuelle dank der Schwulenbewegung und der allgemeinen Liberalisierung, die über keine theoretisch wie politisch beachteten Köpfe und Fürsprecher verfügen — sie läßt man verrecken, obwohl das, was zu tun ist, auf der Hand liegt.[2–6] Den Drogenabhängigen könnte wirksam geholfen werden durch äquivoke Aufklärung vor Ort und medizinische Substitution des Rauschgifts, durch das Eröffnen einer sozialen und beruflichen Perspektive, im Ernstfall, der Aids laut Parole ja ist, sogar durch das Legalisieren der Drogen. Aber nicht einmal saubere Spritzen sollen sie bekommen, weil das Rechtsempfinden und die Ordnungspolitik höhere Güter sind als ihr Leben. So ist das also mit der Humanität.

Wollen wir das gesellschaftliche Blendwerk Aids durchschauen, müssen wir die Fakten so zur Kenntnis nehmen wie sie sind und nicht wie sie uns von Frau Süssmuth sexualdemokratisch oder von Herrn Gauweiler in faschistischer Manier, von »Spiegel« oder »Bild« menschenverachtend und von einigen Professoren im Sinne einer Diktatur der Virologie serviert werden. Auf folgende Fakten und Fiktionen auch noch hinzuweisen, ist mir wichtig:

1. Aus humanen und human-medizinischen Gründen muß

zwischen der HIV-Infektion einerseits und der Aids-Erkrankung andererseits unterschieden werden. HIV-Infektion bedeutet, daß ein Mensch mit einem der augenblicklich bekannten zwei Typen des Human Immunodeficiency Virus (HIV-1 und HIV-2) in Kontakt gekommen ist.[7] Der Infizierte braucht davon weder etwas zu bemerken noch zu erkranken. Es kommt auch gar nicht selten vor, daß der Organismus überhaupt keine Antikörper bildet oder daß sie sich noch nicht nachweisen lassen oder daß das Antikörper-Test-Ergebnis falsch ist (vgl. dazu den Beitrag von Rosenbrock in diesem Buch). Die labormedizinische Diagnose »HIV-Infektion« ist also weder ausreichend noch absolut sicher. Aids dagegen ist eine schwere körperliche Erkrankung, die nicht von einem Labor, sondern klinisch gestellt wird; weil sie so einschneidend ist, kann sie gar nicht übersehen werden.

Im Augenblick ist »Aids« eine sich ständig verändernde Sammelbezeichnung für *sekundäre* Infektionskrankheiten, *sekundäre* Tumorbildungen und weitere *sekundäre* Erkrankungen, die »opportunistisch« genannt werden, weil sie nur dann entstehen können, wenn die *primäre* Infektion mit einem Virus der Reihe HIV die sogenannte zellvermittelte Immunabwehr des Organismus *so einschneidend* geschädigt hat, daß bis dahin allgemein verbreitete, aber für den gesunden Menschen ungefährliche Erreger diese Schwäche »opportunistisch ausnutzen« bzw. maligne Tumoren entstehen können. In diesem Sinne ist das HIV mit dem Krankheitsgeschehen, das unter der Bezeichnung »Aids« zusammengefaßt wird, *assoziiert, aber kein Aids-Virus.*

Medizinisch ist der Zusammenhang von HIV-Infektion und Aids so eng wie jener zwischen der Tendenz eines Menschen, psychotische Symptome zu produzieren, und der, an einer Psychose zu erkranken, oder wie jener zwischen einem pathologischen Zellbefund in Richtung Karzinom und der Krebserkrankung selber. Diese Beispiele belegen, warum auf der Differenz von HIV-Infektion und Aids-Erkrankung bestanden werden muß. Schließlich ist ungeklärt, bei *wie vielen* Menschen *unter welchen Bedingungen,* körperlichen ebenso wie seelischen, das in *wirksamer* Menge in den Organismus eingedrungene Virus das Immunsystem *so sehr beschädigen* wird, daß sich schwere Krankheiten entwickeln, die das HIV zwar *nicht direkt* hervorgerufen, aber doch *mitverursacht* hat.

Wer über all diese Differenzen und offenen Fragen hinwegschreit, denkt unmedizinisch und handelt unärztlich, indem er den Infizierten jede Hoffnung zerstört. Patienten, die infolge einer HIV-Infektion an Symptomen leiden, als »Aids-Vorfeld-Patienten« zu bezeichnen oder mit Diagnosen wie »Prä-Aids« und »Aids-Related Complex« zu traktieren, ist eine medizinische Unsitte. Homosexuelle Männer, nur weil sie homosexuell sind, als Gruppe »1 a« den Patienten zuzuordnen[8], obwohl sie weder infiziert sind noch riskiert, ist ein medizinischer Skandal.

2. Auf der letzten Internationalen Konferenz über Aids, die im Juni 1987 in Washington stattfand[9], teilte der Vertreter der WHO mit, daß nunmehr weltweit 51 500 Aids-Erkrankungen registriert seien. Zwei Drittel aller bekannt gewordenen Erkrankungen sind in den USA aufgetreten.

Wichtig ist, daß die Zeitspanne, innerhalb derer sich die Anzahl der Erkrankungsfälle verdoppelt, im Verlauf der Epidemie erfreulicherweise immer größer geworden ist. Lag die Verdoppelungszeit in den USA 1982 bei fünf bis sechs Monaten, hat sie sich jetzt bereits auf 13 bis 14 Monate verlängert.[10] Das bedeutet jedoch nicht, daß die Anzahl der Erkrankungsfälle auch *absolut* bereits eindeutig abnimmt. Zwischen der primären Infektion mit einem HIV und dem ätiopathogenetisch sekundären Syndrom Aids können viele Jahre liegen. Keiner weiß, wie viele Monate oder Jahre vergehen können. Manche Kliniker sprechen von sechs Monaten, die meisten von fünf bis sechs Jahren, manche sogar von 15 Jahren.[11–13]

Mit Sicherheit hängt das auch davon ab, auf welche Weise das Virus übertragen worden ist, ob beispielsweise durch eine Bluttransfusion oder durch infizierten Samen. Außerdem gibt es bei Aids keine sogenannte Inkubationszeit im klassischen Sinn, weil es sich bei diesem Syndrom ja nicht um eine Infektionskrankheit handelt, die, wie Masern oder Syphilis, direkt von einem Krankheitserreger hervorgerufen wird und eine bestimmte Zeit nach der Infektion ausbricht. Auch bei uns hat sich die Verdoppelungszeit seit 1982 eindeutig verlängert.

Bis Mitte 1987 sind in der BRD und West-Berlin 1133 Aids-Kranke von behandelnden Ärzten an das Bundesgesundheitsamt gemeldet und dort kumulativ registriert worden (vgl. dazu den Beitrag von Clement in diesem Buch). Von diesen 1133 Patienten sind bis Mitte 1987 521 verstorben. Im zweiten Halbjahr 1986 wurde bei 262 Patienten Aids diagnostiziert, im ersten Halbjahr 1987 bei 207. Etwa sechs Prozent der bisher bekannt gewordenen Erkrankungen betrafen Frauen, etwa ein Prozent Kinder unter 13 Jahren. Mit 85 Prozent der Erkrankungsfälle und entsprechend vielen Todesfällen hat die Gruppe der homosexuellen Männer mit großem Abstand die meisten Opfer zu beklagen. Daran hat sich weder bei uns noch in den USA im Verlauf der Epidemie etwas geändert.

3. Die HIV-Infektion hat sich nach allen Studien, die vorliegen, *nicht* in der Allgemeinbevölkerung allgemein ausgebreitet. Auch kann *nicht* davon gesprochen werden, daß die Normalbevölkerung allgemein riskiert ist, an Aids zu erkranken. 99,9 Prozent der hiesigen Gesamtbevölkerung sind *nicht* mit HIV-1 infiziert.

Von 824 964 Blutspenden, die im gesamten Bundesgebiet und in West-Berlin mit Stand vom 30. September 1985 registriert und auf Antikörper gegen HIV-1 getestet worden sind, waren im sogenannten Bestätigungstest (Western blot) 0,02 Prozent positiv[14], das heißt enthielten höchstwahrscheinlich überwiegend tatsächlich Antikörper. Während der Prozentsatz der Seropositivität in der BRD ohne West-Berlin bei 0,014 lag, ergab sich für West-Berlin ein um eine Zehnerpotenz höherer Satz (0,14 Prozent). Entsprechend sind die Befunde in den USA ausgefallen. Von insgesamt über einer Million Blutspenden waren insgesamt 0,038 Prozent antikörperpositiv, in den Städten 0,11, in ländlichen Gebieten aber nur 0,003 Prozent.[15] Die ersten 200 000 Blutspenden, die in Hessen nach der Einführung des Antikörper-Tests untersucht worden sind, waren zu 0,012 Prozent seropositiv.[16] Von 70 000 Blutspenden, die im ersten Quartal 1987 in Hessen getestet worden sind, war absolut eine positiv, wobei die Spender sowohl aus Frankfurt als auch aus ländlichen Gebieten Hessens kamen.[17] Der

Prozentsatz der Seropositivität ist jetzt so gering, weil Menschen, die im Gegensatz zur Normalbevölkerung tatsächlich Risikosituationen ausgesetzt waren, heute in der Regel ganz offensichtlich nicht mehr zum Blutspenden gehen.

Schließlich noch ein Hinweis auf Ergebnisse von Massenscreenings in den USA.[18-22] Dort werden seit einiger Zeit Hunderttausende zwangsweise getestet, namentlich Angehörige der US-Armee und solche Personen, die sich bei ihr bewerben. In allen Berichten wird der Prozentsatz der Seropositivität mit 0,15 bis 0,16 Prozent angegeben, wobei sich alle Resultate auf Zeiten in den Jahren 1985 und/oder 1986 beziehen und die sogenannte Stichprobe im einen Fall[20] etwa 1,3 Millionen Männer und Frauen umfaßte. Will man die Befunde aus der BRD mit denen aus den USA vergleichen, müssen mehrere Umstände berücksichtigt werden. Die BRD liegt, epidemiologisch gesprochen, um zwei bis drei Jahre hinter den USA; die US-Armee hat bekanntermaßen ein großes Drogenproblem; nicht jeder, der einem Militärarzt oder einem ganz anderen Rindvieh erklärt, er habe nie Drogen gespritzt und nie Analverkehr gehabt, sagt die Wahrheit. Er wäre ja auch ganz schön blöd. Das, was ein Sexualforscher natürlich immer gedacht hat, ist inzwischen bewiesen worden: Fast alle, die die Armee als auf »heterosexuellem« Weg infiziert verbucht hatte, haben das gegenüber Personen ihres Vertrauens widerrufen.[23, 24]

4. Obwohl der Mechanismus der Übertragung des HIV *im engeren Sinn* noch nicht bekannt, weil empörenderweise nicht erforscht ist, kann allgemein gesagt werden: Das HIV-1 wird nach allen Befunden, vor allem epidemiologischen, *nicht* aerogen (Tröpfcheninfektion), *nicht* fäkal-oral (Schmierinfektion), *nicht* alimentär (über Nahrungsmittel), *nicht* durch Arthropoden (Gliederfüßer) und *nicht* durch die üblichen Kontakte mit Erkrankten in einer Familie, in einem Haushalt, in der Schule, bei der Arbeit usw. übertragen.

Nach heutigem Wissen wird das HIV parenteral übertragen, ähnlich wie das Hepatitis-B-Virus, das allerdings in einem sehr viel höheren Prozentsatz zu einer wirksamen Infektion eines Organismus in der Lage ist. Parenteral heißt, daß die Übertragung nicht oral über den Magen-Darm-Trakt erfolgt, sondern durch *direkte* Inokulation (»Einbringung«) von infiziertem Blut oder infiziertem Samen. Die Übertragung durch Samen ist bei der HIV-Infektion im Gegensatz zur Hepatitis-B ganz offensichtlich geradezu charakteristisch.

Alle anderen bisher untersuchten Körperflüssigkeiten und Gewebe können zwar den Erreger HIV enthalten; seine Konzentration reicht aber *nicht* für eine wirksame Infektion aus.[25] Wie die HIV-Infektion wegen der Übertragungswege nicht mit den großen Seuchen des Mittelalters gleichgesetzt werden kann, so ist es wissenschaftlich vollkommen unhaltbar, »Zungenküsse« als gefährlich zu bezeichnen.

5. Da das HIV wirksam durch Blut und Samen übertragen wird, sind Situationen oder Verhaltensweisen riskant, die das ermöglichen. Die hämatogene Übertragung wurde in der Vergangenheit unwillentlich von Ärzten vorgenommen, die insbesondere hämophile Männer mit Blutprodukten und andere Patienten mit Bluttransfusionen behandelten. Außerdem ist sie höchstwahrscheinlich der Weg, auf dem Kinder durch ihre infizierten Mütter vor der Geburt oder während der Geburt angesteckt werden.[26-29] Schließlich spielt dieser Infektionsweg *sehr selten* auch im Krankenhaus oder in der ärztlichen Praxis eine Rolle, insbesondere wenn es beim medizinischen Personal aus Versehen zu Verletzungen mit Instrumenten, vor allem Spritzen, kommt, die mit infiziertem Frischblut kontaminiert sind. Bis zur Stunde sind weltweit neun derartige Infektionen bekannt geworden.

Tausende von Verletzungen dieser Art haben nachweislich *nicht* zu einer wirksamen Infektion mit dem HIV geführt.[30-36] Welche Bedeutung die hämatogene Übertragung beim Sexualverkehr hat, ist bisher ungeklärt. Bedeutsam sind wissenschaftliche Berichte[37-39], nach denen eine Frau eine andere beim Sexualverkehr angesteckt hat, wobei auch traumatische Verletzungen infolge sexueller Praktiken und Verkehr zur Zeit der Menstruation erwähnt werden.

Bei den homosexuellen Männern, die sich infiziert haben, sind nach den meisten bisher vorliegenden Studien *rezeptive (passive) Analpraktiken* mit der Seropositivität statistisch signifikant korreliert.[40-46] Ob allein das Aufbringen infizierten Samens auf die Darmschleimhaut zur Übertragung ausreicht, ist unbekannt. Deshalb wird auch immer davon gesprochen, daß verletzende Praktiken vermieden werden sollten. Andererseits liegt eine experimentelle Studie[47] vor, nach der Darmschleimhautzellen jenen Oberflächenmarker besitzen, auf den der Erreger, der sich nicht selber fortbewegen kann und auch über keinen energieerzeugenden Apparat verfügt, beim Eindringen in die menschliche Zelle angewiesen ist.

Die Scheide der Frau, die nicht von einer Schleimhaut ausgekleidet ist, wurde meines Wissens hinsichtlich der Oberflächenantigene ihrer Zellen und damit hinsichtlich der Rezeptorverhältnisse bisher nicht untersucht. Gesagt werden aber kann, daß der Vaginalverkehr ohne Verletzungen ganz offensichtlich für eine Übertragung des Virus kaum geeignet ist.

Die sehr widersprüchlichen Berichte, die aus afrikanischen Ländern vorliegen[36, 48–59], in denen das Geschlechterverhältnis Mann:Frau mit etwa 1:1 im Erkrankungsfall angegeben wird, erlauben es nicht, diese Frage zu klären. Die dortigen Umstände differieren von den hiesigen grundsätzlich und im Detail. So sollen die meisten Prostituierten in einer Weise genital erkrankt sein[57–59], die eine hämatogene Übertragung ermöglichen würde. Das ist aber nur einer von hundert Aspekten, die die Ergebnisse aus afrikanischen Ländern mit den hiesigen nicht zu vergleichen erlauben.

Während dort die Prostituierten von allen untersuchten Gruppen die bei weitem höchste Seropositivitätsrate aufwiesen, sind bundesdeutsche Prostituierte in aller Regel weder infiziert noch krank, sofern sie keine Drogen gespritzt haben. Trotzdem wird auf sie eingeschlagen, als seien sie für die Freier und nicht sehr viel eher die Freier für sie eine Gefahr.

6. Damit ist bereits gesagt, wie feige, ideologisch und dumm die Aids-Politik der bayerischen Regierung ist. Verbrecherisch ist sie allein schon deshalb, weil sie Erkrankte davon abhält, notwendige und zumindest lebensverlängernde ärztliche Behandlungen in Anspruch zu nehmen, und Riskierte davon, in einer Beratung, die von gegenseitigem Vertrauen getragen ist, auch über Methoden der Infektionsverhütung informiert zu werden.

Überaus negativ ist jener Effekt der bayerischen Politik, der die Bonner Regierung als aufgeklärt und milde erscheinen läßt nach dem Motto: Je irrationaler der Gauweiler, desto vernünftiger die Süssmuth. Mit den Tatsachen stimmt dieser Eindruck spätestens seit der Erfassung Infizierter und Aids-Kranker in Polizei-Computern[60] nicht überein. Frau Süssmuth hat nicht einmal mit ihrem Rücktritt gedroht; sie ist an dem Tag, an dem bekannt wurde, daß die Innenminister aller Ebenen und Länder, selbstverständlich auch die sozialdemokratischen, der Erfassung zugestimmt hatten[61], öffentlich zur Tagesordnung übergegangen.

Auf der steht erstens das frauenfeindliche Bundesberatungsgesetz, das den unsäglichen § 218 noch unsäglicher machen soll; zweitens das Herausfiltern heterosexueller »Risikogruppen« mit wissenschaftlicher Hilfe (das kann ich bezeugen, weil wir gefragt worden sind und dieses weder ethisch noch politisch zu verantwortende und außerdem epidemiologisch unbegründbare Ausspionieren der Gesamtbevölkerung mit aller Deutlichkeit abgelehnt haben); und drittens schließlich steht auf der Tagesordnung der Ministerin: »Jeder, der ein Risiko eingegangen ist, soll sich testen lassen.«[62] Da sie gleichzeitig so tut, als sei jedes »Fremdgehen« in Vergangenheit, Gegenwart und Zukunft dieses Risiko, ängstigt sie Millionen von Menschen wider besseres Wissen, allein aus politischer Taktik.

Aber selbst dann, wenn ein Mensch tatsächlich riskiert war oder ist, ist es unverantwortlich, ihn (mit der Autorität einer Gesundheitsministerin oder ohne) zum Testen zu schicken. Unverantwortlich aus vielen Gründen. Die entscheidenden sind, daß ein Mensch durch ein pathologisches Test-Ergebnis zu Tode erschreckt wird, zum Kranken gemacht wird, ohne daß er je hätte erkranken müssen, daß eine Behandlung, anders als beispielsweise bei der Syphilis, gar nicht möglich ist. Hinzu kommt, daß das Test-Ergebnis nicht hundertprozentig richtig ist, daß es falsch positive und falsch negative Resultate gibt und daß keine Diagnose allein anhand eines Labor-Tests gestellt werden kann. Fällt das möglicherweise falsche Ergebnis des Tests negativ, für den Getesteten also positiv aus, wiegt er sich in jener trügerischen Sicherheit, die die Frau Ministerin ja bisher an der Meldepflicht moniert hat.

Bleiben die wissenschaftliche und die präventivmedizinische Begründung. Beide sind vorgeschoben. Daß sich die Epidemie epidemiologisch mit ausreichender Genauigkeit beurteilen läßt, habe ich angedeutet. Und »Risikogruppen«, falls die dann ins Feld geführt werden, entziehen sich ihrem Verhalten und ihrem Wesen nach jeder repräsentativen Erfassung. Da mit allem gerechnet werden muß, ob nun in Bayern oder insgesamt, kann man darüber nur wieder einmal froh sein. Was aus präventivmedizinischer Sicht gegen Massentestungen zu sagen ist, hat Rosenbrock überzeugend gesagt.[63] Wer riskant lebt oder gelebt hat, muß sich *ganz unabhängig vom Testen* und vor allem auch vom Ergebnis eines Tests gegenüber seinen Sexualpartnern so verhalten, als sei er infiziert, *wenn er jedes denkbare Risiko nach Möglichkeit ausschließen will.* Wer jedoch als Innenminister seine Polizisten vor infizierten Demonstranten schützen will, indem er Dateien anlegt, offenbart eine merkwürdige Phantasie. Denn die Polizisten könnten nur dadurch angesteckt werden, daß sie sich von infektiösen Demonstranten anal koitieren oder Frischblut injizieren lassen.

Viele homosexuelle Männer haben ihr Schicksal in die eigenen Hände genommen. Sie, nicht Politiker und Aids-Karrieristen, haben bewirkt, daß sich die Epidemie zumindest langsamer ausbreitet, um nicht zu sagen, bereits an ihrem Gipfelpunkt angekommen ist. Weil das so ist und weil kein Staat der Welt ein bestimmtes Sexualverhalten an- oder abstellen kann, erweckt Frau Süssmuth (sonst noch jemand aus der Regierung?) den Eindruck, sie habe nichts gegen Homosexualität und Homosexuelle. Daß das auch nur vorgeschoben ist, belegt Rühmann in diesem Buch. Man muß eben genau hinhören und genau lesen. Und man muß die entscheidende Frage stellen: Frau Süssmuth, was haben Sie unternommen, um den ruchlosen § 175, den es nach wie vor gibt, endlich abzuschaffen? Wäre das nicht auch im Sinne Ihrer Kampagnen gegen Aids aus Gründen der wirksamen Prävention dringlich geboten? Doch ganz unrhetorisch: Diese Ministerin und diese Regierung werden für die Homosexuellen *als solche* nichts tun; sie benutzen einige von ihnen für unumgängliche Arbeit, die kein anderer tun kann, und wenn die Arbeit getan sein wird, werden sie ihnen wieder offen jene Tritte versetzen, auf die allein »schwule Säue« in diesem Staat und dieser Kultur einen verbürgten Anspruch haben.

Bevor nun die anderen zu Wort kommen, möchte ich mich herzlich bedanken: bei Annemarie Diefenbach und Agnes Katzenbach für technische Assistenz, bei Herbert Gschwind für das Beobachten der medizinischen Veröffentlichungen und Tagungen, bei Martin Dannecker für essentielle Diskussionen und bei Ingrid Klein noch einmal ganz besonders für ihre Hilfe bei der Herausgabe der »Operation Aids«.

Literatur und Anmerkungen

1 Vgl. zu diesem Absatz das »Memorandum« der Frankfurter Kliniker E. B. Helm und W. Stille in: Der Spiegel, Nr. 18 vom 27. 4. 1987 sowie in: AIDS-Forschung 2, 237—240, 1987
2 WHO: AIDS bei Drogenabhängigen. Tagung des Regionalbüros für Europa. Stockholm, Oktober 1986
3 Zoulek, G. et al.: Dtsch. Med. Wschr. 111, 567—570, 1986
4 Harms, G. et al.: AIDS-Forschung 2, 392—393, 1987
5 Alexander, M. et al.: Memorandum »Ausbreitung der HIV-Infektion unter i. v.-Drogenabhängigen«. FU Berlin, Universitätsklinikum Charlottenburg. Unveröffentl. Manuskript vom 5. 5. 1987
6 Bschor, F.: Dtsch. Med. Wschr. 112, 907—909, 1987
7 Die früheren Bezeichnungen LAV und HTLV-III sind nach einer internationalen Übereinkunft von der Bezeichnung HIV abgelöst worden (vgl. dazu Coffin, J. et al.: Science 232, 697, 1986). Heute sind zwei Typen dieses Virus identifiziert. Wahrscheinlich oder mit Sicherheit identisch mit HIV-1 sind LAV-1, HTLV-III, ARV, AV und IDAV; mit HIV-2 wahrscheinlich LAV-2, HTLV-IV und SBL-6669, falls Sie auf diese Benennungen in der Literatur stoßen. Mit beiden nicht identisch sind die momentan diskutierten Viren SIV, STLV-III, FTLV.
8 Vgl. Helm, E. B. u. a. (Hrsg.): AIDS II. München u. a. 1986. Dort heißt es in Arbeiten von Helm, Stille und Mitarbeitern unter dem Stichwort Risikofaktoren »homosexuell«, *aber* »heterosexuelle Kontakte« (S. 53) oder unter dem Stichwort Risikogruppe »Homosexuelle«, *aber* »heterosexuell« (S. 54). Und das »Stadium 1 a« bei der Einteilung der HIV-Infektion wird folgendermaßen definiert: »Gesunde Personen mit einem Risiko für eine LAV/HTLV-III-Infektion und *negativem* (Hervorhebung der Verfasser, V. S.) anti-HTLV-III-AK-Nachweis« (S. 65). Zu diesen Ideologemen insgesamt vgl. die Analyse von F. Rühmann: AIDS. Eine Krankheit und ihre Folgen. Frankfurt a. M. und New York 1985
9 III. International Conference on AIDS. Washington, D. C., June 1—5, 1987
10 Vgl. Centers for Disease Control: MMWR 35, 757—765, 1986
11 Alter, H. J.: II. International Conference on AIDS. Paris 1986, Abstr. Vol., p. 6

12 Lawrence, D. N. et al.: a. a. O., p. 33
13 Rees, M: Nature 326, 343—345, 1987
14 Kubanek, B. und K. Koerner: Dtsch. Med. Wschr. 111, 516—517, 1986
15 Schorr, J. B. et al.: N. Engl. J. Med. 313, 384—387, 1985
16 Kühnl, P. et al.: Dtsch. Med. Wschr. 112, 4—7, 1987
17 Seidl, S.: SZ vom 30. 5. 1987
18 Centers for Disease Control: MMWR 35, 421—424, 1986
19 Vgl. AIDS-Forschung 2, 60, 1987
20 Mitteilung der US-Regierung (Pentagon) vom 26. 2. 1987; vgl. FAZ vom 27. 2. 1987
21 Brundage, J. F. et al.: III. International Conference on AIDS. Washington 1987, Abstr. Vol., p. 57
22 War, J. W. et al.: a. a. O., p. 107
23 Stoneburner, R. L. et al.: N. Engl. J. Med. 315, 1355, 1986
24 Vgl. zu dieser Problematik auch Winn, R. E. et al.: III. International Conference on AIDS. A. a. O., p. 57
25 Kurth, R.: Das Erworbene Immunmangelsyndrom, AIDS. Unveröffentl. Manuskript 1986
26 Schäfer, A. et al.: Geburtsh. Frauenheilk. 46, 88—89, 1986
27 Chiodo, F. et al.: Lancet I, 739, 1986
28 Lapointe, M. et al.: N. Engl. J. Med. 312, 1325—1326, 1985
29 Vgl. zu den Verhältnissen in den USA: Oxtoby, M. J. et al., III. International Conference on AIDS. A. a. O., p. 157
30 Stricof, R. L. and D. L. Morse: N. Engl. J. Med. 314, 1115, 1986
31 Anonymous: Lancet II, 1376—1377, 1984
32 Weiss, S. H. et al.: J. Am. Med. Ass. 254, 2089—2093, 1985
33 Oksenhendler, N. et al.: N. Engl. J. Med. 315, 582, 1986
34 Neisson-Vernant, N. et al.: Lancet II, 814, 1986
35 Centers for Disease Control: MMWR 36, 285—289, 1987
36 Van der Graaf, M. and R. J. A. Diepersloot: Infection 14, 203—211, 1986
37 Sabati, M. T. et al.: AIDS-Res. 1, 135—137, 1984
38 Marmor, M. et al.: Ann. Intern. Med. 105, 969, 1986
39 Monzon, O. T. and J. M. B. Capellan: Lancet II, 40—41, 1987
40 Detels, R. et al.: Lancet I, 609—611, 1983
41 Melbye, M. et al.: Br. Med. J. 289, 573—575, 1984
42 Goedert, J. J. et al.: Lancet II, 711—716, 1984
43 Stevens, C. E. et al.: J. Am. Med. Ass. 255, 2167—2172, 1986
44 Osmond, D. et al.: II. International Conference on AIDS. Paris 1986, Comm. 101
45 Kingsley, L. A. et al.: Lancet I, 345—349, 1987
46 Van Griensven, G. J. P. et al.: Unveröffentl. Manuskript, Mai 1987
47 Adachi, A. et al.: J. Virol. 61, 209—213, 1987
48 Vgl. Kongreß »AIDS in Africa«, Brüssel, 22.—23. November 1985, bes. die Beiträge von F. Brun-Vézinet, D. Zagury sowie R. Sher
49 Kreiss, J. K. et al.: N. Engl. J. Med. 314, 414—418, 1986
50 Georges, A. et al.: Ann., Inst. Pasteur/Virol. 136 E, 323—325, 1986
51 Serwadda, D. et al.: Lancet II, 849—852, 1985
52 Patnos Institute: AIDS and the Third World. London 1986
53 Neequaye, A. R.: AIDS. Facts and Fiction. Accra 1986
54 Anonymous: Lancet II, 192—194, 1987
55 Konotey-Ahulu, F. I. D.: Lancet II, 206—207, 1987
56 Vgl. III. International Conference on AIDS, a. a. O., Abstr. Vol., bes. Brink, B. A. et al., p. 6
57 Burton, M.: Science 231, 1236, 1986
58 Linke, U.: Science 231, 203, 1986
59 Anonymous: AIDS-Forschung 2, 5—25, 1987

60 Vgl. FR vom 9. 7. 1987, S. 1 und vom 10. 7. 1987, S. 4
61 Vgl. SZ vom 10. 7. 1987, S. 1
62 Vgl. FR vom 11. 7. 1987, S. 4
63 Rosenbrock, R.: AIDS kann schneller besiegt werden. Gesundheitspolitik am Beispiel einer Infektionskrankheit. Hamburg 1986

Krankheit und Gesellschaft

Gunter Schmidt
Moral und Volksgesundheit

Warum ist vieles an der Angst vor Aids als kollektive Hypochondrie und damit als sozialpathologische Reaktion einzuordnen? Das ist nicht einfach zu beantworten, da Aids eine schwere, zum Tode führende Krankheit ist und eine ansteckende dazu. Die Angst davor ist also immer auch Realangst. *Real* ist die Angst vor allem bei den besonders riskierten Gruppen, den Fixern, den sexuell aktiven Homosexuellen in den Metropolen, den Blutern — die ungefähr 3 Prozent der Bevölkerung, aber fast 90 Prozent der Erkrankten ausmachen und für die die Bedrohung ungleich höher ist als für die anderen. *Hypochondrisch* — als Massenphänomen — wird diese Angst dort, wo sie in keiner Relation mehr zur wirklichen Gefahr steht, sondern irrational ausufert. Das ist in der öffentlichen Diskussion um Aids unverkennbar. Dafür einige Symptome. In der Bundesrepublik waren Ende 1985 sechs von einer Million Personen an Aids erkrankt, Aids ist also eine extrem seltene Krankheit. Bis Ende 1985 waren in der Bundesrepublik 176 Menschen an Aids gestorben.[1]

Das ist ohne Zweifel eine erschreckende Zahl, aber sie ist gering gegenüber den jährlich 350 000 Herz- und Kreislauftoten in der Bundesrepublik, den 160 000 Krebstoten[2], den Zehntausenden, die im Straßenverkehr umkommen oder an ihrem Arbeitsplatz getötet werden — und doch beherrscht Aids wie kein anderes gesundheitliches Problem gegenwärtig, vielleicht *jemals* die Medien, tagtäglich, ja stündlich. Und dennoch halten in einer Umfrage des »Stern«[3] 52 Prozent der Bundesbürger Aids und nicht Herzinfarkt oder Krebs für die gefährlichste Krankheit. Gemeindemitglieder fordern Einzelkelche beim Abendmahl,[4] Freundinnen verweigern aus Rücksicht auf die aidsgeängstigten Ehemänner den Begrüßungskuß — obwohl die Wahrscheinlichkeit, sich dabei eine tödlich verlaufende Grippe zu holen, größer ist als die, sich mit Aids anzustecken. Filmproduzenten und -agenten werden in den USA von den Gewerkschaften verpflichtet, Schauspielern vor Vertragsabschluß verbindlich mitzuteilen, ob die Rolle das »Küssen mit offenem Mund« verlange.[5] In New York demonstrieren Eltern für den Schulausschluß aidskranker Kinder und tragen dabei Transparente mit der Aufschrift »Our children want good grades not aids«.[6] Jugendliche wurden in einer Sendung des 3. Programms des Deutschen Fernsehens[7] als Risikogruppe bezeichnet, und das läßt ahnen, welch ein Druck in Familien mit der Aids-Drohung ausgeübt werden kann, um sexuelles Wohlverhalten der heranwachsenden Kinder wieder zu erzwingen — obwohl die Gefahren, die mit diesem Eingriff in die psychosexuelle Entwicklung verbunden sind, ungleich größer sind als das Risiko, sich bei Freund oder Freundin anzustecken.

Schlimmer noch und zugleich rationaler, weil kalkuliert, sind Reaktionen von Firmen und Krankenkassen: In den USA fordern viele Arbeitgeber die Vorlage negativer Aids-Antikörper-Testergebnisse (genauer: negative HTLV-III-Antikörper-Testergebnisse) als Voraussetzung für die Einstellung. »Es wäre«, so wird argumentiert, »unsinnig, jemanden einzustellen, der bald stirbt«[8] — obwohl ein positives Testergebnis keineswegs bedeutet, daß der Betreffende krank ist oder wird. Das Bundesministerium für wirtschaftliche Zusammenarbeit macht die Einreiseerlaubnis für seine Stipendiaten aus sogenannten Entwicklungsländern ebenfalls von einem negativen Testergebnis abhängig, eine Maßnahme, die sich vor allem gegen Schwarze aus Zentral- und Ostafrika richtet.[9]

US-amerikanische Kranken- und Lebensversicherungen haben angekündigt, ihre Leistungen vom Aids-Antikörper-Test abhängig zu machen, »um die Versicherungskosten für jedermann« — mit Ausnahme der testpositiven Männer und Frauen, muß man hinzufügen — »erschwinglich zu halten«.[10] Die AOK Berlin verlangt von Personen unter fünfzig Jahren, die sich freiwillig versichern lassen wollen, einen »AIDS-Test« (den es nicht gibt), mit der Konsequenz, die »Testpositiven« nicht aufzunehmen oder nur unter der Bedingung, daß sie vertragsmäßig auf Leistungen im Falle einer späteren Aids-Erkrankung verzichten.[11] Jedesmal lautet das Gebot »rentabel bleiben«, und dies läuft auf die Verweigerung des gleichen Rechts auf Arbeit und Ausbildung, des gleichen Behandlungsrechts, des gleichen Lebensrechts hinaus. Die Verweigerung von Arbeit, Ausbildung oder Versicherungsleistung wird zur Buße für den Lebenswandel, der mit Aids assoziiert wird; die Aufnahme der Glücklichen mit einem negativen Ergebnis in den Kreis der Arbeitenden, Auszubildenden, Versicherten wird zur Prämie. »Der Staat des Kapitals«, sagt Jacques Attali in seiner medizinhistorischen Arbeit »Die kannibalische Ordnung«, die, lange vor Aids geschrieben, für die Analyse des Umgangs mit Aids von großer Bedeutung ist, »kauft dem Individuum die Übereinstimmung mit der Norm ab; er schafft (damit) Nachfrage nach dem Angepaßten.«[12]

Wie wichtig das Sich-Anpassen unter ökonomischen Gesichtspunkten ist, wird im »Spiegel« unverhohlen aufgerechnet: »Weil das Durchschnittsalter der Seuchenopfer bei Mitte 30 liegt, gehen der Gemeinschaft noch einmal (zusätzlich zu den Behandlungskosten) gut 1,5 Millionen DM verloren, die der Mann im Laufe seines Erwerbslebens zum Bruttosozialprodukt beigetragen hätte.«[13] Der frühzeitige Tod wird zum ökonomischen Vergehen an der Gesellschaft, zum Wirtschaftsverbrechen.

*

Wie kann man mit einer extrem seltenen Krankheit solche Reaktionen hervorrufen? Durch die düsteren Prophezeiungen, die ein wesentlicher Teil der Medien-Propaganda sind. »Das große Sterben hat schon begonnen«[14], schreibt der »Spiegel«; »sollen Hunderttausende, später vielleicht Millionen in Quarantäne leben?«[15], fragt die »Zeit«. Das Verbindungsstück zwischen der realen Zahl der Erkrankungen und diesen Prophezeiungen sind Hochrechnungen, mit denen sich die Medien wechselseitig überbieten. Mal wird die Zahl der Infizierten, mal die Zahl der Kranken, mal die Zahl der Toten in die Zukunft projiziert, mal für das Jahr 1990, mal für 1995, mal für das Jahr 2000. Egal aber, *was* für *welches* Jahr vorhergesagt wird, am Ende steht immer eine horrende Zahl. Der »Spiegel«

rechnet »für das Ende des Jahrzehnts (mit) 10 000 AIDS-Erkrankungen«[16] in der Bundesrepublik; die »Zeit« kommt vier Wochen früher auf eine 25mal so hohe Zahl und vermutet »bis Mitte 1990 hierzulande 256 000 AIDS-Kranke«[17]. Beliebigkeit und Zahlenwillkür haben eine Funktion: Ankommen soll die Botschaft, daß Aids keine »Schwulenseuche« mehr ist, sondern daß sie, sozusagen klassenlos geworden, jeden treffen kann. Denn nur dann kann man mit dieser Krankheit richtig Politik machen, doch davon später.

Ausgangspunkt dieser sogenannten Hochrechnungen ist immer die Annahme einer geometrischen Progression, das heißt die Annahme einer Verdoppelung der Erkrankten innerhalb eines Zeitraums, wobei — auch hier beliebig — mal acht, mal zehn, mal zwölf, neuerdings vierzehn[18] Monate zugrunde gelegt werden. Diese Berechnungen entbehren jeder Grundlage (vgl. U. Clement in diesem Buch), auch dann, wenn sie »computergestützt« sind und komplexen mathematischen Modellen folgen. Sie sind *empirisch falsch*. Der »Spiegel« verkündet solche Hochrechnungen und dokumentiert, offenbar ohne es zu merken, auf derselben Seite Graphiken, die belegen, daß von einer geometrischen Progression in den USA nicht mehr gesprochen werden kann[19]. Sie sind *wahrscheinlichkeitstheoretisch falsch*, weil — wie jeder Statistiker weiß — anfängliche Anstiegsquoten, die auf extrem niedrigen Fallzahlen basieren, sich mit zunehmender Fallzahl rasch reduzieren. Und sie sind sexualwissenschaftlich und psychologisch falsch, weil sie stillschweigend die unsinnige Voraussetzung machen, daß in den nicht-hochriskierten Gruppen (die ja über 95 Prozent der Bundesbevölkerung ausmachen) die gleichen Sexualgewohnheiten bestehen wie bei den besonders gefährdeten männlichen Homosexuellen — und der gleiche Umgang mit verunreinigten Spritzen wie bei Fixern.

Die düsteren Prophezeiungen der schwarzen Hobbystatistiker sind makabre Phantasien. Angeheizt wird die Stimmung dann noch durch die Umsetzung der Zahlenbeispiele in Schilderungen über das wüste Leben der »wechselfreudigen Homosexuellen«[20]. Ich verzichte auf Beispiele, sie sind zur Genüge bekannt: Eine Mischung aus Orgie, Gewalt, Drogen, Gier,

Schmutz und Tabubruch in Zusammenhang gebracht mit Siechtum und Tod, das setzt blinde Reflexe in Gang, bei jedem von uns. Wer ist nicht versucht zu denken: »Wie gut, daß eine Krankheit solchem Treiben ein Ende setzt«, also die Phantasie zu haben, Krankheit schafft Moral, Krankheit schafft die ersehnte Ordnung, Krankheit säubert die Gesellschaft — oder den Volkskörper? Oder, wer ist nicht versucht zu denken: »Ausschweifung rächt sich, wer so lebt, bringt sich eben um«, also die Phantasie zu haben, Krankheit ist nicht Leiden, sondern Strafe, gerechte Strafe zudem; das Opfer ist eigentlich der Täter, die Krankheit heißt nicht Aids, sondern sexuelle Verfehlung — und das ist synonym mit Homosexualität.

Oder, ein drittes Beispiel eines blinden Reflexes, wer ist nicht versucht zu denken: »Und solche Männer stecken womöglich unschuldige, ordentlich lebende Menschen an, sogar Kinder, bringen Unschuldige ins Grab«, also die Phantasie zu haben, Ausschweifung einzelner ist tödlich für viele, bereit zu sein für ein Klima von Aussonderung, Denunziation und Verfolgung sogenannter Risikogruppen — der Bürger als Opfer der Homosexuellen, der Drogensüchtigen, der Prostituierten, der Schwarzen, als Opfer derer, die ohnehin am Rande leben. Aids mobilisiert krypto-faschistische Reaktionen und macht zugleich die latente Bereitschaft zu solchen Reaktionen in dieser Gesellschaft beklemmend deutlich. In Leserbriefen läßt der »Spiegel« schreiben: »Was schadet es schon, wenn Teile einer verruchten Brut en masse vergehen«, oder: »... Achtung Ihr Schwulen, Fixer und Nutten: Solltet Ihr wirklich so weitermachen, wird man auf Euch in wenigen Wochen die Jagd freigeben.«[21]

So wird der Boden bereitet für den Ruf nach dem Staat. Nach der »Stern«-Umfrage sind 75 Prozent der Bundesbürger für die Meldepflicht der mit »Aids angesteckten« Personen, 34 Prozent für die Isolierung von Aidskranken.[22] Einige Ärzte fordern Reihenuntersuchungen der gesamten Bevölkerung und die Markierung der testpositiven Männer und Frauen durch Tätowierungen. Der »Spiegel« fordert seit Herbst 1985 kaum noch kaschiert »energische Interventionsstrategien« nach dem Bundesseuchengesetz und applaudiert nun dem

Münchner Pilotversuch in diese Richtung und dessen ideologische Absicherung durch den Rechtsphilosophen U.-H. Gallwas.[23] Für Gallwas ist jeder Mensch mit HTLV-III-Antikörpern als ansteckend im Sinne des Bundesseuchengesetzes anzusehen. Wer mit diesen »Virus-Ausscheidern« Kontakt hält oder gehalten hat, gerät in Verdacht. Im »Klartext«, wie Gallwas sagt, heißt das: »Wer an Treffpunkten von Risikogruppen in den Großstädten der Bundesrepublik Deutschland angetroffen wird, ist in seuchenrechtlicher Hinsicht ansteckungsverdächtig oder ausscheidungsverdächtig«.[24]

Eine Blutuntersuchung kann behördlich angeordnet und bei Widerstand zwangsweise durchgeführt werden. Die *Verheerung der Bürgerrechte aller* wäre die Folge des auf Aids angewandten Bundesseuchengesetzes; und die *völlige soziale Isolierung der riskierten Gruppen:* »Halt dir die Schwulen vom Leib, vertreibe sie aus Freundeskreis, Sportverein, Wohnblock, aus deinem Betrieb, dann entgehst du der Gesundheitsgestapo.«

*

Warum gibt es diese Katastrophenstimmung und warum fällt sie in der Öffentlichkeit auf so fruchtbaren Boden? Die apokalyptischen Visionen der westlichen Gesellschaften sind schnellebig, Katastrophen werden konsumiert wie Moden. Aids ist die neue Gefahr, mit der man alle anderen verdrängen, von ihnen ablenken kann. Aids ist die neue Angst, die alle anderen existentiellen Ängste bindet, absorbiert. Wo ist — zum Beispiel — die Angst vor den Pershings, vor dem Vernichtungspotential, das zentral von nicht kontrollierbaren und nicht berechenbaren Militärbürokratien verwaltet wird? Wo ist die Angst vor der Vernichtung der Umwelt oder vor den gegenwärtigen sozioökonomischen Umwälzungen, durch die die immer knapper werdende Arbeit immer ungerechter verteilt wird, durch die immer mehr Menschen vom Arbeitsleben abgekoppelt, marginalisiert werden, oft von Jugend an. Im Gegensatz zu diesen Ängsten stehen wir der Aids-Angst *scheinbar* nicht ohnmächtig gegenüber, sondern, so wird uns vermittelt, es hängt bei dieser Katastrophe von *jedem einzelnen* ab, ob sie ihn trifft oder nicht. Mit dem Versprechen, individuell nicht ohnmächtig zu sein, wird zugleich so getan, als ob man zur Bannung der Aids-Katastrophe — eben anders als bei Frieden, Umwelt, Arbeitslosigkeit — *nicht* die Gesellschaft verändern muß, sondern nur »das Individuum, in dem das Übel zum Ausbruch kommt«.[25]

Wo bleibt die Dimension der Aids-Angst angesichts des Hungers und des Elends in der sogenannten Dritten Welt? Wir haben unsere eigenen Katastrophen und können unseren Blick beruhigt abwenden, verdrängend und entlastet. Es ist, wie Michael Schneider[26] im Zusammenhang mit anderen katastrophischen Ängsten der westlichen Welt geschrieben hat, »als wollten die westlichen Industrienationen die Todesschreie derer, welche die Opfer ihres Wirtschaftssystems sind, dadurch überhören, daß sie nun selber lauthals ... zu klagen anfangen«.

Und weiter, weniger wichtig aber nachdenkenswert: Die *Konservativen* hoffen auf ein reumütiges Umkehren zu alten Werten, vor allem zu Treue und Familienideologie. Vorkämpfer der Homosexuellenbewegung wie Rosa von Praunheim[27] schwenken auf diesen Kurs ein und fordern für Homosexuelle die Möglichkeit zu heiraten, damit sie der moralstützenden Segnungen des Ehestandes teilhaftig werden. Der Familiensinn der Anti-Aids-Kampagne wird damit aufs allerschönste vorgeführt. Die *Medizin* sieht eine Chance, ihr angeschlagenes Ansehen — fachlich wie moralisch — durch Einsatz aller technischen Mittel wiederherzustellen, Mißtrauen und Kritik abzubauen; schließlich kann sie nun eine Geißel besiegen, muß die Menschen wieder einmal erlösen. In die *Pharmaindustrie* werden erstmals wieder Hoffnungen und Erwartungen gesetzt, sie *soll* etwas produzieren, ein Medikament, einen Impfstoff, nach dem man jahrelang ihre Überproduktion beklagt und sich an ihren bitteren Pillen verschluckt hat. Nur nebenbei: Natürlich setzt die Katastrophe nicht einmal ansatzweise die wichtigsten Mechanismen dieser Gesellschaft außer Kraft — Warendenken, Konkurrenz, Profitmaximierung. Der Aids-Experte Gallo kündigte kürzlich an, daß es vielleicht schon innerhalb kurzer Zeit einen Impfstoff gegen Aids geben könnte.

Mehr dürfe er allerdings nicht sagen, mit Rücksicht auf die ökonomischen Interessen des Pharmaunternehmens, das die Forschung so weit vorangetrieben habe. Längst gibt es Gerichtsverfahren über Patente, es geht um die finanzielle Ausbeute des lukrativen Antikörpertests.[28]

*

Für den Umgang mit Aids ist von entscheidender Bedeutung, daß es sich um eine sexuell übertragbare Krankheit handelt. Damit wird Aids auch zu einer Projektionsfläche unbewußter und verdrängter Sexualaffekte. Ich möchte das zunächst an einem Fallbeispiel verdeutlichen. Es handelt sich um einen Mann, der sich wegen einer langjährigen Potenzstörung in psychotherapeutische Behandlung begab. Im Laufe der Therapie wurden die Erektionsschwierigkeiten behoben, zum Geschlechtsverkehr aber kam es nicht: Der Patient machte seiner Frau gegenüber Ausflüchte, drückte sich, schließlich verweigerte er sich explizit. Er gab an, daß er plötzlich eine kaum zu kontrollierende Angst habe, sich beim ersten Geschlechtsverkehr bei seiner Frau mit Aids anzustecken (das Paar war seit fünf Jahren verheiratet und hatte streng monogam gelebt).

Was war geschehen? Sexualängste, die er früher mit der Potenzstörung in Schach hielt, hatte er auf Aids verschoben — mit demselben Ergebnis: Es kam nicht zum Geschlechtsverkehr. Sein neues Symptom, die Ansteckungsphobie, drückt aus, daß ihm etwas Schlimmes passiert, wenn er sich seine Frau nicht vom Leibe hält, und daß seine Frau dieses »Schlimme« schon habe. In dieser Phantasie verbinden sich also aggressive Inhalte (»meine Frau hat eine tödliche Krankheit«) und ängstliche (»ich stecke mich an«). Was hier im Einzelfall geschieht und leicht verstehbar ist, erfolgt auch massenhaft: die Verschiebung kollektiver Sexualangst und kollektiver Sexualwut auf die Krankheit »Aids« und auf diejenigen, die sie haben oder haben könnten.

Welche Ängste sind das? Man könnte doch denken, die Ängste vor der Sexualität seien in den letzten zwanzig Jahren mit der Liberalisierung und dem Wegfall vieler Verbote geringer geworden. Das stimmt auch für die Gewissensängste. Doch Ängste vor der Sexualität resultieren nicht nur aus ihrem Verbot oder ihrer Verfolgung. Sexualität konfrontiert jeden von uns mit frühen Triebängsten (halte ich meine Wünsche unter Kontrolle; überfluten und zerstören sie mich; kriege ich jemals genug, so viel wie ich brauche, usw.), also mit Gefahren und Enttäuschungen, die ein Mensch im Zusammenhang mit seinen Bedürfnissen von frühauf erfährt. Sexualität konfrontiert jeden von uns mit Beziehungsängsten, also mit Furcht vor Trennung, Verlassen-Werden, Vereinnahmt-Werden, Abhängigkeit und Autonomieverlust. Sexualität konfrontiert jeden von uns mit den Unsicherheiten und Brüchen der Geschlechtsidentität als Mann oder Frau. In der Sexualität werden also tief verwurzelte Ängste erlebbar, sie werden jederzeit durch sie wachgerufen, sind mit ihr unentwirrbar verknäult. Keine Liberalisierung ändert daran etwas, im Gegenteil, sie konfrontiert stärker mit diesen unbewältigten Konflikten, weil angstbindende Rituale und Institutionen (zum Beispiel die Ehe) an Bedeutung verlieren und weil mehr und intensivere sexuelle Erlebnisse möglich und gefordert werden. Selbstschutz vor Sexualität durch Zurückhaltung oder Enthaltsamkeit schwieriger oder auffälliger wird.

Die liberale Ideologie versteht Sexualität nicht als einen Bereich von Konflikten und vielfältigen Beschädigungen, sondern als etwas harmlos Genußvolles, als lustvoll zu Konsumierendes, als Spaß ohne Ecken und Kanten — es sei denn, man sei ein ewig Gestriger, ein Verklemmter. Die so verleugneten, unspürbar gewordenen, totgeschwiegenen, unter der dünnen Tünche der Liberalität lauernden Ängste und Konflikte suchen sich auch in Aids eine Projektionsfläche. Die gefährliche und damit auch aggressiv machende Seite der Sexualität wurde vom eigenen Erleben abgespalten und wird in der Krankheit wiedergefunden, die nun zu einem Sinnbild des angstmachenden, destruktiven, »bösen« Anteils der Sexualität wird. Aids bringt die geheime Einsicht zu Tage, daß Sexualität in der Tat hochinfektiös ist: mit quälenden, ungelösten eigenen Konflikten. Die Angst vor Aids ist also *auch* Bestandteil einer kollektiven Sexualneurose.

Das grandiose und illusorische Versprechen, daß Liberalisierung schon Befreiung ist, ist gebrochen. Die Wut über diese Enttäuschung wird auf diejenigen gerichtet, die die Liberalisierung am meisten nutzten, gegen die Homosexuellen. Sie hatten den Ausbau der Praktik und die Lösung der Sexualität aus der Partnerbindung am weitesten vorangetrieben (als Gruppe betrachtet, sicher nicht im Einzelfall). Sie werden nun um so gnadenloser angegriffen. Sie stehen für den falschen Weg, den man selber eingeschlagen hat, für die eigenen sexuellen Enttäuschungen; oder sie trifft der Neid derer, die den Weg nicht einschlagen oder nicht weit genug gehen konnten. Oder sie trifft die Überforderung der Männer und vor allem der Frauen, die sich von der scheinbaren Feizügigkeit nur unter sexuellen Vollzugszwang gesetzt fühlten.

*

In dieser Situation breiten sich neue Ordnungsphantasien und -sehnsüchte aus. Das Chaos des eigenen Sexual- und Beziehungslebens soll wieder ordentlich und überschaubar werden. Medizinisch begründete Vernunft will uns zur neuen Sexualordnung führen. Die Botschaft ist einfach: Der Geschlechtsverkehr, zumindest der falsche, kann zum Tode führen; die Sexualität wird, wenn man nicht aufpaßt, sich und andere nicht kontrolliert, ein Wagnis auf Leben und Tod. Mit Laster und Ausschweifung haben wir, so kommentierte vor zwei Jahren der US-amerikanische Journalist Buchanan[29], »der Natur den Krieg erklärt, und nun fordert sie ihre furchtbare Vergeltung«. Eine naturgemäße Gesundheitsmoral ist vonnöten, und hier ist die Hilfe, wohlgemerkt die moralische Hilfe, der Medizin gefragt.

Der Weg ist einfach. »Intimkontakt genügt. Und daran ist kein Mangel«, weiß der »Spiegel«[30]; also muß man ihn zur Mangelware machen. Der deutsch-amerikanische Sexualexperte E. Haeberle[31] zieht daraus in der »Zeit« die richtigen Schlüsse. Man müsse die Menschen »zu einer dauerhaften Änderung ihres Sexualverhaltens bringen«. Dies sei die Aufgabe der Ärzte. Seine einzige Sorge ist, daß die Ärzte mangels Ausbildung in Sexualmedizin und mangels Wissen über Aids dieser Aufgabe nicht gerecht werden können. Es sei »unterlassene Vorbeugung«, wenn der Staat die Medizin zur Erfüllung dieser Aufgabe nicht unverzüglich in Stand setze. So unverblümt hat schon lange nicht mehr ein »Experte« dem Arzt die Rolle des Sexualkontrolleurs, der Sexualwissenschaft die des Supervisors für regelrechtes Sexualverhalten und dem Staat die Gesamtaufsicht übers Intime angetragen. Es geht Haeberle um eine große Sache. Wörtlich: »Die gesellschaftliche Organisation des neuen Sexualverhaltens«, mit allen Mitteln der Sozialtechnologie und der Psychologie. Gefordert ist nach Haeberle die »ansteckungssichere Moral«. Diese Moral stellt die hygienischen Verhältnisse wieder her, schützt die Volksgesundheit, »desinfiziert den Gesellschaftskörper«.[32] Moral wird jeder ethischen, jeder philosophischen Qualität beraubt und ist nur noch pragmatisch Verantwortung — operationalisierte Verantwortung wie wir gleich sehen werden — für die Volksgesundheit.

*

Die Praxis der ansteckungssicheren Moral ist »safer sex«, das heißt sexuelle Verkehrsformen, die den Austausch von Sekreten vermeiden. Als stünde die ganze Nation kurz vor der Ansteckung, publizierten die Sexualmediziner K. Pacharzina und W. Müller[33] im »Spiegel« eine Risikoliste verschiedener Sexualverfahren. Obenan steht der Analverkehr (»zweifellos ist das Risikopotential hier recht groß«), ganz unten die Enthaltsamkeit. Über den Oralverkehr, der einen mittleren Rang einnimmt, erhalten wir sehr differenzierte Angaben: »Ist ohne Kondom nicht risikofrei. Das Risiko wird verringert, wenn der Samenerguß nicht im Munde stattfindet. Sperma sollte nicht verrieben werden.« Eine mit »risikolos« klassifizierte, sehr gute Position nehmen, ich zitiere, »Gummi-Penisse, ... Sex-Toys, ... Solo-Sex wie Telefon-Sex« ein sowie, in derselben Kategorie, »monogam lebende Partner«.

Solche Maßstäbe sind zweifellos *rational* unter dem Gesichtspunkt, wie man eine mögliche Ansteckung vermeiden kann; und sie sind zugleich *verrückt,* ein magisch-demütiges Triebopfer zur Beschwörung der Krankheit; und sie sind zugleich *hinderlich*, weil im Wust wichtigtuerischer, skuriler Detailvorschläge die für viele lebensrettende Botschaft unterzugehen droht: keinen Analverkehr oder keinen Analverkehr ohne Kondom.

Durch die hygienische Abstraktion des »safer sex« wird althergebrachten Sexualformen (monogamen Beziehungen) und verzweifelt-vereinsamten, bisher eher als abseitig angesehenen Sexualpraktiken (mechanische Hilfsmittel, Telefon-Sex, Peep-Shows) der gleiche gesundheitliche und damit, in diesem Denken, der gleiche moralische Rang zugewiesen. Denn, so sagt Haeberle, »jeder Orgasmus vor dem Bildschirm (beim Ansehen von Video-Pornografie) ist eine nicht erfolgte Ansteckung.«[34] Die forschen Sexualexperten brauchen diese Lässigkeit gegenüber den »pseudoperversen Inszenierungen«, wie Eberhard Schorsch es nennt, um klarzustellen, daß sie *liberale* Kontrolleure sind, denn, so versichern sie: »Wir Sexualmediziner sind gewiß nicht die Saubermänner der Nation.«[35]

Die Sicherung des Trieblebens gerät ihnen dabei zur verlockenden Erneuerung. Als Herausforderung an Kreativität und Phantasie sollte man den »safer sex« sehen, man könnte nun »neue Spiele erfinden, Techniken intensivieren, Stimulationen ausprobieren.«[36] »Empfehlungen zur Änderung des Sexualverhaltens«, sagt Sophinette Becker, werden in der Aids-Debatte »oft so ausgesprochen, als gelte es, ein bestimmtes Kleidungsstück nicht mehr zu tragen oder eine Marotte aufzugeben.«[37] Der Verzicht darf nicht einmal betrauert, er muß euphorisch verleugnet werden. Und schon gibt es Seminare über »erotisch interessanten ansteckungssicheren Sex«[38], geschlossene Clubs von »safer sex«-erfahrenen Paaren, die in »loving networks« »polifidelity« (Mehrfachtreue) betreiben[39].

Doch die Ansteckungsfurcht reglementiert nicht nur das Sexualverhalten. Seitdem feuchtes Sprechen, Küssen, Tränen als infektiös diskutiert werden, rücken Menschen in ihren tagtäglichen Kontakten weiter auseinander, distanzieren sich körperlich stärker voneinander, ent-intimisieren den freundschaftlichen Umgang miteinander. Aids fördert eine »aseptische Vereinzelung«, wie Eberhard Schorsch es nennt. Das ist einer Zeit, in der alltägliche Kontakte immer stärker maschinisiert sind, der Alltag immer autistischer wird, durchaus gemäß. Endgültig werden Aids und die zwischenmenschlichen Beziehungen besiegt sein, wenn Geliebte und Gebliebter die Lustzentren ihres Zwischenhirns über ihren Heimcomputer kurzschließen und mit einem simultanen Tastendruck simultane Orgasmen auslösen, fernbedient.

*

»Ändere Dein Leben oder Du wirst sterben... Aus der Furcht vor dem neuen Übel ist jeder bereit, sich der Norm zu unterwerfen und das Wohlverhalten zu verinnerlichen.«[40] — Mit diesen Worten beschreibt J. Attali medizinisierte Verhaltensvorschriften, lange vor »safer sex«. In der Tat gibt es solche Vorschriften auch in Bezug auf das Rauchen, den Alkoholgenuß, das richtige Essen, das richtige körperliche Fitneß-Verhalten. Die Reglementierung von Eß-, Trink-, Rauch-, Sportgewohnheiten ist allerdings etwas anderes als eingreifende Vorschriften im Bereich der Sexualität, einem Bereich, der für die soziale Kontrolle der Menschen so zentral ist. Propagiert werden solche Verhaltensrezepte auffälligerweise überall dort, wo sie an individuelle Verantwortung appellieren können und Interessen der gesellschaftlich Mächtigen, der Industrie zum Beispiel, nicht direkt beeinträchtigen. Deshalb sprechen alle vom »safer sex«; aber kaum jemand spricht vom sicheren Autofahren, obwohl durch Geschwindigkeitsbegrenzung auf den Fernstraßen der USA auf etwa hundert Stundenkilometer die Zahl der Verkehrstoten um zwanzig bis vierzig Prozent sank; in der Bundesrepublik hat man dieses Thema gerade wieder einmal ad acta gelegt. Und kaum jemand spricht vom sicheren Atmen, obwohl die Sterblichkeit an Lungenkrebs um ein Viertel zurückginge, wenn sich die Luftverschmutzungswerte halbierten; kaum jemand spricht von sicherer Arbeit, obwohl von den weltweit zwei Millionen Arbeitern, die mit Asbest in Berührung kommen, jährlich 67 000 an Krebs erkranken[41].

*

Aids hat die Stellung der Homosexuellen in der Gesellschaft einschneidend verändert. Anfänglich galt Aids als »Schwulenseuche«, wurde als »neues Homosexuellen-Übel«, »tödliche Homoepidemie«, »Schwulenplage« bezeichnet. Ab 1983/84 wurde Aids dann mehr und mehr als Volksseuche konzipiert. Die Homosexuellen entlastete dieser Wechsel der Sichtweise keineswegs, im Gegenteil: Sie infizierten nicht mehr nur ihresgleichen, »ihre« Krankheit brach aus dem Ghetto aus, sie galten nun als Einschlepper einer Seuche, wurden zu Vergiftern der Normalbevölkerung und der Volksgesundheit. M. Koch, Professor am Bundesgesundheitsamt, sagte es unumwunden: »Die promisken Homosexuellen sind der Motor der Epidemie.«[42] Alter, nur mühsam kontrollierter Haß (auch Selbsthaß) bricht wieder auf, seitdem apokalyptische Ängste mit der Homosexuellenfrage verbunden werden. »Für Homosexuelle«, sagt Martin Dannecker, »sind die Zeiten des aufrechten Ganges vorbei. Die neue Parole lautet: kleinmachen und anpassen.«[43] Viele Homosexuelle verhalten sich so und viele Vorkämpfer der Homosexuellenbewegung befürworten dies, zum Beispiel Rosa von Praunheim[44] in seinem Aufruf »Gibt es Sex nach dem Tode?«, den er — auch dies schon eine Unterwerfungsgeste — ausgerechnet im »Spiegel« veröffentlichte. Dieser Aufruf steht für die Tendenz vieler Homosexueller, sich mit den Angreifern zu identifizieren, ihre Diskriminierung beschwichtigend mitzuspielen — was die Lust der Verfolger am Verfolgten nur steigert, da Unterwerfung Sadismus nur provoziert.

Der Verfasser dankt Jan Gross für Durchsicht und Diskussion des Manuskripts.

Literatur

1 Mitteilungen der AIDS-Arbeitsgruppe des Bundesgesundheitsamtes, Stand 31. 12. 1985
2 Frankfurter Rundschau, 26. Oktober 1985
3 Der Stern, Nr. 43/1985
4 Der Stern, Nr. 43/1985
5 Time, 13. Januar 1986

6 Time, 23. September 1985
7 Deutsches Fernsehen, Drittes Programm (Nordkette), »Berliner Platz«, 28. Oktober 1985
8 Die Zeit, Nr. 34/1985
9 Der Spiegel, Nr. 49/1985
10 Die Zeit, Nr. 43/1985
11 Arzt heute, 29. Oktober 1985
12 J. Attali: Die kannibalische Ordnung. Von der Magie zur Computermedizin. Campus, Frankfurt a. M. 1981, S. 246
13 Der Spiegel, Nr. 45/1985
14 Der Spiegel, Nr. 39/1985
15 Die Zeit, Nr. 43/1985
16 Der Spiegel, Nr. 39/1985
17 Die Zeit, Nr. 34/1985
18 Der Spiegel, Nr. 2/1986
19 Der Spiegel, Nr. 43/1985
20 Der Spiegel, Nr. 40/1985
21 Der Spiegel, Nr. 46/1985
22 Der Stern, Nr. 43/1985
23 Der Spiegel, Nr. 43/1985, Nr. 4 und 7/1986
24 H-U. Gallwas. Gesundheitsrechtliche Aspekte von Aids. Aids-Forschung 1, 31—38, 1986, S. 36
25 J. Attali, a. a. O., S. 246
26 M. Schneider. Nur tote Fische schwimmen mit dem Strom. Kiepenheuer und Witsch, Köln 1984, S. 68
27 Der Spiegel, Nr. 43/1985
28 TAZ, 16. Dezember 1985
29 Zit. n. F. Rühmann, AIDS. Eine Krankheit und ihre Folgen. Qumran, Frankfurt a. M., 1985, S. 75
30 Der Spiegel, Nr. 39/1985
31 Die Zeit, Nr. 43/1985
32 J. Attali, a. a. O., S. 198
33 Der Spiegel, Nr. 43/1985
34 Quick, Nr. 44/1985
35 Der Spiegel, Nr. 33/1985
36 E. Haeberle in Quick, Nr. 44/1985
37 S. Becker, AIDS. Die Krankheit zur Wende? Psychologie heute 60—65, November 1985, S. 65
38 Haeberle in Hamburger Rundschau, 28 November 1985
39 Haeberle in Quick, Nr. 44/1985
40 J. Attali, a. a. O., S. 250
41 J. Attali, a. a. O.
42 Zit. n. F. Rühmann, a. a. O., S. 34
43 Konkret, Nr. 1/1985
44 Der Spiegel, Nr. 46/1984

Volkmar Sigusch
Aids für alle, alle für Aids
Momente der Vergesellschaftung

Ein Regen von Verseuchungen geht auf uns herunter, dringt in alle Häute ein, durchlöchert, färbt, trocknet aus. Man möchte, wie Kafka in der Nacht, alles bleibenlassen, nichts mehr schreiben. Das, was man schon geschrieben hat über die allgemeinen Vernebelungen, über das Austreiben des Triebes, über Menschenverachtung in Liebe, über das Verramschen der Perversion, über den Massagecharakter der Liberalität und den Warencharakter der Sexualität war auch übertreibend, verdichtend, theoretisch. Die Hoffnung, daß das alles nicht im einzelnen praktisch sei, ist jetzt wieder einmal als trügerisch zu erkennen.

I.

Gesagt worden ist, man hätte Aids erfinden müssen, wenn es nicht gekommen wäre. Richtig daran scheint zu sein, daß die seelische bis politische Indienstnahme dieser Krankheit, gäbe es den gesellschaftlichen Immanenzzusammenhang in persona, als ein raffiniertes Restaurations- und Ablenkungsmanöver zu verstehen wäre.

Restauration. Nichts ist verläßlicher als Sicherheit und Ordnung. Das Sexuelle ist durch und durch gefährlich, das Homosexuelle infektiös. Der Verkehr von Mann und Frau ist natur- wie gottgewollt. Genitalien, After und Darm sind zum Ausscheiden da. Sicherheit bieten nur Abstinenz und lebenslange Monogamie. Die Frau ist für Aidsverhütung zuständig wie für Empfängnisverhütung. Erfassungen zahlen sich aus. Jeder muß sehen, wie er durchkommt.

Ablenkung. Bedrohlicher als die Atomrüstung ist die individuelle Abwehrschwäche. Die politische Aufgabe der Stunde ist nicht, Bürgerrechte zu verteidigen, sondern abzubauen. Nicht Denken und Empfinden sind verseucht, sondern Blut und Samen. Wird die Umwälzung des Ganzen objektiv immer dringlicher, scheint die nicht gestellte Sinnfrage gesellschaftlich entschieden, geht der allgemeine Zug immer rasender auf die totale Katastrophe, sticht die alte liberale Phrase, es komme auf einen selber an, wieder so richtig. Wer mit seinen »eigenen« Problemen befaßt ist, hat keine Kraft für generelle. Es ist, als würde um das Überleben einzelner gerungen; doch im Ganzen zählt das nur als Schein.

Restauration, Wende, Ablenkungsmanöver? Meinetwegen. Der Kern aber ist, daß sich alles so einstellt, wie es mit oder ohne »Wende« zu befürchten war. Das gilt auch für das Gerede vom Ende der »sexuellen Befreiung«. Deren ausgereifte Frucht kann jetzt ohne Reue genossen werden: Weichgumminoppen mit Himbeergeschmack.

II.

Bei Aids, sagte der Infektiologieprofessor zu mir, sei es ja üblich, kumulativ zu zählen. Wieso nur bei Aids? Gibt es für manchen nicht genug Kranke und Tote pro Jahr? Kumulativ heißt, alle werden für immer zusammengezählt. Täten wir das bei den Verkehrsunfällen, könnten uns jetzt Industrie, Regierung und Presse mehr als 500 000 Tote seit 1950 präsentieren.[1] Man ahnt, warum sie es nicht tun. Wäre das Beseitigen tödlicher Gefahren ein gesellschaftliches Anliegen, gäbe es nicht jedes Jahr das Tauziehen um die sogenannte Krebsliste der Deutschen Forschungsgemeinschaft. In die Liste des Jahres 1986, man höre und staune, soll nach langem Drängen des DGB das hochgiftige 2,3,7,8-TCDD aufgenommen werden, wohl auch, weil es als »Seveso-Dioxin« nicht mehr zu verharmlosen ist. Vielleicht erübrigt sich das Tauziehen bald. Die Gentechnologen jedenfalls bieten an, widerstandsfähige Arbeiter für die jeweilige Schadstoffkonzentration auszuwählen.

Roboter aber wird man einsetzen müssen, wenn die lästigen Arbeitsunfälle der Menschen beseitigt werden sollen. Gegenwärtig kommt es in unseren Betrieben alle 18 Sekunden zu einem Arbeitsunfall, alle drei Stunden zu einem tödlichen. In der Zeigung[2] aber steht: »Jetzt rüstet Grönland zum Kampf gegen Aids«. Zwar gäbe es »bisher noch keinen akuten Fall von Aids auf der Insel« — doch man kann nicht wissen.

Jede Sensation verhüllt, jede Panik schweigt gezielt über anderes Grauen, letztlich übers allgemeine. Die, die an Todes- wie Glücksspiralen drehen, tun augenblicklich so, als stürben wir zuallererst an Aids. Vielleicht, weil in dieser Kultur zuallererst an der allgemeinen Sinn- und Hoffnungslosigkeit gestorben wird, seelisch wie körperlich. Wir kommen um, weil wir überflüssig sind, ersticken an Verdrehung und Versachlichung.

Statistisch faßbar, sterben bei uns jedes Jahr Hunderttausende an Herzversagen, Krebs, Alkohol, Nikotin und anderen Drogen, Hunderttausende wollen sich selber das Leben nehmen. Es gibt bei uns Infektionskrankheiten, an denen sehr viel mehr Menschen sterben als an Aids. Die 63 alten Menschen, die bei einer »Grippewelle« zu Tode kommen, treten nicht einmal statistisch in Erscheinung. Wer denkt schon in Aids-Zeiten daran, daß es zigmal gefährlicher ist, bestimmte Arzneimittel einzunehmen? Daß mehr junge Frauen, statistisch: unter 35 Jahren, bisher jedes Jahr an den Auswirkungen der Empfängnisverhütung mit oralen Kontrazeptiva[3], der sogenannten Pille, gestorben sind als Riskierte an Aids? Von den tödlichen Viruserkrankungen der Armen der Welt ganz zu schweigen. Und von den 15 Millionen Kindern, die laut WHO jährlich an Atemwegsinfektionen sterben.[4] Und von den 20 Millionen Lepra-Kranken[5], die als Ausgestoßene irgendwo dahinvegetieren...

Doch lassen wir das Aufrechnen, weil es zu Kosten-Nutzen-Analysen, Schuldzuweisungen und Selektionen führt und sonst gar nichts: Jedem Kranken gebühren medizinische Hilfe und menschliche Anteilnahme gleichermaßen.

III.

Je korrupter die öffentliche Meinung, desto unbestechlicher die kritische Sexualforschung. Wenn gesagt wird, jetzt sei bewiesen, daß die Natur den Analverkehr nicht vorgesehen habe, fällt es schwer, ihn als riskant zu bezeichnen. Denn der Kritische weiß: Die Sexualität hatte nie und nirgends eine natürliche Natur; die Gleichung widernatürlich = krank gilt nach wie vor.

Gesagt werden müßte, daß die äußere Natur nicht gut ist. Doch das überschreien momentan die Korrupten wie die Alternativen, und der »Spiegel« sähe seine Idiotie bestätigt (»Mikroben machen Geschichte, immer noch«) und seine Menschenverachtung dazu (»Tote auf Urlaub«).

Je totaler die Verstofflichung, desto allgemeiner die Idiotie. Fällt sie mit dem, was ist, beinahe zusammen, wird sie ungewollt zur Einsicht ins Totale. Ja, wir sind sie Mikroben, die die anderen und sich selber befallen haben, und wir meinen tatsächlich, Geschichte zu machen. Ja, bei uns arbeitet die Hälfte der wissenschaftlichen und technischen Idiotie, genannt Intelligenz, unmittelbar im Dienst von Rüstung und Kriegsführung, und das Gerede von den 40 000 Kindern pro Tag, die irgendwo an Unterernährung elendig verrecken, hängt uns zum Gewissen heraus. Schließlich schrieb »Bild«[6] gerade, im Stil des »Spiegel«: »Mit rasender Geschwindigkeit breitet sich die unheilbare Lustseuche AIDS in Deutschland aus.« Aids ist »amtlich bisher schon bei 360 Deutschen ausgebrochen«. Und das in vier Jahren.

Ja, wir sind für die anderen eine Gefahr, physisch wie geistig. Um so krampfhafter das Bemühen der US-Amerikaner, die Infektionsquelle in ausgeblutete Regionen zu verlegen: erst Südostasien ohne Erfolg, dann Haiti wider besseres Wissen, jetzt Schwarzafrika. Kolonialwarenhändler, die wir nun einmal sind, plappern wir auch die imperialistisch diktierten Pseudowörter AIDS und HTLV-III nach. Jetzt zahlt sich aus, daß unsere Kinder die Schulranzen »WUM starlight I« und »Spacelab 2000« tragen. Wir glauben der US-Regierung auch, wenn sie der Welt erklärt, ihr geschwätziger Professor Gallo habe den Aids-Erreger entdeckt. Wer traut das schon einer Französin namens Françoise Barré-Sinoussi[7] zu, wer liest schon eine wissenschaftliche Zeitschrift wie »Science«? Herr Augstein offensichtlich nicht.

IV.

Die Jornaille will uns weismachen, der Tod der Schwulen, Fixer, Huren ginge ihr nahe. Doch sie präpariert das Siechtum aller Krankheitsopfer, des kleinen Angestellten ebenso wie des

Hollywoodstars, bis es mediengerecht herausgeschrien werden kann. Endlich einmal ein profitables Verrecken in Serie.

Indem die Journaille Ängste erzeugt und vorhandene Ängste verstärkt, indem sie phobische, paranoide und panische Reaktionen der Menschen hervorkitzelt, mit Inhalten versieht und am Brodeln hält, wird sie zu einer Hauptgefahr für die Gesundheit. Sie schwächt auf diese Weise die seelischen Abwehrkräfte, organisiert das seelische Entgegenkommen, das bei allen Infektionskrankheiten von großer Bedeutung ist. Während psychosomatische Theorie und Praxis Tag um Tag belegen, daß Seele und Körper ineinandergreifen, tut die Jounaille so, als seien seelische und körperliche Abwehr vollkommen getrennt, als sei der Mensch nicht trotz aller Zerstückelung eine Einheit.

Für den Vertreter einer psychosozialen Medizin ist es eine gesicherte Erkenntnis: daß die Aids-Kampagne der Presse das Wohlbefinden weiter Bevölkerungskreise beeinträchtigt, daß sie unter entsprechenden individuellen Voraussetzungen von krankmachender Potenz ist, daß sie zu jenen vieldiskutierten Kofaktoren gerechnet werden muß, die auch bei den Infektionskrankheiten als mitverursachend immer zu bedenken sind.

Die Medikalisierung der Gesundheit ließ Kritiker der Medizin in den letzten Jahren von der »Enteignung der Gesundheit«[8] sprechen. Jetzt ist die Medialisierung der Gesundheit, der Krankheit und des Todes zu kritisieren. Der Umgang der Journaille mit Aids erinnert unwillkürlich daran, daß bei uns nichts der Enteignung entgeht und nichts der Verwertung, Krankheiten nicht, das Leiden nicht und nicht der Tod.

V.

Da Arbeit bei uns allgemein verschwindet, wird nun Sexualität dazu. Die Mystifikation, nach der Liebe unwillkürlich ist, ihren eigenen Gesetzen folgt, stößt an die Grenze der gesellschaftlichen Gültigkeit. Nicht mehr zu transzendieren braucht die bürgerliche Idee der Liebe die Gesellschaft. Was Humanes im allgemeinen Inhumanen aufrichten wollte und dadurch auf der Stelle unwahr war, kann sich seine Unvermitteltheit jetzt an den Tirolerhut stecken. Auf dem steht: ICH BIN NEGATIV. Obgleich das endlich einmal eine erfrischende Auskunft ist, ist es als Prinzip so unwahr und unfrei wie der Liebesschwur.

Wenn das Sexuelle ohne Willkür nicht überleben kann, dann auch nicht die Triebliebe. Vom Trieb wurde verlangt, sich gefälligst ordnungspolitisch zu benehmen, von der Liebe scheinbar nicht. Im Aids-Zeitalter ziehen auch diese Nebelschwaden ab, weil das bislang suspekte Moment der subjektiven Willkür zum kalkulierten Moment der objektiven Willkür eines Labortests gerinnt. Nicht der Roman der Triebliebe interessiert, sondern einzig, ob das Serum konvertiert.

Ist der Test positiv oder negativ ausgefallen, sind es auch die Liebenden. Negativ war schon immer positiv. In dieser Lage könnte die Anarchie der Willkürlichen die Probe aufs Subjekt sein, wären sie nicht durch innere Zwänge bereits ihrer Freiheit beraubt. Der Befehl, vorsichtig zu sein, macht unfrei; doch ohne Vorsicht wird man überrollt. Mit der Aids-Kampagne hat sich die Illusion, das Liebes- und Geschlechtsleben sei nicht vom Befehl der Vorsicht durchgellt, vollständig erledigt. Auch deshalb muß radioimmunologisch getestet werden, kontinuierlich. Die Testung stellt sich auf das System des Schreckens ein: lethargisch weiterleben, als sei nichts gewesen, die Raketen stehen auch irgendwo im Wald.

VI.

Am treffendsten bezeichnet jene Parole die allgemeine Lage des Sexuellen, nach der es isoliert und abgestellt werden kann. In der Tat wurde das, was wir seit kurzem »sexuell« heißen, wie die anderen Vermögen, Kräfte und Eigenschaften der Menschen beim Fortschreiten vom Handwerk über Kooperation und Manufaktur zur großen Industrie in immer stärkerem Maße verselbständigt, vergegenständlicht, je nach dem objektiven Zug an- und abgestellt, nach Möglichkeit handhabbar gemacht.

Dieser Prozeß ersetzte Lebendiges durch Totes, kreiste immer wieder mit besonderer Hingabe um das triebhaft Sexuelle, weil das bis heute für Chaos, Autonomie und Subjekthaftigkeit steht. An den Liebeslehren, den Ehehandbüchern und den Werken der Sexualforscher von de Sade bis Masters kann dieser Prozeß am leichtesten abgelesen werden.

Kein Sibir soll sein. Heute scheuen selbst Infektiologen vor nichts zurück. Die Forscher des Bundesgesundheitsamtes haben gerade »fist fucking«, »water sports«, »rimming« und »golden shower« aufgeschnappt und fragen sogleich ihre Klienten danach, altklug und schamlos. Das deutsche Nachrichtenmagazin empfiehlt den Mundverkehr mit Gummi, tut so als verkehrten die Bundesbürger mit Dildi und problematisiert den Umgang mit »sex toys«, von denen nicht einmal US-Sexologen gehört haben. Alle wissen jetzt Bescheid, und keiner hat eine Ahnung. Unmögliches scheint machbar: Das Sexuelle durchdringt nicht die gesamte Person, es kann als Stellung mit oder ohne dingfest gemacht werden. Herr Gallo und das Magazin empfehlen lebenslange Abstinenz. Sie glauben, das Sexuelle lasse sich abstellen wie das Denken.

Um so wahrer ist heute: Ein Sexualforscher, der nicht trotz massenhaften An- und Abstellens der Gefühle und Tendenzen auf dem unabstellbar Triebhaften beharrte, hätte seine sonderbare Obsession verloren. Wie es Homosexuelle gibt, die abstinent oder treu sind und sich nicht einmal in einer lauen Sommernacht verlustieren, so gibt es Sexuelles, das kein Vollzug ist. Da aber festgelegte Sexualformen, Oberflächenmassagen und Sexualklempnereien gang und gäbe sind, ist »Safer sex« nichts wirklich Neues. Einige seiner Vorläufer heißen: Onanie, Minne, vollkommene Ehe, Petting, Peep-Show. Besonders Frauen hatten in patriarchalischen Zeiten immer aufzupassen. Das gilt auch heute.

Und selbst das, was sich in den Winkeln der Schwulen seit der Liberalisierung abspielte, war sehr vergegenständlicht, kaum noch triebhaft. In den berüchtigten »backrooms« ging es planvoll zu, in aller Regel nach Maß und Schema F, und auf den meisten Klappen herrschte notgedrungenerweise so etwas wie »Safer sex«. Die Normalen aber phantasierten ekstatisch wildes Fleisch und erblaßten.

Wenn jetzt alle, so steht es geschrieben, mit Mundschutz, Gummihandschuhen und Kondom verkehren sollen, wird der

Beischlaf sichtbar das, was er dem Kern nach schon ist: eine Operation.

VII.

Die Chiffre »Safer sex« wurde uns samt der Sicherheitsstrategie von unserer Schutzmacht offeriert. Was in einem Werbespot materialisiert werden kann, was den Mechanismen des Vortäuschens sogar neue Nahrung gibt, kann pragmatisch erledigt werden. In den USA sind die Voraussetzungen für den Sieg des Objektiven blendend. Über die Differenz von Subjekt und Objekt ist man dort ziemlich erhaben, die Sexualität scheint von allen Unwägbarkeiten gereinigt zu sein. Dort gibt es keinen Sexualforscher, der mit unseren Ideen von Trieb und Liebe und Triebliebe etwas Vernünftiges anzufangen wüßte. Die hiesige Sexualwissenschaft dagegen glaubt noch irgendwie, teils kritisch, teils instinktologisch, an das Subjektive und Transzendente des Sexuellen, hat folglich in Sachen »Safer sex« vollkommen versagt, erfreulicherweise.

Während so viel Verantwortungslosigkeit das Nachrichtenmagazin in blinde Wut geraten ließ, erinnerten sich »Quick« und ihresgleichen an Unterschiede, hier der mystische Phänomenologe Oswalt Kolle, dort der empirische Ratschläger Ernest Queezle, und taten das einzig Richtige: Ein deutschstämmiger US-Sexologe mußte eingeflogen werden.

Schön, daß sich gerade einer transatlantisch spreizte. Man ernannte ihn schnell zu »einem der angesehensten Aidsforscher der Welt«, schenkte ihm ein eigenes »sexualwissenschaftliches Institut« und ließ ihn dann der elitär distanzierten westdeutschen Sexualforschung unter die schneeweiß atrophierten Arme greifen. Prompt brachte der Heroe Mystik und Ratschlägerei dazu, miteinander zu kopulieren.

Der Mann heißt Erwin J. Haeberle, »has studied drama«. Aufgefallen ist er in unseren Kreisen nicht durch wissenschaftliches Arbeiten, sondern durch »THE SEX BOOK« und »THE SEX ATLAS«. Auch die besten Adressen, die er angibt, das Kinsey-Institut und die San Francisco State University, sagen uns: »no rank« und »no information about his research work«. Dabei wußten wir ja schon, daß dieser bedeutende Forscher in den USA Experte für das Vorführen von Videopornos an einer hochtrabend betitelten »private, non-sectarian school« ist. In der hiesigen Aids-Kampfagne ist er also unverzichtbar, auch weil er als gebürtiger Deutscher weiß, daß es Weltuntergänge und Rucksäcke nur bei uns gibt.

So schlürft er, vom Parteivorstand der SPD gerufen, die angstlustvolle Phantasie der Abendländer in sich hinein, daß es zur richtigen Katastrophe komme und verkauft ihnen pornografische Simulationen mit der Aufschrift: »Achtung, Phantasiematerial, bitte nicht nachmachen!« Nein, ich phantasiere nicht, ich zitiere den Sachverständigen wortwörtlich.[9]

Es lebe die Agonie des Realen als volles Spiel der Simulation unüberbietbarer US-Banalität! Und alle fatalen Strategien! Und bitte auch die Kunst des Verschwindens! Während die Hochrufe erschallen, legen wir uns eine andere Sentenz vor: Aus dem heiligen Eros macht man keinen Telefondienst.

Drei Verdienste werden dem — so nennt er sich gerne selber — »reinen Wohltäter« bleiben. In den Augen meiner körpermedizinischen Kollegen hat er die US-amerikanische Sexologie so gründlich diskreditiert, wie wir es in zwei Jahrzehnten nicht zustande gebracht haben. Indem er sich für die Telefonsex-Industrie stark gemacht hat, wies er auf neue Beschäftigungsarten hin. Vor allem aber hat er, ich zitiere, die »traditionelle, sagen wir mal katholische, Sexuallehre« und die »Safe-Sex-Techniken« in einem Atemzug genannt — als »Möglichkeiten, der Krankheit Einhalt zu gebieten«.[10] Ins Schwarze treffen tut er immer wieder, blauäugig bäuchlings.

VIII.

Für die Grünen ist Aids ein ökologischer Verteidigungsfall. Ihr Abgeordneter Herbert Rusche schreibt: »Zur Vorbeugung gibt es grundsätzlich nur einen Rat: Grundsätzlich jeden Kontakt zwischen eigenen und fremden Körperflüssigkeiten vermeiden ... Ganz egal, ob eine Frau oder ein Mann antikörperpositiv oder antikörper-negativ ist, sind solche Vorbeugemaßnahmen (›safer-sex‹) sinnvoll.«[11] In Anzeigen und Broschüren weisen die Grünen darauf hin, daß das »*jetzt* jede Frau und jeder Mann wissen sollte!«

Wie einfach und praktisch! Vorbeugehaft für alle, in die sie sich selber zu nehmen haben. Männer wie Frauen müssen so lange vor-gebeugt werden, bis bei allen keine Samenflüssigkeit mehr kommt. Nein, es ist noch verrückter, die Grünen wissen mehr als »Lancet« und »Science«. Man höre und erschrecke auf ein weiteres: Auch der Schweiß steckt an.

Wir ahnten ja schon, daß in dieser Kultur ganz allgemein der denkende, blutende, lubrizierende, ejakulierende Mensch gefährdet ist oder suspekt. Dank der grünen Gründlichkeit wissen wir jetzt, daß mittlerweile auch der spuckende, urinierende, kotende und schwitzende Körper vernünftigerweise zu vermeiden wäre, Körper, an denen immer noch Menschen hängen. Aber vielleicht ist das überholte Anthropologie, weil die Menschen längst von ihren Körpern getrennt sind. Das triebhaft Sexuelle, das uns ja schon zur Sexualität geraten ist, belegen die Grünen jedenfalls mit der kurzgeschorenen Wortmarke »Sex«, die uns der US-Imperialismus einst bescherte, auf daß wir uns an die kommenden Austreibungen gewöhnten. »Sex« — das meint die gesellschaftlich isolierte Sexualität, die Warencharakter angenommen hat. »Sex« und »Safer sex« gehören zusammen, indem sie angesichts der totbringenden Realität auf den abendländischen Traum vom Eros pfeifen. Daß die Durchbrüche des Triebes für Opposition und Transzendenz stehen, wird von einem mystifizierenden Denken erstickt, welches uns auf den anderen gesellschaftlichen Feldern bereits seine verdrehenden Wortmarken eingespritzt hat: Entsorgungsanlage, Zwischenmenschlichkeit, atomare Abschreckung, Präventivschlag, Vorwärtsverteidigung, finaler Rettungsschuß, Sterbehilfe, SDI.

Wer »seit Jahren in einer monogamen Zweierbeziehung« lebe, brauche keine Vorbeugemaßnahmen zu ergreifen, schreibt Rusche und merkt nicht, welches Gift er zu trinken gibt, welchem Fetisch er opfert, welche Ängste er nährt. »Seit Jahren«? Seit zwei, fünf oder zehn Jahren? Es ist wie beim alten Kampf gegen die Onanie. Jeder, der Angst hat, ist davon überzeugt, daß gerade sein Verhalten den Sicherheitsvorschriften nicht genügt.

Hätte ein Grüner nicht mehr gesagt als Sex und Vorbeugung

und Monogamie, als »Safer sex«, Entsorger und Sicherheitsingenieure fürs Sexuelle, wir müßten uns gar nicht sonderlich aufregen, wäre er doch aus keinem Rahmen gefallen, auch nicht aus dem alternativen, weil sich die erwünschte Friedfertigkeit auf einen Sex reimt, in dem die explosive Mischung von libidinösen und aggressiven Regungen, die alles Sexuelle auszeichnet, entschärft ist. Das alles aber hat eine politische Partei auf Staatspapier mit schwarzem Adler niedergelegt. Es macht die Parolen, obgleich sie kulturell konform sind, zu einem politischen Skandal. Weiß eine Partei jetzt besser als eine medizinische Fachgesellschaft, wie mit einer Infektionskrankheit umzugehen sei? Ist es seit Aids die Aufgabe der Politiker, jeder Frau und jedem Mann des Staatsvolkes mit Ausrufezeichen den gerade virenpsychologisch opportunen Sex zu verordnen?

Mein lieber Abgeordneter Rusche, Sie wollen Schutz und Sicherheit, doch Sie gehen einen gefährlichen Weg, den nicht einmal die CSU öffentlich zu betreten wagte. Mir persönlich haben Sie jedoch auch Entlastung verschafft. Ihre irrationale Rationalität gestattet es mir seit Aids nicht mehr so leicht, überall Verseuchungen zu wittern. Eine chronische Bleivergiftung, die mir Ihre Frankfurter Parteifreunde nahelegten, habe ich, obwohl mein Wasser aus Altbaurohren kommt, bereits überwunden.

IX.

Nichts von dem, worum es geht, kommt in der Postwurf-Broschüre der Bundesregierung vor: das Riskante nicht, die Riskierten nicht und nicht die Subjekte. Sie behandelt die Homosexuellen beinahe wie die Juden. Sie läßt die Homophobie wie den Antisemitismus im Untergrund, wo sie am besten wuchern. Die spezifische Lebensart der Opfer, die für die Krankheitsgeschichte bedeutsam ist, bleibt tabuiert, ist postwurf- und haushaltungswidrig. Entängstigen wollte die Regierung mit ihrer Sendung. Was aber nicht bei seinem Namen gerufen werden kann, muß entweder heilig oder unselig sein, also der Quell der Angst.

Vielleicht ist das Gesundheitsministerium von der Phantasie durchdrungen, es hätte dem Laster die Briefkästen geöffnet, die Wohnbevölkerung mit Homosexuellem infiziert und eine Lawine der Perversitäten losgeworfen, hätte es die namenlose Liebe wie die Krankheit mit ihrem Kunstwort versehen. So aber blieb sie einfach jenseits der Subjekte sibyllinisch auf der Höhe der Dinge, setzte wahrsagend auf das Verschwinden des Unsäglichen: »Verhaltensweisen beginnen, sich zu ändern«, heißt es in der Broschüre. Während der Bürger verzweifelt fragt, für was die Menschen noch benötigt werden, frohlockt der Zeitgenosse, weil als nächstes Körperflüssigkeiten aufhören werden, einander auszutauschen.

Alles, was sich draußen nicht einfach diktieren läßt, praktizierte das rot-grüne Hessen in seinen Gefängnissen. Das Justizministerium ordnete kurzerhand den Antikörper-Test als Zwangsmaßnahme an. Wieder einmal führten uns Sozialdemokraten vor, wie feige und niederträchtig sie sein können. Im Bundestag lehnten sie gerade den Antrag der Grünen auf Entkriminalisierung der Homosexualität ab — mit der Begründung, sie seien schließlich seit einhundert Jahren gegen jede Diskriminierung und, ich sage: nach Auschwitz und trotz Aids, weiterhin zu Gesprächen bereit. Einfach zum Kotzen diese Heuchelei. Erbost mich die offene Menschenverachtung der Rechten nicht weniger, so ist sie mir doch beinahe lieber, weil man bei ihr immer ganz genau weiß, was einem von Volksparteien blüht und gegen was und wen zu kämpfen ist.

X.

Zu befürchten ist, daß im Zuge von Aids das somatische Denken in der Medizin so sehr gestärkt wird, wie am Ende des letzten Jahrhunderts durch die Heldentaten der Bakteriologen. Die seelischen, sozialen, kulturellen, gesellschaftlichen, ja sogar politischen Dimensionen und Momente jeden Krankheitsgeschehens fielen dann wieder total durch den Rost der einen, scheinbar alles bestimmenden »Ursache«. Die aber gibt es nicht einmal beim Beinbruch. Aids wird uns also aus anderen Gründen als dem der Ausbreitung des Erregers bis über das Jahr 2000 hinaus begleiten. Wir werden Aidsologen bekommen wie einst Syphilidologen, und spezielle Rehabilitationszentren.

So wie die herrschende Medizin gerichtet ist, stellt sich Aids als ein Knotenpunkt dar, in dem die Fragen vieler unbesiegter Krankheiten zusammenlaufen, von der Grippe über die Thyreotoxikose, die primäre biliäre Zirrhose, die Morbi Crohn, Addison und Sjögren, die Multiple Sklerose, die Myasthenia gravis, bestimmte Formen der Zuckerkrankheit, des Lupus erythematodes und der chronischen rheumatoiden Gelenkentzündung bis hin zum Krebs: viro-infektio-immunologisch, auto- und allogen, seelisch wie körperlich.

Versagt die westliche Medizin auf diesem Gebiet trotz der Hysterisierung, gibt sie vor aller Welt zu, daß sie technologisch gar nicht hochgerüstet ist oder, und das wäre folgenschwer: daß sie die ihr anvertrauten Probleme, so oder so, nicht zu bewältigen vermag. In einer vergleichbaren Lage ist die Pharmaindustrie, von deren Konzernen wir um so weniger hören, desto »potenter« sie sind. Entweder findet sie etwas, was zehnmal teurer ist als Gold, oder der nächste Nobelpreis für Medizin muß gestückelt unter ihren Angestellten verteilt werden.

XI.

Trotzdem konnte der gegenwärtigen Medizin und Pharmatechnik nichts Günstigeres widerfahren als die Aidshysterie in der westlichen Welt. Jetzt stehen die Argumente gegen Hochtechnologie auf noch schwächeren Beinen. Die Krankheit Aids kann ohne gentechnologische Forschung und Praxis körpermedizinisch gar nicht mehr aufgeklärt, diagnostiziert und behandelt werden. Sicher ist, daß das Geld für die Aidsforschung zugleich in die »high tech«-Medizin investiert wird, vor allem in der Gentechnologie endet.

Wer Geld für die Aidsforschung verlangt, muß wissen, daß er damit zugleich für jene Techniken eine Lanze bricht, die den Menschen partiell und als Ganzes zum Stoff degradieren. Die Dialektik dieses Fortschritts liegt offen. Lichtseite: Es gibt Heilmittel gegen Aids. Schattenseite: Genetische »Fingerabdrücke« sind massenhaft anwendbar und werden mit der Lichtseite abgesegnet.

Unser Forschungsminister hat diesen Zusammenhang seinen Freunden offenbar noch nicht ganz plausibel machen können. Niemand erwartet, daß ein Tornado weniger gebaut wird, obwohl das freiwerdende Geld die hinterm Mond lebenden Universitätskliniken erdrücken würde. Daß die Bundesregierung aber bisher weniger Geld für Aidsforschung und psychosoziale Versorgung bereitgestellt hat als für die Verteidigung ehemaliger Minister und die fulminante Postwurfaktion, ist in jeder Hinsicht jämmerlich. So bleiben wir weder weltökonomisch noch sozialstaatsillusionär an der Spitze.

Endlich ist Aids auch ein großes und solides Geschäft. Wer allein das Patent an einem sogenannten Aids-Test hält, verdient sich dumm und dämlich. Die USA, auch das sagt Aids aller Welt, haben eine Armee, die 2 200 000 Menschen umfaßt. Sie werden gerade durchgetestet. Der Osten kauft Testmaterial im Hunderttausenderpack, vorsorglich.

Angesichts dieser Lage begreift man, warum sich die selbstlosen Großforscher so schwer tun, im Interesse der ihnen per Eid anvertrauten Patienten zu kooperieren. Müssen sie auf einer Tagung, das gehört schließlich auch zum Geschäft, doch einmal aufeinandertreffen, schließen sie sich vorher ihre Aktenkoffer mit den Forschungsresultaten ans Handgelenk.

XII.

Man muß ja nicht zu einer inversen »Bild«-Zeitung werden, die bereits am 27. Dezember 1985 einen englischen Arzt für Geschlechtskrankheiten namens John Seale behaupten ließ, die Russen hätten schon unter Chruschtschow »die Züchtungen des Aids-Virus in einem Labor für biologische Kriegsführung begonnen«, weil Aids eine »ideale Waffe zur Vernichtung der westlichen Welt« sei, und nun seinerseits behaupten, die Amis hätten es getan.

Die Tatsache langt, daß wir jetzt alle mit den Gefahren der biomedizinischen Forschung und den Wirkungen sogenannter biologischer Waffen konfrontiert sind. Das ABC ist uns vorbuchstabiert. Erst die C-Waffen, dann Hiroshima und Nagasaki, jetzt ein Blick ins mögliche B-Waffenarsenal.

XIII.

Also lautet die unlösbare Aufgabe: sich weder von den Forschern verrückt machen zu lassen, die alles entfesseln, noch von den Naturschützern, die alles verdächtigen, noch von den Medizinern, die alles verkörpern, noch von den Sexologen, die alles vulkanisieren, noch von den Hygienikern, die alles sterilisieren, noch von sich selbst.

Literatur und Anmerkungen

1 Vgl. FR vom 27. 1. 1986, S. 4
2 »Arzt heute« vom 22. 11. 1985, S. 5
3 Vgl. Kimbel, K. H.: Wer kann Arzneimittel sicherer machen? Deutsches Ärzteblatt 82, 2820—2822, 1985
4 Vgl. taz vom 20. 1. 1986, S. 3
5 Vgl. Vollnberg, H.: Lepra — Eine bei uns vergessene Krankheit? Deutsches Ärzteblatt 82, 2904—2907, 1985
6 Bild-Zeitung, Ausgabe Frankfurt, vom 5. 2. 1986, S. 1
7 Barré-Sinoussi, F., J. C. Chermann, F. Rey, M. T. Nugeyre, S. Chamaret, J. Gruest, C. Dauguet, C. Axler-Blin, F. Vézinet-Brun, C. Rouzioux, W. Rozenbaum and L. Montagnier: Isolation of a T-lymphotropic Retrovirus from a Patient at Risk for Acquired Immune Deficiency Syndrome (AIDS). Science 220, 868—870, 1983
8 Illich, I.: Medical Nemesis. London 1975 (deutsche Ausgabe: Enteignung der Gesundheit. Reinbek bei Hamburg 1975)
9 Brigitte, Nr. 22/1985, S. 137
10 »Arzt heute« vom 6. 12. 1985, S. 5
11 Rusche, H.: Brief vom 4. 12. 1985 an die Redaktion von »Sexualität konkret«

Paul Parin
Die Mystifizierung von Aids

Ich habe mir die Frage gestellt, warum die Hysterisierung in der westlichen Welt das bekannte Ausmaß annehmen konnte. Die Frage gilt nicht der Krankheit Aids selbst, ihrer medizinischen und epidemiologischen Erfassung und der öffentlichen Information darüber, sondern dem irrationalen, verzerrten und übertriebenen Umgang mit ihr. Insofern gibt das kulturelle Phänomen, zu dem Aids geworden und gemacht worden ist, Anlaß für psychologische Deutungen. Ich diskutiere die Mystifizierung von Aids als sozialpsychologisches Problem.

Meine Erklärungen ergeben sich aus unzähligen Einzelinformationen und stellen somit Verallgemeinerungen dar, die auf Ausnahmen im individuellen und kollektiven Bereich, keine Rücksicht nehmen. Psychologische Erklärungen, die für die Einzelpersonen gelten, können nicht ohne weiteres auf die kollektive Psychologie übertragen werden. Beim irrationalen Umgang mit Aids fallen jedoch die unbewußten individuellen und die öffentlich ausgedrückten, in verzerrende Mitteilungen verpackten Motive weitgehend zusammen. Es gelingt nur dann, eine Ideologie zu propagieren, wenn ein Bedürfnis oder die innere Bereitschaft der Zielgruppe besteht.

Daß eine Zeiterscheinung wie die Mystifizierung von Aids psychologisch erklärt werden kann, bedeutet nicht, daß sie entschuldigt wird oder daß sie unvermeidlich ist. Doch genügt die Aufklärung der unbewußten Dynamik allein, die im Individuellen mitunter einen rationaleren Umgang mit einem solchen Problem ermöglicht, im sozialen Bereich nicht. Es sind politische und kulturelle Kräfte am Werk, die der Aufklärung widerstehen. Die Mystifizierung könnte nur durch reale Veränderungen der gesellschaftlichen Beziehungen ganz entkräftet werden.

Meine erste These ist, daß die Mystifizierung von Aids als »Verschiebungsersatz« (Sigmund Freud) für unerträgliche Verhältnisse dient. Das psychisch Unerträgliche fällt nicht einfach mit schlimmen äußeren Gefahren und Schädigungen zusammen. Gefangenschaft und Folter mit der Hoffnung auf irgendeine Befreiung oder Rache, Kriege und Katastrophen, denen man zu entkommen trachtet, können seelisch erträglicher sein als die Angst vor Gefahren und drohenden Katastrophen, gegen die es keine Abhilfe gibt oder zu geben scheint und die darum Ohnmachtsgefühle auslösen. Jede gegen die Gefahr gerichtete Aktivität oder auch nur ein Gedanke, der das Gefühl aktiver Bewältigung mit sich bringt, wirkt gegen das Gefühl der Hilflosigkeit. Auch die Auslösung von Aggression als gerichteter Zorn oder selbst ein richtungsloser Wutaffekt vermögen das vorerst Unerträgliche seiner lähmenden Wirkung zu entkleiden.

Nun gibt es einen psychischen Mechanismus, der im Individuum ebenso wirksam ist wie in größeren und größten Gruppierungen: die Verschiebung des Bedrohlichen auf ein anderes Objekt, auf eine andere Gefahr, die aktives Handeln oder zumindest die Mobilisierung von Haß oder anderen Formen der Aggression zuläßt. Subjektiv ist dieser Vorgang entlastend, für das psychische Gleichgewicht zweckmäßig. Objektiv ist es für die Einzelperson zumeist ungünstig, wenn nicht geradezu verderblich, die eine Gefährdung, der man ausgeliefert ist, gegen eine andere zu vertauschen. Für größere Gruppen und ganze Nationen hat sich der gleiche Mechanismus zur Entlastung von inneren Spannungen und zur Stabilisierung politischer Verhältnisse bewährt; doch hat sich das Abwenden von der größeren Bedrohung oft bitter gerächt.

Die Bewohner der westlichen Welt leben zunehmend in solchen »unerträglichen« Verhältnissen. Die durch reichliche Informationen gespeisten Ängste vor der nuklearen Vernichtung sind einem rationalen Denken schwer zugänglich und scheinen keine Möglichkeit zu bieten, der Drohung aktiv entgegenzutreten. Andere Katastrophen, die ökologischen, ökonomischen usw., bedingen die gleiche Ratlosigkeit.

Die erste kollektive — und häufig auch individuelle — Antwort ist, der Staatsräson und ihren Sachzwängen die Kompetenz zuzuteilen, die Gefahren vermeiden zu können, denen sich jedermann ausgeliefert fühlt. Dies wieder bestätigt und zementiert über alle demokratischen und weniger demokratischen Einrichtungen hinweg jene Herrschaftsverhältnisse, die es verstehen, mit dem Gleichgewicht des Schreckens und den ökonomischen, ökologischen und sozialen Krisen zu leben. Da die Machtverteilung gleich bleibt und bleiben muß, um das Gefürchtete zu bannen, bestehen die Gefühle der Hilflosigkeit und Ohnmacht weiter.

Obwohl die Gefahren durchaus real sind, bleiben die psychischen Reaktionen im Illusionären. Je weniger das Bedrohliche in der alltäglichen Umwelt sichtbar und greifbar wird, desto irrationaler ist die Reaktion darauf, desto weniger steuerbar sind die ausgelösten Emotionen. In der relativ gesicherten unmittelbaren Lebenswelt der westlichen Länder gelingt es besonders leicht, die Angst vor drohenden Katastrophen zu verleugnen oder zu verdrängen. Doch wird Hilfe, Hoffnung und der Glaube an die Abwendbarkeit des Übels nicht vor allem von vernünftigen Eingriffen in das Geschehen erwartet. Die Lehren religiöser Sekten und die von der Propaganda aller herrschenden Parteien und Regierungen gelieferten Ideologien mit ihren Werten Gottvertrauen, Familiensinn, Wehrwille und Glaube an den Erfolg des Tüchtigen haben einen hohen psychischen Stellenwert, ebenso wie der Glaube an die Planung und Umsicht des Staates in den Ländern des realen Sozialismus.

Da die verleugnete Angst vor der Katastrophe weiterbesteht und ihre Wirkung entfaltet und da alle Informationen über die reale Entwicklung der Dinge geeignet sind, das Gefühl von Ohnmacht zu verstärken, wird die am meisten gefürchtete Gefährdung auf ein anderes Gebiet verschoben, das »nicht unerträglich« ist. Das sind Gefahren, die man im Prinzip allein oder im Kollektiv aktiv bewältigen könnte, oder solche, gegen die man kämpfen kann. Die psychische Wirkung tritt ein, schon bevor das Übel aktiv bekämpft wird; ja, es genügt, sich mit einer aktiven Haltung zu identifizieren, um an der erwünschten Entlastung zu partizipieren. Jede Aktivität und gar erst Aggression gegen oder Haß auf einen zu bekämpfenden Gegner mildern das lähmende Gefühl der Ohnmacht.

Erscheinungen, die in der westlichen Welt schon vor der Mystifizierung von Aids als Verschiebungsersatz gedient haben und noch dienen, beziehen sich auf verschiedenartige Gefahren. In jedem Fall sind nur Gefahren, die viele oder jedermann bedrohen, geeignet sowie solche, die nicht genauer bekannt sind und gegen die es deshalb kein sicheres Mittel gibt. Solche Gefahren haben den Charakter des Unheimlichen. Es sind einerseits Krankheiten im weitesten Sinn, Gefahren, die die körperliche und/oder geistige Integrität bedrohen, denen man vorbeugen sollte und gegen die Heilverfahren helfen sollten. Andererseits sind es soziale Gefahren, die von menschlichen Gruppierungen ausgehen oder auszugehen scheinen, von äußeren Feinden oder von schädlichen oder sonstwie bedrohlichen Gruppen innerhalb des Gesellschaftsgefüges.

Alle Krankheiten, die sich in den letzten Jahren als Verschiebungsersatz angeboten haben, sind weit verbreitet: Vergiftungen durch die Nahrung; die Atemluft, in die als Folge ökologischer Schäden Gifte gelangen; Heilmittel, die schädigende Nebenwirkungen haben; Herz- und Kreislauferkrankungen, insbesondere der Herzinfarkt als häufige Todesursache jüngerer Menschen; Krebs, genuin oder als Folge von schädigenden Stoffen; und die psychischen Folgen von Streß und anderen Erscheinungen des Lebens in der Industriegesellschaft, die wieder, laut unbewiesener psychosomatischer Hypothesen, das Auftreten von bösartigen Geschwülsten und Kreislaufkrankheiten befördern sollen. Die heute gut bekannten, behandelbaren Infektionskrankheiten und die Grippe, deren harmlosere Formen die meisten Menschen aus Erfahrung kennen, sind nicht genügend unheimlich, um ihre Rolle als Verschiebungsersatz spielen zu können. Wellenförmig wird durch die Medien bald die eine, dann wieder die andere Krankheitsgruppe hochgespielt. Die reale Gefährdung ist nicht zu leugnen, und häufig liefern neue wissenschaftliche Untersuchungen eine Basis für die Welle von Ängsten. Oft bleibt unklar, ob es die neuen Einsichten sind, die eine Krankheit als allgemeine Gefährdung erscheinen lassen, oder ob umgekehrt erst nach möglichen Ursachen geforscht wurde, nachdem die Ängste vor der betreffenden Krankheit öffentlich artikuliert wurden.

Als Abhilfe werden Maßnahmen empfohlen, die fast immer mit Einschränkung, Verzicht, Vermeidung, Disziplinierung, mit dem ganzen Repertoire puritanischer Tugendhaftigkeit zu tun haben: Vermeidung von Speisen, die den Cholesteringehalt im Blut erhöhen könnten; Verzicht auf das Rauchen (Nikotin und natürlich auch alle anderen Genußmittel und Drogen könnten schaden); Verzicht auf jede Art kontaminierter Speisen und Getränke; Verzicht auf alle oder fast alle »chemischen« Medikamente; Jogging oder andere anstrengenden Körperübungen; und vor allem die ungezählten Psychotherapien, die von inneren Schlacken und Verklemmungen und von Konflikten mit den Beziehungspersonen befreien sollen. Die Therapien, die sich im »Psychoboom« manifestieren, zielen fast alle auf innere Reinigung oder auf die Glättung der Beziehungen zur menschlichen Umwelt, zur Gesellschaft.

Ich fasse zusammen: Alle jene Krankheiten sind verbreitet, gefährlich und unheimlich. Vorbeugung wäre möglich, wenn man nur bereit wäre, genügend Verzichte auf sich zu nehmen, oder wenn die Behörden energisch genug wären, die entsprechenden vorbeugenden Maßnahmen zu erzwingen. Das geschieht zwar nicht und würde zu unerträglichen Beeinträchtigungen führen, ist aber auch nicht nötig, da jede Krankheitsgefahr bald von einer neuen Welle von Ängsten abgelöst wird. Der psychische Effekt wird trotzdem erreicht. Die Gefühle von Ohnmacht werden, vorübergehend, durch aktive Haltungen gemildert, und den lähmenden Schuldgefühlen, die Krankheit als Strafe selber herbeigeführt zu haben, wird der Stachel genommen, da die empfohlenen Triebeinschränkungen als Sühne und Reinigung wirken.

Die sozialen Gefahren, die sich als Verschiebungsersatz anbieten, sind Bedrohungen von außen durch potentielle Feinde und solche von innen durch eine als minderwertig und gefährlich hingestellte Gruppe, die sich leicht ausgrenzen läßt.

Daß die UdSSR als potentieller Feind, als die »Macht des Bösen« bezeichnet wird, ist bekannt. Sie und die ihr befreundeten »kommunistischen« Länder werden nicht nur zu Gegnern des westlichen Kapitalismus, sondern zu Feinden der Freiheit und Integrität jedes einzelnen stilisiert. Zur Entlastung jenes Unbehagens, das von unerhörten Bedrohungen und vom Verleugnen außerordentlich heftiger latenter Ängste zeugt, eignet sich der Dauerfeind Kommunismus in der Regel nicht. Vielmehr führt gerade die Ost-West-Spannung mitten in jenes Gleichgewicht des Schreckens, das die Ohnmacht vor allem bedingt.

Zur psychischen Entlastung kann der äußere Feind am ehesten dienen, wenn es zu einem bewaffneten Konflikt kommt. Eine Mehrheit der Untertanen ergreift dann die Gelegenheit, sich mit den kriegerischen Worten und Handlungen einer Regierung, die gewalttätig wird, zu identifizieren. Wie sehr das Entbinden von Aggression nach außen, also eine psychische Entlastung, daran beteiligt ist, kann man daraus ersehen, daß die unsinnigsten, das heißt, die am meisten irrationalen Kriege, die in den letzten Jahren im Westen entfesselt worden sind (Falkland/Malvinen-Krieg, Besetzung von Grenada durch die USA), der jeweiligen Regierung, die gerade befürchten mußte, das Wohlwollen der Untertanen zu verlieren, einen unmittelbaren und außerordentlichen Zuwachs an Beliebtheit eingebracht haben. Allerdings schließt auch ein erstarrtes Feindverhältnis nicht aus, daß Nebenerscheinungen, gleichsam als Ventil, die Ersatzfunktion übernehmen. Mit Filmen und Medienberichten, in denen der Krieg legitimiert und durchgespielt wird, können sich so viele identifizieren, daß diese propagandistischen Mittel nicht nur massenhaft konsumiert werden, sondern auch die Zustimmung zur (unauflöslichen) Dauerfeindschaft sichern. Bedeutsamer ist es, daß die Regierung selber Nebenschauplätze der Gefährdung dort konstituieren kann, wo die Aggressionsentladung nach außen in Wirklichkeit ungefährlich ist. In diesem Sinn betont die Regierung der USA, daß sie vom sandinistischen Nicaragua bedroht wird.

Das Bedürfnis nach solchen kollektiven Entlastungen ist so groß, daß die Öffentlichkeit sogar gegen die ausdrückliche politische Intention der Herrschaftsschicht einen äußeren Feind sucht, findet und zu bekämpfen trachtet. Der plötzlich aufflammende Protest gegen die Apartheid-Politik der Südafrikanischen Republik greift zwar auf in den USA längst vorhandene Wertvorstellungen zurück. Daß es aber in Reagans Amerika innerhalb weniger Wochen zu jenem flächendeckenden Protest und Aufschrei gekommen ist, obgleich die Unmenschlichkeiten des südafrikanischen Rassismus längst bekannt und

»kein amerikanisches Problem« gewesen waren, ist ohne das Bedürfnis nach Entlastung von Ohnmacht und Schuld nicht zu erklären. (Es ist mir nicht bekannt, ob in der Öffentlichkeit verdrängte Gefühle, daß die USA an den Unmenschlichkeiten in Chile, Guatemala, El Salvador und der Contras in Nicaragua beteiligt und mitschuldig sind, beim Aufbrechen des Protests gegen die Apartheid beteiligt waren. Von der Reagan-Regierung jedenfalls oder vom Kongreß ist diese Protestbewegung nicht propagiert worden.)

Das Stigmatisieren einer gut abgrenzbaren, schwachen, für die Allgemeinheit »gefährlichen« Gruppe ist ein so bekanntes Mittel der Politik, daß ich nur daran erinnern muß. Als Sündenbock im Innern der Gemeinschaft, »ingroup scapegoat«, dienten im sogenannten Dritten Reich bekanntlich Juden, Zigeuner und Homosexuelle. Weniger bekannt dürfte die Tatsache sein, daß sich das Abgrenzen, Diskriminieren und schließlich grausame Unterdrücken solcher Gruppen ganz allgemein als Verschiebungsersatz eignet, nicht nur zur Stärkung der Herrschaft und zur Ablenkung von Aggressionen, die sich aus sozialer und politischer Unterdrückung ergeben. Solche Gruppen können in der öffentlichen Meinung jeder westlichen Nation etabliert werden. Die Neigung dazu kommt aus alten nationalen und religiösen Traditionen, die leicht aktualisiert werden können. Natürlich muß der Bedarf nach einem entsprechenden Verschiebungsersatz bestehen. Angst, Ohnmacht oder Unterdrückung müssen einen bestimmten Pegel überschreiten. Außerdem muß die betreffende Gruppe nicht nur abgrenzbar sein, sondern auch als unheimlich imponieren. Allzu bekannte Gruppen (zum Beispiel Fußballspieler) könnte eine noch so geschickte Propaganda nicht als allgemeingefährlich darstellen. Schließlich müssen die zugeschriebenen Gefährdungen potentiell jeden betreffen.

Die Drogenszene, so sehr sie sonst eine unheimliche, machtlose, die Regeln des Wohlverhaltens und der etablierten Ordnung verletzende Gruppe darstellt, konnte nicht ganz zum »ingroup scapegoat« werden. Drogenabhängigkeit wurde von Anfang an den Jugendlichen zugeschrieben. So nehmen an der Ausgrenzung und Verfolgung der Drogenabhängigkeit vor allem diejenigen teil (Juristen, Eltern, Erzieher, Militärs), die sich besonders mit jungen Menschen befassen.

Diese Aussage muß ich sogleich relativieren. Der Zürcher Kantonsarzt (= Gesundheitsminister) hat die Ärzte und Apotheker mit Berufsverbot bedroht, die den Drogenabhängigen sterile Injektionsspritzen abgeben oder verkaufen. Sie unterstützten damit ein deliktisches Verhalten. Trotz des Protestes von Ärzten, sie könnten die Gefahr der Verbreitung von Aids und Hepatitis B bei der Wiederverwendung gebrauchter Spritzen nicht verantworten, und trotz der Aussage von Juristen und Fachkommissionen, daß das Rechtsgut der Krankheitsprävention einen höheren Rang habe als die Verhinderung von Beihilfe zu Drogendelikten, hält dieser Beamte an seiner Meinung fest. Er steht zur Vernichtung der Drogenabhängigen, seines »ingroup scapegoat«.

Meine zweite These lautet: Die Mystifizierung von Aids konnte eintreten und mußte gelingen, weil hier beide Erscheinungen zusammenfallen, die als Verschiebungsersatz dienen können, um von verdrängter Angst und Ohnmachtsgefühlen zu entlasten: die unheimliche Krankheit und die ausgegrenzte, machtlose Gruppe, der die Schuld am Übel zugeschrieben wird und die deshalb bekämpft werden muß.

Die Unheimlichkeit dieser Erkrankung könnte gar nicht größer sein. Seit langem wieder eine Infektionskrankheit, für die man keinen präventiven Schutz und keine wirksame Behandlung kennt. Vergleiche mit den Seuchen früherer Jahrhunderte drängen sich auf. Die Übertragung durch sexuellen Kontakt führt in den christlichen Kulturen des Abendlandes zu Emotionen, die Schuld- und Schamgefühle auslösen. Die Ähnlichkeit der Krankheit mit anderen bekannten, zu Recht gefürchteten Leiden, Krebs (Kaposi-Sarkom) und Leukämie (Lymphadenopathie), verstärkt die archaischen Ängste, die von Aids bei Erkrankten und Gesunden ausgelöst werden. Über die Ansteckung, über das Verhältnis von Infektion und manifester Erkrankung weiß man so wenig, daß zur Wehrlosigkeit eine ungewöhnliche Unkalkulierbarkeit hinzukommt.

Eigentlich sind die unheimlichen Faktoren, die Aids mit sich bringt, so groß, daß es verwundern muß, daß sich diese

Gefahr zum Ersatz für andere, denen man ohnmächtig ausgeliefert ist, und zur »publizistischen Inszenierung« (Frank Rühmann, 1985) eines Verschiebungsersatzes eignet. Die propagandistisch hochgespielte Gefährdung durch Aids kann wahrscheinlich nur von wenigen Menschen durch ein vernünftiges Einschätzen der Ansteckungsgefahr relativiert werden. Jener homosexuelle Mann, der mir gesagt hat, wenn es darum ginge, Todesgefahren zu vermeiden, müßte er sogleich sein Honda-Motorrad verkaufen und nicht an Aids-Prophylaxe denken, ist eine Ausnahme. Was Aids auszeichnet, ist eben die Verbindung von individuellem Leiden mit einem Sündenbock im Innern der Gemeinschaft. Während der Angriff der Infektion als heimtückisch, gefährlich und undurchschaubar gilt, ist man gleichzeitig im Stande, die Schuldigen, »die Homosexuellen« (und zwar nur die homosexuellen Männer) auszumachen. Die Krankheit wird einem gesellschaftlichen Übel angelastet. Gegen dieses kann man vorgehen: die Ohnmacht weicht.

Die soziale Erscheinung, das von der vorherrschenden Norm abweichende Sexualverhalten der Homosexuellen, wird remediziniert, das heißt, eindeutig in den Bereich des Krankhaften, sogar des besonders gefährlichen Krankhaften zurückverwiesen. Die während der Liberalisierung des Sexuallebens verschleierten Vorurteile gegen Personen, die wichtige gesellschaftliche Ordnungsprinzipien, nämlich die Geschlechtsrollenverteilung, verletzen, werden remobilisiert. Soziale Stereotype (Wertsysteme, sanktionierte Haltungen, u. ä.) überdauern in der Regel faktische Änderungen der Verhältnisse. Bei der Einstellung zum Sexualverhalten wird sich die Charakterisierung der Sexualität als Eigenschaft der inkriminierten Personen, in diesem Fall als moralisches und soziales Versagen, kaum grundlegend ändern, solange die herrschende Ordnung besteht — auch wenn sie noch so brüchig ist. Die jüngere Geschichte gibt weithin anerkannte Motive, rassische Merkmale nicht zur Ausgrenzung der zu bekämpfenden Gruppe zu verwenden. Krankheitsträger und moralisch oder sozial »unwerte«, weil abwegige Personen können auf keine historisch begründete Schonzeit rechnen.

Die vorgebildeten, latent vorhandenen Vorurteile werden

publizistisch aufgeladen. Mit Recht ist darauf hingewiesen worden, daß Analverkehr und Promiskuität nicht erst in populären Medien, sondern bereits in den Äußerungen der Forscher und Mediziner zum zentralen Angriffspunkt der Gefahr, HS plus Aids, erklärt wurden. Das geschah ohne viel Rücksicht auf Tatsachen und desto deutlicher beeinflußt von abscheugeladenen und lustvoll-grausamen Phantasien, die mit den Vorstellungen über die Homosexualität verbunden sind. Heterosexuelle Männer und Frauen, die ihre eigenen homosexuellen Regungen aus Gründen ihrer Sozialisation und Erziehung verdrängen müssen, bilden die Mehrheit der »Normalen«, sind anfällig für die publizistische Manipulation der Aids-Problematik und für ihre irrationale Stilisierung.

Meine dritte These lautet: Homosexuelle sind die Verbündeten derer, die sie als gefährliche Randgruppe diskriminieren und Aids als die größte Bedrohung der Menschheit darstellen. Das heißt natürlich nicht, daß alle Homosexuellen als Personen oder daß ihre Institutionen der gegen sie gerichteten Propaganda Glauben schenken oder daß alle dem Angreifer recht geben. Ich möchte lediglich ausdrücken, daß die zumeist bewußtlose, unreflektierte Zustimmung zu den gegen sie gerichteten Angriffen, für die es unzählige Beispiele gibt, psychologisch erklärbar ist. Dieses vorerst überraschende Phänomen ist mitverantwortlich für die durchschlagende Wirkung der Kampagne und erschwert jede Aufklärung der Angegriffenen.

Klaus Mann hat in seinem »Lebensbericht« geschrieben: »Man huldigt nicht diesem Eros, ohne zum Fremden zu werden in unserer Gesellschaft, wie sie nun einmal ist, man verschreibt sich nicht dieser Liebe, ohne eine tödliche Wunde davonzutragen.« Dazu bemerkt Rühmann (S. 115): »Mit diesen Sätzen ist eine kollektive Erfahrung der Homosexuellen beschrieben, unabhängig davon, ob sie von den einzelnen Individuen in ihren Konsequenzen bewußt wahrgenommen wird oder nicht. Jeder Homosexuelle weiß, daß er von dem, was der gesellschaftlichen Norm entspricht, abweicht. John E. Ryan spricht davon, daß alle Homosexuellen mit zerstörerischen und degradierenden Konzepten über ihr inneres Selbst aufgewachsen sind. Jedes Kind lernt frühzeitig, daß der »Schwule«, die »Tunte« oder wie die einzelnen Bezeichnungen auch lauten mögen, verlacht, verhöhnt und manchmal auch geschlagen wird. Der Homosexuelle gilt als grundsätzlich böse und wertlos. Dabei ist es für die psychische Wirkung egal, ob diese Diskriminierung bewußt artikuliert oder unbewußt durch symbolische Handlungen oder Vermittlung der Kulturtradition in der Psyche des Individuums verankert wird.«

In einer vergleichenden psychoanalytischen Studie über Juden und männliche Homosexuelle kam ich zum Schluß: »Keine Art von Kompensation des Mangels kann im Selbstbild (der Juden und Homosexuellen, die in einer relativ permissiven Gesellschaft aufgewachsen sind) den einmal entdeckten, sozial stigmatisierenden »Geburtsfehler« zum Verschwinden bringen.« Die psychische Ähnlichkeit von Juden und Homosexuellen ist nicht zufällig. Die typische und wahrscheinlich häufige psychische Deformation ist die verinnerlichte Folge der erlittenen Diskriminierung. Die Neigung von Homosexuellen, die ihnen zugeschriebene Rolle als gefährliche, ekelhafte, gewissenlose oder auch grausame Verursacher ihres eigenen Unglücks und einer bedrohlichen Volksseuche anzunehmen und durch Kasteiung oder Verzicht auf ihr eigenes Sexualleben tätige Reue zu üben, wurde als Identifikation mit dem Angreifer beschrieben.

Das ist nicht falsch. Daß jedoch die Bereitschaft zu einer solchen Identifikation so groß ist und so unbedacht geäußert wird, erklärt sich nicht allein aus der Härte der Angriffe und der relativ schwachen gesellschaftlichen Position der Angegriffenen. Unbewußte Gefühle, sich durch die eigene Sexualität »schuldig« gemacht zu haben, oder Gefühle der Scham wegen der Abweichung von der »anständigen« Norm lassen Homosexuelle mitunter gierig nach jenen neuen Verboten und Einschränkungen greifen, die ihnen zur Sühne und als Strafe auferlegt werden sollen. Askese in irgendeiner Form bis hin zu Selbstekel und »sozialem Masochismus« färbt bei manchen Schwulen die Einstellung zu Aids. Diese Haltungen helfen den Angreifern und bilden ein Hindernis gegen die vernünftige Aufklärung über die Krankheit und ihre Epidemiologie.

Meine vierte These lautet: Die Aids-Kampagne ist Ausdruck

des vorherrschenden politischen Klimas. Die reaktionäre Tendenz, die in maßgebenden Staaten des Westens (USA, Großbritannien, Bundesrepublik) gegenwärtig die Regierungspolitik bestimmt, hätte Aids geradezu erfinden müssen, wenn es nicht zeitgerecht aufgetreten oder entdeckt worden wäre. In Wirklichkeit sind die sozialen Stereotype, die in der Öffentlichkeit wirkenden Symbolsysteme, im Sozialgefüge der westlichen Länder so verwoben, daß Forscher und Ärzte, Fachzeitschriften und ernsthafte Laienliteratur ebenso früh und ebensosehr zur Mystifizierung von Aids und zur Verteufelung der »verantwortlichen« Personengruppen beigetragen haben wie Boulevard-Blätter, Tageszeitungen und Magazine.

Erst etwa zwei Jahre nach den ersten Berichten über Aids begann auch die politische Rechte öffentlich die Gunst der Stunde zu nutzen. »AIDS-Krankheit: Die Natur schlägt zurück«, so war ein vielbeachteter Kommentar von Patrick J. Buchanan in der »New York Post« vom 24. Mai 1983 überschrieben. Buchanan war Ghostwriter des ehemaligen US-Präsidenten Richard M. Nixon und ist seit Januar 1985 Berater für Öffentlichkeitsarbeit von Ronald Reagan. In seiner Kolumne hieß es weiter: »Die sexuelle Revolution hat damit begonnen, ihre Kinder zu verschlingen. Und unter der revolutionären Avantgarde, den homosexuellen Bürgerrechtsaktivisten, ist die Todesrate am höchsten und steigend.« Obwohl Aids die dramatischste und tödlichste Krankheit unter Homosexuellen sei, sei sie nicht die einzige. Buchanan beschrieb die Homosexuellen als eine von unzähligen Krankheiten durchseuchte Gruppe, die eine Gefahr für andere Menschen darstelle. Und weiter: »Die armen Homosexuellen, sie haben der Natur den Krieg erklärt, und nun fordert die Natur eine furchbare Vergeltung. (...) AIDS ist soziales Dynamit.« (Rühmann, S. 75).

Bei der politischen Instrumentalisierung von Aids geht es nicht mehr um Aufklärung über eine Krankheit und ihre Übertragung. Es geht um das Ende einer liberaleren Epoche, »um den Angriff auf eine Lebenshaltung, die in ihrem symbolischen Gehalt für mehr steht als nur für die Umgangsform mit Sexualität. In ganz ähnlicher Weise wird über die ökonomischen Krisen der westlichen Industriegesellschaft als Folgen von zuviel Wohlstand und überhöhten Staatsausgaben geredet, ähnlich wird über den § 218 diskutiert bzw. über dessen vorgeblichen Mißbrauch als zuviel Freiheit«. (a.a.O., S. 104)

Aids gefährdet die Gesundheit der Mütter, Kinder, Greise, Ärzte, es gefährdet die Familie. Mit dem Propagieren politischer und moralischer Ordnungsvorstellungen wird im Sinn eines sexuellen Puritanismus zur Unterbindung der Homosexualität aufgerufen. Denkbarrieren gegen die schlimmsten Verbrechen des nationalsozialistischen Terrors werden durchlässig. Im »New Yorker Programm des Kabelfernsehens äußerte der Psychologe Paul Cameron aus Omaha, Nebraska (...), daß die Vereinigten Staaten in einigen Jahren möglicherweise darüber nachdenken müßten, alle Homosexuellen auszurotten, um AIDS unter Kontrolle zu bekommen.« (a. a. O., S. 184) Und Homosexuelle sind für die Argumente, die sich gegen sie richten, empfänglich und an so manchen irrationalen Schritten bei der Mystifizierung von Aids beteiligt.

Das politische Klima ist vom beinahe oppositionslosen Durchsetzen einer Herrschafts- und Konfrontationsstrategie geprägt, die die Menschen der westlichen Welt unerträglichen Gefühlen von Ohnmacht und Angst aussetzt. Die Aids-Kampagne bietet eine psychische Entlastung an, die (neben analogen Zeiterscheinungen) eine einschneidende Veränderung des kulturellen Klimas mit sich bringt. Die ebenso verbreitete wie verdeckte Angst vor den Regelverletzungen des homosexuellen Lebens wird zur offenen Homophobie. Eine Kampagne, die als verantwortungsvolle Prävention einer gefährlichen Krankheit getarnt ist, legitimiert zur neuen Hexenjagd.

Literatur

Mann, K. (1984): Der Wendepunkt. Ein Lebensbericht. Reinbek.
Parin, P. (1985): The mark of oppression. Ethnopsychoanalytische Studie über Juden und Homosexuelle in einer relativ permissiven Gesellschaft. In: Psyche 3/1985, S. 193—219.
Rühmann, F. (1985): AIDS. Eine Krankheit und ihre Folgen. Qumran/Campus Verlag, Frankfurt a. M. und New York.
Ryan, J. E. (1984): Shame, Self-Contempt and Rage. Vortrag, gehalten auf der 1st International Conference on Gay and Lesbian Health, New York vom 16.—19. Juni 1984 (zit. nach Rühmann, S. 11)

Günter Amendt
Jetzt ist alles Gras aufgefressen

AIDS-DAY war an einem Donnerstag. Es war der 15. August 1985, an dem die marktbeherrschenden illustrierten Wochenzeitungen mit Aids-Titeln, die ein heterosexuelles Paar in Kuß-Pose zeigten, an die Kioske gingen. Es war der Tag, an dem das Virus aus der homosexuellen Subkultur in die heterosexuelle Monokultur übersprang und eine Aids-Panik entfachte.

Von da ab begann man, von Aids nicht nur als einer Krankheit, sondern auch als einer Metapher zu sprechen. Und das soll heißen: Aids ist mehr als eine Krankheit, es ist eine »Seuche des Bewußtseins«, ein »Virus im Kopf«, eine »Medienseuche«, eine »Geisteskrankheit«, eine »Kulturseuche«. Das ist kritisch gemeint und trotzdem falsch, ist Mystifikation, die zur Aufklärung nichts beiträgt. Das endet, wo es enden muß — beim Erzbischof von Köln, der in Aids »eine Heimsuchung Gottes« erblickt.

Aids als Virusinfektion ist eine organische, Aids als Metapher eine amerikanische Krankheit. Die Sozialtechnik, Diskussionen an sich zu reißen, indem man die Begriffe besetzt, und abweichendes Verhalten zu stigmatisieren, indem man ihm einen Namen gibt, ist am weitesten in den USA entwickelt. Erst werden die Begriffe besetzt, dann werden sie auf die Köpfe der Menschen losgelassen. Man nennt diesen Vorgang auch »communication« und Großmeister dieser Technik »great communicators«.

Die Kombination von Anfangsbuchstaben zu Wortbedeutungen oder wortähnlichen, auf jeden Fall einprägsamen Gebilden ist Grundlage aller Markenartikel-Werbung. Da werden Waffensysteme mit Kosenamen wie »Little Boy« belegt, tödliche Naturgewalten wie Hurrikane mit Frauennamen bedacht oder Militärstrategien wie »Europäische Verteidigungs-Initiative« zu »Evi« verniedlicht. Das alles hat Tradition, nicht nur in der Produktwerbung, sondern auch in der psychologisch-ideologischen Kriegsführung.

AIDS is just a four-letter word; als Markenzeichen jedoch nur zweite Wahl. Ursprünglich hatten die PR-Strategen im Solde von Nobelpreisjägern und medizinisch-industriellem Komplex das von ihnen so genannte »Gay Related Immune Deficiency Syndrome« zu GRID kombiniert. Davon kam man bald wieder ab, wohl weniger »aus Sorge um die Diskriminierung Homosexueller« als aus Furcht, in der internationalen Wissenschaftsöffentlichkeit nicht ganz ernst genommen zu werden, denn bei der Kreation eines medienwirksamen Krankheitsbegriffs auf »gay«, was soviel heißt wie »schwul«, zurückzugreifen, wirkte doch etwas zu leger und naßforsch.

Darüber hinaus erwies sich GRID schon bald als zu eng. AIDS streute breiter, beschränkte sich nicht auf *eine* »Risikogruppe«, was angesichts des Forschungsstandes auch nicht länger ratsam erschien.

Die kurze Geschichte von GRID zu AIDS ist jedoch lang genug, um das Vorurteil, Aids sei eine »Schwulenseuche«, Wurzeln schlagen zu lassen. Aids wird heute und in Zukunft mit Homosexualität, Homosexualität mit Aids in Verbindung gebracht werden. Das Vorurteil wird sich halten, selbst wenn alle Statistiken dagegen sprechen. Vorurteile dulden keine Gegenbeweise. Und wenn die Krankheit eines Tages besiegt sein wird, oder wenn sie in Europa und den USA unter Kontrolle gebracht sein sollte und »nur« als eine Art Tropenkrankheit in der sogenannten Dritten Welt fortexistiert, wird sie als Schwulenseuche in Erinnerung bleiben.

Mit Aids wurde die internationale Öffentlichkeit aber nicht nur auf einen Begriff aus den integrierten Sprachlabors der Forschungsinstitute festgelegt, mit dieser Sprachregelung haben sich die US-Laboratorien im Kampf um Marktanteile beim Vertrieb von spin-off Produkten der Aids-Forschung auch einen Wettbewerbsvorteil verschafft, dem die französischen Forschungsanstrengungen bereits im Vorfeld der kommerziellen Auswertung zum Opfer gefallen sind. Denn »das Recht auf Namensgebung« gebührte französischen Forschern, sie haben vor ihren US-amerikanischen Kollegen den Zusammenhang von HI-Virus und der Aids genannten Krankheit erkannt und benannt.

Aids als Krankheitsbegriff setzte sich fast mühelos durch, weil die Allgegenwart des US-amerikanischen Kulturimperialismus und seiner Medienbataillone das Kürzel in Windeseile über den Globus verbreiten half.

Doch was wäre eine noch so raffinierte Sprachregelung ohne Resonanzboden? Schließlich löst jede Krankheit, die sich epidemisch auszubreiten droht, kollektive Ängste aus, ohne sie gleich ins hysterische zu steigern. Weil die Krankheitsopfer Homosexuelle sind, weil Sexualkontakte als Übertragungsmodi gelten und weil im Zeichen von »moral majority« drüben und »geistig-moralischer Wende« hier das Sexuelle neu definiert wird, weil also das eine zum andern paßt, vermochte die »neue Lustseuche« so viele Emotionen freizusetzen.

Die Krankheit greift unmittelbar in »den Kampf um die Köpfe« ein und wird zum Antriebsverstärker der politischen Restauration. Die von der Krankheit ausgehende Bedrohung setzt Ordnungsphantasien frei, die, wie in vergleichbaren politischen Situationen üblich, auf die Rechte von Minderheiten keine Rücksicht mehr nehmen. Dabei wird auch an sozialpolitischen Grundsätzen gerüttelt, denn ökonomische Interessen sind auch berührt.

Aids bringt die Versicherungsmathematik durcheinander, stellt die Rentenformel in Frage und zwingt zur Neubewertung des Produktionsfaktors »Arbeit«. Ganz offen werden Rentabilitätsberechnungen am menschlichen Objekt angestellt. Es wird suggeriert, Aids sei die Folge eines lasterhaften Lebens, in der Absicht, aus Krankheitsopfern Schuldige werden zu lassen.

Der Gedanke, Krankheit mit Schuld zu verknüpfen, tauchte bereits Mitte der siebziger Jahre in der Drogendiskussion auf. Damals versuchte man, ein archaisches Muster in eine populäre Faustregel umzuwandeln: Sucht ist schuldhaft. Anvisiert wurde die Ausgliederung von Drogensüchtigen aus der Solidargemeinschaft der Krankenversicherten. Auch Alkohol- und Nikotinabhängige waren gemeint. Diese Kampagne ist irgendwo steckengeblieben, vielleicht auch deswegen, weil sie zu sehr die kollektive Suchtbereitschaft der Bevölkerung tangierte. Auch die etwa zur selben Zeit neu entfachte Diskussion um den Paragraphen 218 kam schnell zum materiellen Kern. Unter dem Stichwort »Abtreibung auf Krankenschein« wurde das Problem aufs Versicherungstechnische verlagert — mit dem Ziel der Ausgliederung. Eine Kampagne ohne, wie es scheint, große Erfolgsaussichten, denn sie prallt auf ein neues parteiübergreifendes Selbstbewußtsein von Frauen — und prallt daran ab.

Sollte der Durchbruch zu sozialpolitischem Neuland an der Aids-Front gelingen? Das wird auch davon abhängen, welche Dynamik die wiedererwachte kollektive Homophobie entwickeln wird. Die emotionale Desolidarisierung von den Krankheitsopfern ist bereits im Gange. Sie wird von volkswirtschaftlichen Berechnungen untermauert, die den Schadenswert einer Aids-Erkrankung bei »einem Manne in besten Jahren« auf eineinhalb Millionen Mark festlegen.

Die politischen und gesellschaftlichen Folgen dieser Krankheit mit dem Doppelcharakter, Realität und Metapher zugleich zu sein, sind so weittragend und passen in ihrer Konsequenz so eindeutig zum Credo neokonservativer Politik, daß sich Verschwörungstheorien fast zwangsläufig einstellen mußten. Sie helfen nicht weiter bei der Ursachenforschung, doch sollte man sie nicht einfach nur abtun als Ausdruck paranoider Vorstellungen. Wenn man beispielsweise die Hypothese für unwahrscheinlich hält, das Virus sei aus einem Labor entwichen oder gar absichtlich in die Homosexuellen-Subkultur ausgesetzt worden, so erfährt man darüber doch auch etwas über die Bereitschaft vieler Menschen, das Undenkbare für wahrscheinlich zu halten. Volkmar Sigusch ist zuzustimmen, wenn er, an die Laborhypothese anknüpfend, sagt: Nach Hiroshima und Nagasaki, die uns die Folgen der A-Waffen vor Augen führten, nach den Erfahrungen des Ersten Weltkrieges und neuerdings des Golfkrieges zwischen dem Iran und dem Irak, die uns mit der verheerenden Wirkung von C-Waffen konfrontieren, erfahren wir nun mit Aids etwas vom Vernichtungspotential des B-Waffenarsenals.

Selbstbefragung eines Normalbürgers, den »gesunden« Menschenverstand im Rücken und die Aids-Hysterie vor Augen: »Verkehre ich mit Prostituierten? Nein. Hänge ich an der Nadel? Nein. Bin ich schwul? Nein. Wenn ich schwul bin: frequentiere ich Parks, Saunen oder Backrooms? Nein. Bluter bin ich auch nicht. Was, verdammt, soll ich mit Aids zu tun haben?«

Und wenn die Welt voll Teufel wär' und wollt' uns gar verschlingen, wir bauen auf Immunabwehr. So sollt' es uns gelingen.

Unterdessen fragt sich der Verein besorgter Sexualwissenschaftler: Was passiert mit dem Sexuellen? Die kritische Öffentlichkeit ist beunruhigt. Wird Aids unsere Einstellung zum Sexuellen verändern, wird die Krankheit unser Sexualverhalten beeinflussen und unser Sexualerleben verdüstern? Wird Aids zum movens einer neuen repressiven Sexualmoral? Einer »neuen«? Die oft bangen Fragen nach der »Zukunft der Sexualität«, im Schatten von Aids an allen Ecken und Enden zu vernehmen, belegen nur drastisch, wie verprivatisiert und entpolitisiert heute die ›sexuelle Frage‹ diskutiert wird.

Wer mit verklärtem Blick die »guten alten Zeiten« vor dem Ausbruch des Aids-Zeitalters heraufbeschwört, muß sich fragen lassen, auf welcher Insel der Glückseligen er das zurückliegende Jahrzehnt verbracht hat. Sicher, die Ideologie der »geistig-moralischen Wende« nimmt verstärkt Einfluß auf moralisch besetzte oder besetzbare Themen und bedient sich dabei der Angst vor Aids und seinen Folgen. Aber auch in den Zeiten sozialliberalen Wohlbehagens, an die sich viele heute wehmütig erinnern, kam die ideologische Auseinandersetzung nicht zum Stillstand. Der konservativ-reaktionäre Einfluß war damals nur weniger wirksam. Die Entwicklung neuer Lebensformen und die Herausbildung neuer Beziehungsnormen, die heute wieder bedroht scheinen, wurden in gesellschaftlichen Auseinandersetzungen und oft auch individuellen Kraftakten erkämpft und durchgesetzt.

Strittig sind heute im Zeichen der ökonomischen Krise und der geistig-moralischen Erneuerung von oben die Themen, die schon immer strittig waren. Vieles wurde längst unter der Hand geregelt, manche reaktionäre Sexualnorm, manche konservative Vorstellung über Geschlechterrollen geschickt in Gesetzestexte verpackt und unauffällig dem gesellschaftlichen

Wertesystem untergeschoben. Anderes wird offen ausgetragen, wie die neuerliche Diskussion um den Paragraphen 218, die vom katholischen Klerus ständig am Kochen gehalten wurde, bis sie endlich vom politischen Katholizismus aufgegriffen und erneut serviert wurde.

Hauptadressat der konservativen Veränderungsbestrebungen sind Frauen. Ihr neues Rollenverständnis wird in Frage gestellt — mit allen Folgen, die das auch für das Sexualerleben von Frauen haben wird, sollte die reaktionäre Werteoffensive nicht politisch abgewehrt werden.

Die aufgeschreckten und manchmal panischen Reaktionen auf die konservative Wertewende sind schon erstaunlich. Als gälte es Abschied zu nehmen von einem sexuellen Paradies, als hätte sich die Kehrseite der »sexuellen Liberalisierung« nicht schon früh gezeigt. Die mit viel Emphase vorgebrachten sexualpolitischen Forderungen der antiautoritären Studentenbewegung mit ihrem Anspruch auf Subversion und Systemveränderung sind im Laufe der Jahre immer fader geworden, weil sie alles andere als im Widerspruch zu den Kapitalinteressen hochentwickelter Industrienationen standen. Porno, Puff und Peep-Show sind nicht nur unangenehme Begleiterscheinungen der »sexuellen Liberalisierung«, sondern deren logischer Bestandteil. Wer heute aus Angst vor neuen Verboten und deren repressiver Durchsetzung nach »der Zukunft der Sexualität« fragt, muß untersuchen, ob sich die Kapital-Verwertungsinteressen so radikal verändert haben, beziehungsweise verändern werden, daß ein neuerlicher Wandel des Sozialcharakters im Interesse der Systemerhaltung erforderlich ist. Weg vom flexiblen, mobilen, allzeit konsumbreiten Typen hin zu einer neuen Verzicht- und Aufschiebemoral.

Es spricht einiges für die These einer neuerlichen Konsumstruktur-Veränderung, wenn auch nicht für die ganze Gesellschaft so doch für ihren marginalisierten Teil, an dessen Opfer- und Verzichtbereitschaft zunehmend appelliert wird. Andererseits ist nicht jede Normverschiebung im Sexuellen und nicht jede Einstellungsveränderung als Symptom der Rechtsentwicklung und Sieg von law and order zu deuten.

Manches von dem, was heute an sexuellen Ansprüchen zurückgeschraubt wird, war überdreht und wurde nie anders denn als Überforderung erlebt. In den zwanzig Jahren »sexueller Liberalisierung« hat das Sexuelle nicht nur die Schubkraft der Emanzipation freigesetzt, es ließ auch den Mechanismen des Marktes freien Lauf und leitete damit seine eigene Vermarktung ein. Unter dem modischen Druck, alles und jedes mitmachen zu müssen, und dem zwanghaften Bedürfnis, immer und überall mithalten zu können, haben sich viele Menschen sexuellen Erfahrungen ausgesetzt, die über den Erlebniswert anstrengender Experimente nicht hinausgingen. Auch die Sexualwissenschaften, allen voran die in den USA mit ihrer sexual-technokratischen Orientierung, deren Hochblüte wir gerade in der »Safe Sex«-Kampagne bestaunen dürfen, haben zur Herausbildung einer neuen sexuellen Leistungsnorm beigetragen. Orgasmus: möglichst oft und möglichst gleichzeitig. Dem entzieht sich manche Frau und mancher Mann heute nur zu gerne.

So trifft die konservative Werte-Wende von oben auf einen gewissen Erschöpfungszustand von unten. Das Gefühl, über seine Verhältnisse gelebt zu haben, das Bedürfnis nach einer Atempause und die Notwendigkeit, die wenigen Errungenschaften der Sexualreform zu verteidigen, waren schon lange vor Ausbruch der Aids-Hysterie gegeben.

*

Ob man sie nun im Jargon der Seuchenforscher leichtfertig »Risikogruppen« nennt oder ob man sich auf den Vorschlag der »AIDS-Hilfe«-Gruppen einläßt und von »Hauptbetroffenen« spricht, es geht jedesmal um Fixer, Prostituierte und, zuallererst, Homosexuelle. Zwar bieten die meisten »AIDS-Hilfe«-Gruppen ihre Dienste allen Betroffenen an, in der Öffentlichkeit werden sie ungeachtet dessen als Schwulen-Lobby wahrgenommen.

Aids hat aus einer Minderheit, die der Gesellschaft einmal zu Beginn der siebziger Jahre selbstbewußt ihre Emanzipationsforderungen entgegenhielt und auf dem Weg zur Emanzipation nach Bündnispartnern suchte, einen Verein von Lobbyisten gemacht, welcher der Gesellschaft nur noch als Bittsteller und Spendensammler gegenübertritt. Sollte es so etwas wie ein kollektives Selbstbewußtsein geben, aus dem der einzelne Stärke und Identität bezieht, kann der Wandel von einem selbstbewußt fordernden Kollektiv zu einer um Hilfe bittenden Lobby nicht ohne Auswirkungen auf das Bewußtsein der heutigen Homosexuellen-Generation sein — kollektiv wie individuell.

Die Strategie der meisten »AIDS-Hilfe«-Gruppen ist beeinflußt von US-amerikanischen Vorbildern, die in den Zentren der Homosexuellen-Population entstanden sind. Diese Gruppen betrachten sich als »Schwulen-Lobby« im Verteilungskampf um die Mittel aus den Gesundheitsetats. Die sektenhafte Strategie der »AIDS-Hilfe«-Gruppen in den USA mag sozialgeschichtlich begründbar sein, in die Bundesrepublik und nach Europa übertragen, stellt sie die historische Errungenschaft der Solidargemeinschaft, auf der unser Krankenversicherungswesen beruht, in Frage. Lobbyismus ist nicht nur hemmungsloser Verteilungskampf, sondern institutionalisierter Sozial-Darwinismus.

Es muß alles gegen Aids und für Aids-Kranke und HIV-Positive getan werden, es muß aber auch alles für alle anderen Kranken getan beziehungsweise gefordert werden. Es leuchtet nicht ein, warum die psychosoziale Versorgung von HIV-Positiven wichtiger sein soll als die psycho-soziale Betreuung eines Krebskranken nach der Diagnose oder die Betreuung eines Alten, der aus dem Akutkrankenhaus ins Pflegeheim verlegt wird. Von solchen Forderungen ist in den Aufklärungsveranstaltungen der »AIDS-Hilfe«-Gruppen nichts zu hören und in den Publikationen nichts zu lesen. Weil es um Vorurteile geht und nicht um einen materiellen Interessenausgleich, führt Schwulen-Lobbyismus in die Isolation und vertreibt alle, die als Bündnispartner in Frage kämen. Minderheiten sind beim Kampf um ihre Rechte auf Koalitionen angewiesen.

Den Weg in die Isolation hatte die Homosexuellen-Bewegung schon lange vor Aids angetreten. Auf dem Weg der Individualisierung und Privatisierung sind Homosexuelle als Avantgarde vorangegangen. In der Bundesrepublik unter der Losung: »Wärmer leben«.

»Out of the closets«, raus aus den Klappen, Saunen und Parks, raus aus der Subkultur also, lautete die Parole der Schwulenbewegung zu Beginn der siebziger Jahre.

Rein ins Ghetto, zurück in die ›Sub‹, das war die Gegenbewegung, die in den USA einsetzte. Die US-amerikanische, alles versprechende urbane Subkultur zog unwiderstehlich alle Sehnsüchte der westeuropäischen Schwulenbewegungen auf sich. Keine andere Sozialbewegung in Westeuropa und insbesondere in der BRD hat sich so radikal von der Tradition europäischer Sozialbewegungen abgekoppelt wie die der Homosexuellen, keine andere Bewegung lehnt sich so konsequent an das US-amerikanische Vorbild an. Daher auch die Lobbyismus-Strategie der bundesdeutschen »AIDS-Hilfe«-Gruppen.

Das Ideal der Nachbarschaftshilfe, das den Staat entlastet und aus der Verantwortung entläßt, hat Tradition in der US-amerikanischen Sozialgeschichte. Dieses Ideal war immer auch eine gefährliche Idylle. Denn ohne den Fremden — den outsider und outcast — ohne die Spannung zwischen denen, die drinnen sind, und denen, die draußen gehalten werden, notfalls mit Waffengewalt, funktioniert dieses Ideal nicht. Ihre historische Wurzel hat die Idee der Nachbarschaftshilfe in der Wagenburg-Mentalität der frühen Siedler, die wiederum Voraussetzung war für den Völkermord an den indigenen Völkern Nordamerikas. Seitdem ist Rassismus konstitutionelles Merkmal der US-amerikanischen Gesellschaft.

*

Von allen ›neuen‹ Sozialbewegungen, die von der Studentenbewegung initiiert oder inspiriert wurden, hat sich als einzige die Frauenbewegung behaupten können, trotz aller Rückzugstendenzen auch da. Es sind deshalb — logischerweise — vor allem die Frauen, gegen die sich die restaurativen Werteverschiebungen wenden. Gegen das neue Frauenbewußtsein formiert sich aber auch ein ›neues‹ männliches Selbstbewußtsein in Gestalt des alten Machismo.

Gunter Schmidt sieht in den Homosexuellen die Avantgarde der Liberalisierung. Weil aber »das grandiose und illusorische

Versprechen, daß Liberalisierung schon Befreiung sei«, gebrochen ist, richte sich die Wut der Enttäuschten auf diejenigen, die die Liberalisierung am meisten nutzten: die Homosexuellen (vgl. seinen Beitrag in diesem Buch). Das wäre zu belegen. Kann man wirklich behaupten, das Verhalten der Homosexuellen habe sich so radikal verändert, daß ihnen die Avantgarde-Rolle einfach zugestanden werden muß, oder wurde unter den Bedingungen der allgemeinen Liberalisierung nur öffentlich praktiziert, was früher im verborgenen geschah? Außer Frage steht, daß die öffentliche Inszenierung frei von Bestrafungsdruck als subjektiv befreiend erlebt wurde. Mit der »sexuellen Liberalisierung« öffneten sich Freiräume, in die die Homosexuellen als erste und am entschiedensten vorstießen. Sie machten dabei nicht nur ihr Sexualverhalten öffentlich, sie lieferten auch das Leitbild einer ›neuen‹ Männlichkeit, uniformiert von San Franciscos Castro-Street bis ins Westberliner Kleistkasino. Tuntenbarock und Fummeltrinen waren nur eine Episode.

Der alleinstehende, gutverdienende, konsumorientierte, meist weiße homosexuelle Mittelschichtmann diente sich bis zum Werbeleitbild hoch. Was einmal unter dem Einfluß einer auch konsumkritischen Emanzipationsbewegung begann, wurde innerhalb weniger Jahre von einem Konsumtaumel erstickt, in dem Warenverbrauch und Menschenbenutzung immer mehr austauschbar wurden.

Kaum aber waren die Homosexuellen als Haupt-»Risikogruppe« eingekreist, Kalifornien als Hauptzentrum der Seuche und New York City als Epizentrum geortet, schlug auch schon der Neid derer zurück, denen man zuvor den ›homosexuellen Lebensstil‹ triumphalistisch vorgeführt hatte. Die Avantgarde wird gnadenlos verfolgt, »sie steht für den falschen Weg, den man selbst eingeschlagen hat, für die sexuellen Enttäuschungen, oder sie trifft der Neid derer, die nicht den Weg einschlagen konnten oder nicht weit genug« (Gunter Schmidt, ebd.).

Zur triumphalistischen Selbstdarstellung der Homosexuellen-Szene gehört die bedingungslose Verteidigung ständig wechselnder anonymer Sexual*kontakte* — dem einzig adäquaten Ausdruck hierfür. Dazu gehört auch die sadomasochistische Inszenierung der Szene. Doch die ist eine Täuschung — auch eine Selbsttäuschung. Zwar entwickelt Martin Dannecker eine Art ›Kick-Theorie‹, die das sadomasochistische Gehabe der Homosexuellen-Szene als Flucht vor der Normalität nach dem Wegfall strafrechtlicher Verbote und gesellschaftlicher Tabus erklären will, er übersieht dabei aber eine parallel verlaufende sadomasochistische Inszenierung bei Heterosexuellen, die mit seinem Ansatz nicht zu erklären ist.

Selbst wenn man unterstellt, daß der Liberalisierungsschub ein Nachholbedürfnis von bis dahin unterdrückten sadomasochistischen Strebungen — ein verspätetes coming out also — ausgelöst hat, so sind die Ausgangsbedingungen bei Heterosexuellen und Homosexuellen doch zu unterschiedlich, um in einer ›Kick-Theorie‹ aufgehen zu können. Sie liefert allerhöchstens *einen* Erklärungsansatz. Zu untersuchen wäre beispielsweise der Einfluß der enormen Brutalisierung des US-amerikanischen Alltagslebens nach dem Ende und als Folge des Vietnamkrieges und deren Auswirkung auf das Sexualverhalten. Aber selbst wenn eine Zunahme sadomasochistischer Praktiken zu registrieren wäre, würde man einer Täuschung erliegen, wenn man damit alle Homosexuellen identifizieren würde (bei Heterosexuellen käme sowieso niemand auf diese Idee).

Das vorherrschende Ich-Ideal der Homosexuellen ist der männliche Mann. Sein äußeres Erscheinungsbild ist den Fetischen aus den Kabinetten der s/m Szene nur entliehen und nachempfunden. Es handelt sich um einen als Sadomasochisten verkleideten Macho.

Die Bühne war also angerichtet, als sich die Massenmedien für die Schwulen-Szene, in der eine geheimnisvolle »Lustseuche« ausgebrochen war, zu interessieren begannen. Das Stück paßte hervorragend in eine auf Horror- und Gruseleffekte spekulierende imperialistische Massenkultur. Blood, sweat and tears fließen in Strömen, in feuchten und glitschigen Dunkelräumen wird gerammelt und gestoßen, Fäkal- und Spermageruch liegt über der Szene, »Blut muß fließen auf beiden Seiten«. Voller Ekel und Abscheu wendet sich der Betrachter ab. Ekel und Abscheu, das sind die klassischen Bestandteile des rassistischen Vorurteils zur Abwehr des Fremd- und Andersartigen. Die Geschichte des Antisemitismus bestätigt diese Behauptung wie auch die Geschichte des Vorurteils gegenüber der afro-amerikanischen Bevölkerung. Sie stinken — die Juden, die Schwarzen, die Gelben ... Kein anderes Land ist empfänglicher für Ekelphantasien als die USA, deren weiße, protestantische Mittelschicht alle Gerüche parfumiert und deodoriert. »Plastic people« nannten die Hippies der sechziger Jahre das Produkt dieses Hygienefanatismus.

Die Politisierung von Phobien aller Art war und ist ein Instrument US-amerikanischer Außen- und Innenpolitik. Darauf hat bereits Erich Wulff in seinem unter dem Pseudonym Alsheimer erschienenen Buch »Vietnamesische Lehrjahre« hingewiesen. Für einen Großteil der US-Bevölkerung seien die Flächenbombardements Nordvietnams und die Entlaubungsaktionen der US-Airforce nichts als eine Deo-Spray-Aktion zur Ausrottung eines gelben schlitzäugigen Schädlings gewesen.

*

Aber etwas fehlt. Man hat eine Krankheit — Aids. Man kennt den Ort, von dem sie ausgeht — die Schwulen-Subkultur. Vor der Krankheit muß man sich schützen, von der Szene sich abwenden. Die Opfer kann man bedauern, die Szene verurteilen, für eine Kampagne reicht das nicht. Jede Kampagne, die sich negativ abgrenzt, braucht eine positive Zielsetzung. Gesucht werden also Schuldige, Verantwortliche. Der Antisemitismus als Vernichtungsfeldzug funktionierte nur, weil »schmutziges unreines jüdisches Blut« das »saubere Blut« des »rassenreinen Ariers« zu verseuchen drohte. Die Aids-Kampagne funktioniert nur, weil es mit »Safe Sex« ein sauberes Gegenbild gibt, das aus Krankheitsopfern Schuldige macht, wenn und weil diese sich den Regeln von »Safe Sex« nicht unterwerfen.

»Safe Sex« ist eine Sexualkampagne, die von oben kommt und aus den USA. »Safe Sex« ist eine Hygiene-Kampagne, die eine neue repressive Sexualordnung propagiert. »Safe Sex« ist Ausdruck des US-amerikanischen Moral-Imperialismus, der die in den USA herrschende Sexualideologie der weißen Mittelschicht in seine Einflußsphäre transplantiert. »Safe Sex« ist ein Sicherheitskatalog ganz in der Tradition der technokratischen Sexualwissenschaften in den USA. Mit seinen beengenden und lusttötenden Ratschlägen beendet er nicht etwa die Ära der ›sexuellen Liberalisierung‹, er bringt sie vielmehr auf den Begriff.

»Safe Sex« ist aber auch eine willkommene Ausrede, die den Wortführern der »AIDS-Hilfe«-Gruppen, den Resten der Schwulenbewegung und ihrer Publizistik die Auseinandersetzung mit Lebensvorstellungen und Beziehungsformen erspart, in denen Solidarität, wechselseitige Achtung und das Ende der Ausbeutung einmal als Orientierung galten. Daran wäre festzuhalten bzw. wieder anzuknüpfen, anstatt darüber zu streiten, *wie* politisch die Schwulenbewegung einmal gewesen ist. Beziehungen, die ins Anonyme abgleiten und damit ins Inhumane überwechseln, haben nichts mit den Beziehungsvorstellungen gemein, die damals — wie politisch oder ideologisch sie auch geprägt waren — durch die Luft schwirrten.

Es geht nicht um Sexualpraktiken, sie sind als solche nicht kritisierbar, vorausgesetzt, sie beruhen auf Gegenseitigkeit. Aber Sexualverhalten ist immer auch Sozialverhalten. Und das ist kritisierbar.

Aids als Kampagne ist Ausdruck der security-*philosophy* einer Gesellschaft, deren rationale Substanz so ausgezehrt ist und deren Funktionszusammenhänge so undurchschaubar geworden sind, daß schließlich nur noch infantile Sicherheitsphantasien jenes Minimum an Wohlbefinden garantieren, ohne das menschliches Leben nur als Vegetieren zu nennen wäre. Buchstabiert man AIDS von hinten, dann gelangt man mitten ins SDIAmerika. Egal wie man es liest, es sind die gleichen apokalyptischen Visionen. Easy answers only. Nicht ohne Grund benützt die SDI-Propaganda wie auch die Gegenpropaganda des Vereins besorgter Wissenschaftler die Sprache von Kindern in ihren Fernsehspots beziehungsweise kindliche Zeichnungen zu deren Visualisierung. Angst im Dienste von Herrschaftsinteressen muß kontrollierbar und dosierbar sein, um zu funktionieren. Der reine Horror gerät leicht außer

Kontrolle, deshalb das Bedürfnis nach Kanalisierung.

SDI ist das Auffangbecken einer kollektiven Sicherheitsneurose, »Safe Sex« die Antwort auf eine »kollektive Sexualneurose«. »Safe Sex« als Raketenschutzschild, SKI als Präservativ, es sind die gleichen Phantasien, wer will da noch unterscheiden. Im Gefolge der Machtergreifung des militärisch-industriellen Komplexes in den USA beginnt sich die Sexualideologie der konservativen, weißen Mittelschicht gegen libertäre und emanzipatorische Strömungen durchzusetzen. Versprochen werden Sicherheit und Sauberkeit, und die sind Geschwister von law and order.

E. Haeberle, der sich, ohne es zu sein, gerne »als Sexualforscher aus dem Kinsey-Kreis« identifizieren läßt, um seiner »Safe Sex«-Kampagne den nötigen Nachdruck zu verleihen, fordert die bundesdeutsche Öffentlichkeit auf, gesellschaftliche Szenarien zu entwickeln, die der Bedrohung durch Aids gerecht werden. ». . . das tun Sie ja auch, wenn es um die NATO geht.«

NATO, just another four-letter word. Der Kreis schließt sich. SDI ist nicht nur ein qualitativer Sprung in die Waffentechnologie, es ist zugleich ein Unternehmen von ökonomischen Dimensionen, das alle Forschungsmittel und Forschungsanstrengungen der hochentwickelten Industrienationen bindet und in die Militärforschung lenkt. Damit werden die Mittel all jenen Forschungsaufgaben entzogen, mit denen sich die Humanwissenschaften beschäftigen, um wenigstens einige Antworten auf Hunger und Krankheit im Weltmaßstab zu finden.

Ja, meine Lieben, jetzt ist alles Gras aufgefressen, und auf dem Kontinent spricht es sich herum, daß das Leben nicht mehr wert ist, gelebt zu werden. Wir sind nur ein spätes Geschlechtlein von Augenzeugen. Und die Zeit wird heißen: die Gummizeit. AIDS-DAY war an einem Donnerstag.

Menschen
und
Risiken

Rosa von Praunheim/Martin Dannecker
»Das ist kriminell«
Ein Streitgespräch, moderiert von Ingrid Klein

Ingrid Klein: Ihr kennt euch über fünfzehn Jahre, nämlich seit der intensiven Zusammenarbeit am Film »Nicht der Homosexuelle ist pervers, sondern die Situation, in der er lebt«. Vor gut einem Jahr hattet ihr eine öffentliche Kontroverse über Rosas Aids-Artikel im »Spiegel«, auf den Martin in *Konkret* mit einem offenen Brief geantwortet hat. Daß wir heute zusammensitzen, ist hauptsächlich Rosas Interesse gewesen. Deshalb meine Frage: Hatte Martin recht? Bist du evangelisch geworden?
Praunheim: Die Mithilfe von Martin habe ich damals gesucht, weil er eine Studie über das Verhalten der Homosexuellen gemacht hat. Und gerade jetzt vermisse ich sehr, daß die Sexualforscher und überhaupt niemand mehr sich um das Verhalten der Homosexuellen kümmert. Der Film hatte damals den Arbeitstitel »Das Glück in der Toilette«, was meine Auffassung von der homosexuellen Subkultur widerspiegelt. Es war eine detaillierte Subkulturkritik am Beispiel eines jungen Homosexuellen, der aus einer Kleinstadt in die Großstadt kommt und sich dort den oberflächlichen Idealen der Subkultur anpaßt, an denen er mehr oder weniger zugrundegeht. Unsere selbstkritische Haltung haben die Schwulen uns damals sehr übelgenommen.

Um auf heute zu kommen: ich habe mich nicht verändert. Meine kritische Einstellung ist geblieben. Wir hatten gehofft, daß wir dem schicksalhaften Ausnutzen der Verklemmungen und Ängste der Schwulen etwas entgegenzusetzen hätten innerhalb dieser pseudoliberalen Situation. Was wir kritisiert haben und was wir relativ harmlos dargestellt haben, wurde ja dann viel exzentrischer praktiziert. Das Ideal homosexuellen Verhaltens waren Drogen, Orgienbars, extreme Sexualpraktiken, die Lederszene kam auf, die faschistische Elemente in die schwule Subkultur getragen hat, etc. Gefühle zu zeigen, war absolut tabu. Und dieses coole Verhalten ist dann in die Disco-Szene übergegangen. Das alles sind Erscheinungen, die wir damals gefürchtet hatten, aber die wir natürlich nicht beeinflussen konnten.

Dannecker: Hinterher ist man natürlich immer bescheidener, und wenn man weitergedacht hat über einen Zeitraum von fünfzehn Jahren, ist man auch gescheiter. Der Unterschied zwischen heute und damals, was diesen Film und die gesellschaftliche Situation der Homosexuellen angeht, ist der, daß wir zwar ein hohes Maß an Kritik gegenüber den damals vorhandenen Formen des Umgangs der Homosexuellen miteinander hatten. Aber diese Kritik richtete sich nicht nur gegen die Homosexuellen selbst, sondern auch gegen die damals noch relativ repressive Situation. Außerdem erhielt dieser Film seine humane Dimension dadurch, daß er einerseits das Verhalten der Homosexuellen untereinander kritisierte, was über den Text bewerkstelligt wurde, andererseits aber dieses Verhalten auch wieder gelten ließ, indem er es durch das Bild affirmierte. Durch dieses hin und her zwischen Kritik an der Wirklichkeit der Homosexuellen und der Lust am Zeigen dieser Wirklichkeit ist der Film menschlich geworden.

Das ist der große Unterschied zu heute. Du machst im »Spiegel« einen öffentlichen Kniefall und bemühst dich überhaupt nicht mehr zu verstehen, was vorgeht und warum alles so gekommen ist. Dir geht es gar nicht mehr um die Emanzipation von gesellschaftlichen Zwängen; heute wird alles den Schwulen aufgepackt. Jetzt sind sie für alles selber verantwortlich. Nun bin ich zwar nie einer von denjenigen gewesen, die die Schwulen ohne Schuld gesehen hatten, weil man für das, was man tut, auch in bestimmter Weise verantwortlich ist, aber man hat auch zu überlegen, unter welchen objektiven Bedingungen gehandelt wird.

Praunheim: Das heißt, daß du von einem diplomatischen Verhalten ausgehst. Das haben wir damals nicht getan. Uns wird doch unterstellt, daß wir mit diesem Film dazu beigetragen haben, daß die Befreiung der Schwulen eine reine Befreiung zur Promiskuität war. Und das ist ein großes Mißverständnis. Das diplomatische Verhalten, daß wir damals ganz

bewußt nicht drauf hatten, das praktizierst du heute, und das werfe ich dir vor. Du sagst, du schweigst zu Aids, um den Rechten nicht in die Hände zu spielen, um keiner neuen Moral Vorschub zu leisten, um nicht erneut Minderheiten zu unterdrücken. Das ist in gewisser Weise ein verlogenes Verhalten.
Dannecker: Was du alles weißt, ist ja interessant. Erstens habe ich nicht geschwiegen. Zum Beispiel habe ich deinen völlig unnötigen Kniefall im »Spiegel« kritisiert. Du hast dort unter einem angemaßten »wir« ein öffentliches Bekenntnis abgelegt. Wenn du sagst, »wir verleugnen die Gefahr durch Aids zum Schutze unserer Promiskuität«, dann frage ich mich, für wen du sprichst. Für mich und für viele, die ich kenne, hast du nicht gesprochen. Und zweitens bin ich nicht diplomatisch. Ich möchte allerdings nicht mit irgendwelchen Empfehlungen oder öffentlicher Selbstkritik auf den Markt gehen und damit einen starken moralischen Druck ausüben.
Praunheim: Was heißt moralischer Druck?
Dannecker: Wenn du im »Spiegel« sagst: Wir verhalten uns weiter so wie bisher, und das ist fahrlässige Tötung, dann spielst du mit einer Metapher, um einen moralischen Druck zu erzeugen.
Praunheim: Das werfe ich dir auch vor. Dein Verhalten in der Öffentlichkeit ist verharmlosend und nicht konstruktiv. Du entziehst dich und förderst damit meiner Meinung nach die Krankheitszahlen.
Ingrid Klein: Wie meinst du das? Schafft Martin Aids-Kranke?
Praunheim: Er leistet durch sein öffentliches Verhalten der Erhöhung der Krankheitszahlen Vorschub. Er hat niemals einen konkreten Ansatz gemacht. Wir haben aber eine Verantwortung zu übernehmen in Bezug auf diese Krankheit. Und dieser Verantwortung kann man sich nicht entziehen.
Dannecker: Das ist natürlich ein ungeheuerlicher Vorwurf, daß ich durch mein Verhalten mitschuldig sei an der Erhöhung der Krankheitszahlen.
Praunheim: Das ist noch harmlos ausgedrückt. Ich bin wirklich ungeheuer wütend. Nimm zum Beispiel das Interview

von Volkmar Sigusch im »Stern«, mit dem du ja sicher einer Meinung bist. Das ist insgesamt typisch für euer Verhalten. Er sagt da: Die Gefahr, Aids zu kriegen, ist sehr klein. In drei Jahren sind nur 0,03 Prozent der erwachsenen homosexuellen Männer erkrankt.
Dannecker: Ich liebe diese Rechnerei nicht sehr. Um jedoch begreifen zu können, wie hysterisch die Reaktionen angesichts der realen Zahlen waren, muß man solche Zahlen auch mal nennen. Deshalb sind sie nicht gleich verharmlosend.
Praunheim: Doch. Du hast doch die ersten Hochrechnungen vom Koch-Institut heftig kritisiert mit der Tendenz, die Krankheit ist nicht so schlimm, ihr braucht nicht weiter aufzupassen. Was sich bewahrheitet hat, ist, daß diese Zahlen kein Quatsch sind. Wenn ihr damals Parallelen zu den USA gesehen hättet, wenn ihr also damals ein bißchen Hirn gehabt und diese Zahlen verglichen hättet, hättet ihr gesehen, was da auf uns zukommt.
Dannecker: Vermisch doch nicht alles so unzulässig. Ich kann als Wissenschaftler nur sagen, ob Zahlen, die in einer bestimmten Situation veröffentlicht wurden, auf einer realen, methodisch sauberen und stimmigen Basis erhoben worden sind. Diese Zahlen waren falsch. Daß sie in der Zwischenzeit wahr geworden sind, macht sie damals nicht richtiger.
Praunheim: Aber du wolltest doch damit was sagen. Du giltst in der Szene als Symbolfigur, und deine Äußerungen werden als Rechtfertigung genommen, nicht zu handeln, sich nicht zu verändern. Im vorigen Jahr gab es noch Bestrebungen, was zu verändern. Mir hat gerade jemand erzählt, daß in Amsterdam im letzten Jahr unheimlich viele Leute Kondome benutzt hätten, heute macht es keiner mehr. In Amerika ganz genau die gleichen Tendenzen. Es gab einen Punkt, an dem die Leute erschreckt waren, wo die Bars weniger bevölkert waren. Bis vor zwei Monaten. Jetzt hat sich die Szene total gespalten.
Dannecker: Das entlastet mich natürlich sehr, denn so potent bin ich nun wirklich nicht, daß mein Einfluß bis nach Amsterdam und USA reichte. Der große Unterschied zwischen uns und deinem Verbündeten, Professor Haeberle, ist, daß ihr das Verhalten ändern wollt, ohne tiefer zu gehen. Ich will tiefere

Reflexionsprozesse haben. Man muß sich doch fragen, warum Menschen in diese Situation geraten sind, warum sie Schwierigkeiten haben, Beziehungen zu leben. Man kann nicht bloß Verhalten auf der Oberfläche abstellen. Dann passiert genau das, was du beschreibst, daß nämlich ein gefährliches Verhalten sich nicht ändert. Das Verhalten ändert sich dann, wenn ich auf seine Basis gekommen bin und verstanden habe, was ein bestimmtes Verhalten erzwingt.
Praunheim: Wieviel Zeit hast du dafür?
Dannecker: Ich habe die Zeit, die ich brauche, um nachzudenken. Ich bleibe bei meiner Kritik. Es gibt ein neueres Beispiel dafür. Im »Bild der Wissenschaft« hat Professor Hunsmann hochgerechnet, wieviele infizierte Homosexuelle es gibt. Er kommt für die BRD auf 600 000. An seiner Rechnung stimmt keine Zutat. Was ist aber das Resultat dieser 600 000. Eine völlige Lähmung aller aktiven Kräfte. Wenn man die Zahl für bare Münze nimmt, kann man doch nur mit einem Gefühl der Ohnmacht reagieren.
Praunheim: Aber die Zahlen sind doch ganz konkret. Ich meine, wenn du sagst, wir haben Zeit, wir müssen sie uns nehmen, dann ist das fahrlässige Tötung. Wenn du davon ausgehst, daß in drei Jahren hier in Berlin 90 Prozent der Schwulen infiziert sein werden, ist deine Bemerkung höhnisch. Es geht doch um Leben und Tod. Momentan sind fast 50 Prozent der Schwulen hier positiv.
Dannecker: Sei nicht so leichtfertig. 50 Prozent der getesteten Schwulen sind positiv. Übertrag doch nicht immer deine borniere subkulturelle Sicht auf die Allgemeinheit der Homosexuellen. Die Subkultur hält sich für den schwulen Nabel der Welt. Nach meiner Einschätzung sind von der Grundgesamtheit der Homosexuellen ein Viertel bis ein gutes Drittel im engeren Sinne Subkultur-Homosexuelle. Und darunter sind vermutlich viele, die sich testen ließen. Man kann jedenfalls nicht von denjenigen, die sich testen ließen, auf die Gesamtheit der Homosexuellen schließen.
Praunheim: Aber ihr weigert euch doch, irgendwelche Untersuchungen zu machen. Du weißt ja gar nicht, wie die Subkultur sich zusammensetzt, denn die Krankheit verbreitet sich ja

so ungeheuer. Es gibt eben nicht nur die Subkultur in den Großstädten, sondern auch den verklemmten Homosexuellen, der verheiratet ist, drei Kinder hat und genauso auf die Klappe oder in die Sauna geht. Und das Risiko, infiziert zu werden, ist momentan so ungeheuer hoch, das hat nichts mit Promiskuität zu tun, sondern passiert auch schon bei zwei bis drei Sexualpartnern im Jahr.
Dannecker: Die was machen?
Praunheim: Die unsafen Sex machen.
Dannecker: Was ist unsafer Sex?
Praunheim: Es gibt safe Sex, es gibt safer Sex, und es gibt unsafen Sex. Und unsafer Sex ist Analverkehr ohne Kondom, oder daß du beim Blasen im Mund des anderen kommst. Das sind die gefährlichsten Sachen, und dann gibt es Abstufungen. Zum Beispiel gibt es die große Diskussion über das Küssen. Schließlich hat fast jeder zweite oder dritte Zahnfleischbluten.
Dannecker: Auf diese Weise schreibt man wissenschaftliche Artikel, in denen man penibel aufzählt, in welchen Flüssigkeiten irgendwelche unterschiedlichen Mengen von Viren nachgewiesen wurden. Auf diese Weise klärt man aber keine Menschen auf. Wenn man Menschen aufklären möchte, muß man unterscheiden zwischen der notwendigen Einschränkung des Risikos und der Vorstellung, man könnte das Risiko eliminieren, was eine Illusion ist. Wer diese Differenzierung nicht macht, wird den Effekt erzielen, daß sich Menschen nicht an seine Ratschläge halten, weil sie viel zu verunsichert werden, durch immer neue, wenig gewisse Informationen. In der von dir propagierten Safer-Sex-Kampagne wird das, was die Menschen vorher sexuell gemacht haben, verleugnet und abgewertet. Was die Menschen aber vorher gemacht haben, und sei es »nur« zur Minderung neurotischer oder narzißtischer Konflikte gewesen, war etwas, was mit Lust zu tun hatte und Lust machte. Wer das vergißt und kühn nur ein neues Verhalten verlangt, wer die Trauer über die Notwendigkeit des jetzt notwendigen anderen Verhaltens nicht anklingen läßt, der wird Widerstände provozieren. Er wird diese Widerstände auch provozieren, wenn er zum Beispiel, wie du, schreibt: Anfassen ist verboten.

Praunheim: Das ist eine subjektive Schilderung von meinem persönlichen Verhalten, aber ich sage doch immer wieder, daß Promiskuität erhalten bleiben muß, allerdings mit bestimmten Sexualpraktiken. Daß ich persönlich eine wahnsinnige Angst habe und nur bestimmte Praktiken mache, ist meine persönliche Sache.
Dannecker: Das ist nicht mehr deine persönliche Sache, wenn du damit in verobjektivierter Weise auf den Markt gehst.
Praunheim: Mein Sexualverhalten muß doch nicht stellvertretend sein für viele.
Ingrid Klein: Du kannst doch nicht so naiv sein zu glauben, daß deine veröffentlichte Privatmeinung nichts bewirkt.
Praunheim: Ich sags nicht als Privatmeinung. Natürlich bewirke ich was. Ich stehe hinter diesen Praktiken des Safer Sex, und Safer Sex heißt nicht, sich nicht anfassen, sondern ganz im Gegenteil. Du kannst sehr, sehr viel machen, aber das wird ja von euch nie diskutiert, sondern von euch wird per se alles, was schwul ist, aus diplomatischen Gründen für wunderbar und gut gehalten. Unsere frühere Kritik am Konsum-Sex kommt nicht mehr vor.
Dannecker: Der Unterschied zwischen mir und dir ist auch, daß ich immer die Promiskuität kritisiert habe und mich gleichzeitig bemüht habe, sie zu verstehen. Und es gibt noch einen Grund, warum ich so zurückhaltend bin, was diese Safer Sex Verhaltensweisen und Techniken angeht. Aus aller klinischen Erfahrung mit Homosexuellen ist bekannt, daß sie selber ihre sexuellen Praktiken abwerten und daß auf der Basis dieser Abwertung ein ganz merkwürdiges Suchtverhalten rauskommt. Schaffen sie es aber, ihr abgewertetes Verhalten so weit aufzuwerten, daß sie dazu stehen können, dann können sie auch Verantwortung dafür übernehmen.
Praunheim: Das ist genau das, was ich propagiere, aber was ich bei dir vermisse, ist, daß du nicht konstruktiv darangehst und sagst, wir müssen über Sexualität mehr reden, daß das praktische Folgen hat, und zwar insofern, daß die Leute nicht mehr angesteckt werden. Das finde ich besser, als sich moralisch zu streiten und die Theorie über den Menschen zu setzen. Und das werfe ich dir vor. Wenn jemand sagt, lieber ehr-

lich sterben, als verlogen leben, ja was nützt mir das, in dem Moment, wo er krank wird, denkt er anders.
Dannecker: Ich würde diese Haltung erstmal respektieren, auch wenn ich sie nicht akzeptiere. Ich arbeite mit Leuten zusammen, die sich mit den Konflikten von Menschen, die sich gerne anders verhalten würden, das aber nicht schaffen, auseinandersetzen. Diese Erfahrung ist für mich wichtig in einer Situation, in der inzwischen jeder Schwule weiß, daß er nicht mehr sorglos alle sexuellen Praktiken ausüben kann. Dieses Wissen kann aber nur schwer in Handlungen umgesetzt werden. Daraus folgt zum Beispiel, wozu ich auch immer aufgefordert habe, daß Gruppen gebildet und bezahlt werden, die in diesen Prozeß eingreifen und verstehend mithelfen, diese Widerstände zu lockern. Voraussetzung dafür aber ist, daß jemand sagt: Ich würde gern, ich schaff es aber nicht. Ich fürchte, daß viele Leute, die in diesem Feld jetzt tätig werden, paradoxe Resultate erzielen und die Widerstände verstärken, weil sie wie die Sittenpolizei auftreten.
Prauheim: Aber es gibt doch niemand, der irgendwas macht. Ich bin einer der ganz wenigen, der diese Position vertritt, die Allgemeinheit sieht so aus, daß alle das, was du sagst, ganz toll finden und nichts machen. Es wird in Deutschland nicht Safer Sex gemacht. Es gibt auch keinen Druck, Safer Sex zu machen. Selbst die ganzen AIDS-Hilfen zitieren nur dich ganz genau. Das ist eine wunderbare Anti-Aids-Kampagne, weil es eben immer wieder heißt, es geht nur unter ganz großen Schwierigkeiten, also laßt es doch sein.
Dannecker: Du drehst einem die Position im Munde um. Wenn ich die Gründe und den Sinn des Widerstandes gegen eine Verhaltensänderung verstehe, heißt das noch lange nicht, daß ich das Ziel, nämlich die Veränderung, aus den Augen verliere. Es ist allerdings ein Heidenstück Arbeit, das Ziel zu erreichen.
Praunheim: Aber angesichts von Leben und Tod mußt du dich doch fragen, wie gehe ich jetzt vor, um Leute zu schützen.
Dannecker: Ich habe natürlich nicht dieses Maß von Omnipotenz zur Verfügung wie du, daß ich sagen könnte, wie gehe ich

vor, um Leute zu schützen. Ich kann nur darüber nachdenken, was man tun könnte, damit sich Leute schützen, und was man trotz dieser Notwendigkeit nicht tun sollte.
Praunheim: In der Öffentlichkeit haben wir eine gewisse Möglichkeit. Aber die Tendenz der Schwulen, die öffentlich auftreten, ist immer gegen den »Spiegel«, gegen die ganze böse Presse, gegen die Rechten, gegen eine neue Moral, und dann wird mit Zahlen gespielt.
Dannecker: Wer hat angefangen, mit Zahlen zu spielen? Es waren die Epidemiologen, die Zahlen veröffentlicht haben. Und diese muß ich ernst nehmen, überprüfen und dagegen etwas sagen, wenn sie falsch sind, ganz einfach, weil diese Zahlen etwas mit Menschen machen, so abstrakt sie sein mögen. Eine solche Kritik hat mit einer Rechtfertigung von Verleugnungsprozessen unter Homosexuellen nichts zu tun und mit einer Verharmlosung des Problems Aids auch nicht. Du warst auch vorher im falschen Film. Hier handelt es sich nicht um eine Alternative. Ich kann durchaus darauf hinweisen, daß es im Zusammenhang mit Aids die Tendenz zu einer neuen repressiven Sexualmoral gibt, und gleichzeitig der Meinung sein, daß Menschen, die von der Aids-Gefahr so unmittelbar und stark betroffen sind, wie homosexuelle Männer und I.V.-Drogenabhängige, ihr Leben ändern sollten. Damit muß ich aber nicht gleich eine neue Sexualmoral verbinden. Dein Verbündeter Haeberle sagt, und das *ist* eine neue Sexualmoral: »Die oft verteufelte Masturbation muß eine Ehrenrettung erfahren, vor allem in der Erziehung, Masturbation darf nicht mehr als unreife Verhaltensweise abqualifiziert werden, sie muß im Gegenteil als vernünftig, ansteckungssicher und normal erklärt werden.« Meine Kritik daran ist, daß diese autistische und auf sich selbst zurückgeschmissene Sexualität, die jetzt propagiert wird, ein unreifes Verhalten ist und bleibt.
Ingrid Klein: In der Öffentlichkeit ist Aids doch längst keine Schwulenseuche mehr, sondern eine Volksseuche.
Praunheim: Das stimmt ja nicht. Die Zahlen sind doch gleich geblieben in den letzten Jahren. Diese ganze Aufmachung, daß es eine Volksseuche ist und jeden betreffen kann, ist absolut Quatsch.

Ingrid Klein: Und warum erzählt man uns das?
Praunheim: Weil man die Zeitungen verkaufen will. Das ist doch klar, wenn es jeden betrifft, kauft jeder die Zeitungen. Das siehst du an den Titelbildern, diese Kußbilder etc., die haben doch überhaupt nichts mit der Ansteckung zu tun. Ich finde es ganz falsch, zu sagen, alle können sich anstecken. Je mehr sich alle bedroht fühlen, um so mehr werden die Schwulen als Minderheit diskriminiert. Die einzige Chance, die wir als Minderheit haben, das hat unser erster Film gezeigt, ist, daß man mutig ist, daß man ehrlich ist, daß man Verantwortung übernimmt, daß man sagt, wir sind eine Risikogruppe, wir müssen Stärke, Solidarität und Kampfmaßnahmen entwickeln. Wir müssen als Schwule wieder eine funktionierende Schwulenbewegung schaffen, und die Leute, die Einfluß haben, dürfen nicht so verdrängen, wie ich es Martin vorwerfe.
Dannecker: Wenn du mir zum Vorwurf machst, daß ich mir die Zeit zum Nachdenken und zum Forschen nehme, dann sehe ich bei dir die Gefahr, daß du wie die Polizei in solchen Fällen zu den nächstliegenden Maßnahmen greifst, und das sind immer Verbote.
Praunheim: Das ist eine Unterstellung. Ich bin gegen jede Zwangsmaßnahme und gegen jeden Druck von außen. Ich bin dafür, daß wir — und insofern ist es für mich auch wichtig, daß wir uns auseinandersetzen — voneinander lernen. Montag machen wir hier zum Beispiel eine Diskussion über Safer Sex, und da habe ich die Kneipenbesitzer an den Tisch bekommen, das ist eine Sensation. Alle sagen immer, an die Leute kommen wir nicht ran, es gibt ja auch von den AIDS-Hilfen keinen Kontakt zur Subkultur, er wird auch nicht gesucht. Daß jeglicher Kontakt fehlt, heißt natürlich auch, daß jegliches Interesse an Vorsorge abstrakt bleibt. Außer ein paar Zetteln, die dann doch nirgends auslegen, passiert nichts. Jetzt diskutieren wir erstmals mit Leuten, die ihren Orgienkeller und ihre Sauna haben. Nur über dieses solidarische Verhalten miteinander lernt man und kann man was entwickeln. Es gibt momentan keine Hilfe in der Subkultur. Und es gibt eben diese Zahlen aus Amerika, die man zwar nicht übernehmen kann, aber die man als Anregung nehmen muß, um hier aktiv zu werden.

Man macht aber nichts, und der einzelne, der was versucht, wird von dir und allen anderen diskriminiert.
Dannecker: Das geht bei dir immer so elegant, daß du die Ebenen verschmierst. Du redest jetzt über Prozesse in der Subkultur selber, und da sagst du mit Recht, daß dort über die gesellschaftspolitische Dimension von Aids nicht gesprochen wird, und es wird auch nicht über das Verhalten untereinander gesprochen, und jetzt ist die Frage, wie erreicht man, daß darüber kommuniziert wird. Das wäre zu klären. Das hast du allerdings jetzt auch nicht beantwortet, sondern du hast erzählt, daß irgendwelche Kneipenbesitzer erscheinen und über ihre Orgienkeller diskutieren. Das kann die Funktion haben, daß die endlich mal darüber reflektieren, was da geschieht. Wir müßten ja auch erstmal genau klären, warum sich die homosexuelle Subkultur in den vergangenen fünfzehn Jahren so entwickelt hat, wie sie sich entwickelt hat, warum es beispielsweise das Institut backroom gibt. Einrichtungen dieser Art haben natürlich zur Folge, daß die Homosexuellen nicht einmal mehr lernen, ihr sexuelles Interesse aneinander solange aufrechtzuerhalten, daß es wenigstens bis nach Hause reicht. Aber wahrscheinlich hat der backroom mit sexuellen Interessen gar nicht so viel zu tun. Auf jeden Fall ist es notwendig, den Prozeß der vergangenen Jahre genau zu analysieren, und das nicht nur wegen Aids.
Praunheim: Gut, es ist wichtig, daß wir rausfinden, was bei uns in den letzten zehn bis fünfzehn Jahren gelaufen ist. Aber laß uns mal auf zwei Sachen zurückkommen, die mich wirklich interessieren, und wo ich auch sehr gern von dir lernen möchte. Das eine ist diese Trauer beim Safer Sex und das zweite ist die konstruktive Haltung.
Dannecker: In diesen Safer-Sex-Broschüren, besonders wenn sie amerikanisch angehaucht sind, wird Safe Sex immer als etwas ungeheuer Tolles dargestellt oder einfach verlangt. Es wird nicht problematisiert, daß hier eine Umstellung verlangt wird und daß so etwas immer auch Angst macht. Safe Sex wird wie ein neues Produkt, wie eine neue Lösung für alte Konflikte hingestellt. Daran glaube ich nicht, und ich halte es deshalb für gefährlich, weil es genau die Bedürfnisse, die sich

in dem promisken, anonymen Sex-Verhalten ausdrücken, ausklammert. Und daß sie vorhanden waren, ist ein Fakt, sonst hätten nämlich die Orgienkeller wieder geschlossen werden müssen, weil keiner gekommen wäre. Wenn statt der Reflektion über das, was dort befriedigt wurde, technische Vorschläge gemacht werden, dann glaube ich, bekommen wir die Resultate, die wir ja bereits beobachten können, daß Menschen für kurze Zeit ihr Verhalten ändern. Das wird aber sehr bald wieder zusammenbrechen, weil eben die Trauer fehlt. Und nur die kann zu der Einsicht führen, daß man jetzt in einer Situation ist, in der man nicht umstandslos so weitermachen kann wie vorher, wenn man nicht sich oder andere gefährden will. Das Problem, das wir haben, ist, daß das bunte Treiben in der homosexuellen Subkultur völlig abgespalten und veräußerlicht war. Es wurde gar nicht als eigenes Verhalten angenommen. Und doch hatten viele ein Stück schlechtes Gewissen über ihr Verhalten, das jetzt, im Zusammenhang mit Aids agiert wird und zu heuchlerischen Bekenntnissen und Schwüren führt. Diese aber nützen wenig, weil sie keine inneren Prozesse auslösen, in deren Folge sich auch eine Veränderung des Verhaltens ergeben könnte.

Praunheim: Es gibt kaum Broschüren, die Safe Sex bei uns so positiv propagieren wie zum Beispiel in den USA. Es ist absurd, etwas zu kritisieren, was einfach nicht da ist. Safe Sex ist in USA ungeheuer positiv aufgebauscht, genauso, wie Promiskuität vorher positiv besetzt war, was typisch amerikanisch ist, alles sofort glamourös zu vermarkten. Konkret: neben diesem Irrgarten der Lust gibt es jetzt das andere Extrem, nämlich Safe Sex, und um es den Leuten leichter zu machen, wird gesagt, daß es auch was Lustvolles ist. Und das ist bei uns alles nicht der Fall. Vor allem weiß bei uns kaum jemand, was Safe Sex ist. In der Subkultur legt jeder Safe Sex so aus, wie er es persönlich will, und sagt, Küssen muß sein, Blasen muß sein, und selbst die »positiven« Schwulen, die ja viel mehr wissen müßten, wissen das nicht. Außerdem herrscht in der Szene die Meinung vor, Safe Sex ist Scheiße, wir kommen damit nicht klar, wir wollen es auch nicht, denn Trieb ist so etwas Starkes und Wichtiges, daß wir damit weiterleben wollen.

Dannecker: Der sich so artikulierende Widerstand weiß, daß man mit dem Sexualtrieb mehr als sexuelle Befriedigung erreichen kann. Die Theorie der Homosexualität wird ja auch nicht plötzlich unwahr, nur weil es diese Krankheit gibt. Und in dieser Theorie wurde, so auch von mir, gesagt, daß die Tendenz zur Promiskuität unter den Homosexuellen etwas mit narzißtischen Disharmonien zu tun hat, daß, im Gegensatz zu ihrer eigenen Meinung, in den flüchtigen sexuellen Kontakten sehr häufig nicht Triebbefriedigung gesucht wird, sondern eine Wiederherstellung des narzißtischen Gleichgewichts. Sexualität wird also eingesetzt für etwas ganz anderes, als man landläufig glaubt.

Eine weitere große Differenz zwischen uns: Auch im Zeitalter von Aids gibt es für mich noch ein Subjekt, das Informationen holt und Entscheidungen trifft, Entscheidungen, die auch mit einer Riskierung der eigenen Person verbunden sein können. Das muß ich den Menschen zugestehen, auch wenn ich es nicht vernünftig oder rational finden kann.
Praunheim: Aber es ist doch die Allgemeinheit, und die bekommt von euch die Rechtfertigung für ihr Verhalten, und das ist meiner Meinung nach kriminell.
Dannecker: Jetzt bin ich schon kriminell, wie bei Herrn Halter vom »Spiegel«, der sich erlaubt hat, mich mitverantwortlich zu machen für den Massenmord. Ich möchte von dir endlich wissen, was ich getan habe, das dir erlaubt, diesen ungeheuerlichen Vorwurf mit Fug und Recht zu erheben.
Praunheim: Ich halte es für extrem falsch, Leuten von vornherein eine Rechtfertigung zu geben und von Trauer beim Safer Sex zu reden, davon, daß er depressiv macht, daß er im Grunde genommen Scheiße ist, aber daß man ihn machen muß. Für wie toll hältst du die Leute, daß sie danach fähig sind, sich zu verändern? Auf der einen Seite sagst du, sie müssen Safer Sex machen, auf der anderen Seite sagst du, ich gestehe ihnen zu, daß sie als Subjekt im Zeichen von Aids ein Verhalten riskieren können. Das ist wie die verständige Großmutter.
Dannecker: Ich wiederhole mich gern noch einmal, denn da, wo wir am selben Strick ziehen, solltest du ihn auch sehen. Ich

habe gesagt, eine bestimmte Propaganda von Safer Sex erzeugt Schein und provoziert Widerstände über die vorhandenen kollektiven psychischen Widerstände hinaus.

Praunheim: Du redest immer nur negativ, das ist ein typisch deutsches Verhalten, immer nur Kritik, totaler Antiamerikanismus, wir sind die Tollen, und wie naiv sind die Amerikaner. Alles was von drüben kommt, ist per se schlecht, dabei ist die ganze Subkultur total amerikanisiert. Du redest die ganze Zeit nur davon, daß es nicht geht, gräbst alle Theorien aus, um zu beweisen, daß man sich nicht verändern kann. Rede doch mal konstruktiv. Sag doch mal irgendwas, was nützt.

Ingrid Klein: Erstens gibt es keine Patentrezepte und zweitens verstehe ich nicht, warum du die Weigerung der Homosexuellen, Safer Sex zu machen, nicht ernst nimmst. Vielleicht verhalten sie sich klüger, als du es ihnen zugestehst. Du hältst sie doch für dumm, indem du ihnen ständig vorschreiben willst, wie sie sich zu verhalten haben.

Praunheim: Das ist so dumm, daß es kracht. Genauso wie die Pieke Biermann, diese blöde Tante, die sagt, die Schwulen sind so doof, sich auf die sogenannte Abwehrschwäche einzulassen, das ist ein militärischer Ausdruck, und die Schwulen nehmen diese Schwäche an. Das heißt nur, daß du nichts damit zu tun hast, das ist diese Arroganz von Leuten, die von außen sagen, was gehen mich die Schwulen an, die sollen sich selber fertigmachen. Genauso argumentiert die Bundesregierung. Da gibt es die AIDS-Hilfe, die sollen sich selber helfen, und sie wissen ganz genau, die werden sich nicht helfen, die werden sich alle kaputtmachen. Das ist die Tendenz, die dahintersteht. Und das werfe ich dir auch vor Martin. Das ist zynisch.

Dannecker: Ich habe wirklich kein Patentrezept, Rosa. Aber ich mache mir Gedanken darüber, wie dieser Irrwitz des weiteren Ausbreitens der HTLV-III-Infektion eingedämmt werden könnte. Dazu muß ich aber zuerst einmal verstanden haben, welche Mechanismen daran beteiligt sind. Ich fürchte, du bist sehr viel zynischer als ich, weil du sehr viel überzeugter davon bist, daß die Schwulen eine indolente, unbewegbare Masse sind und gleichzeitig Veränderungen von ihnen verlangst. Ich halte die Schwulen für gar nicht so verschieden von

der übrigen Bevölkerung, vor allem nicht, was ihr Gesundheitsverhalten anbelangt.
Praunheim: Nochmal: Ich werfe dir die Rechtfertigungsstrategie, die benutzt wird, vor. Die Schwulen bestehen auf ihrem Suchtverhalten.
Dannecker: Ich sage es nicht gern, aber es bleibt mir keine Wahl. Ich bin inzwischen davon überzeugt, daß bei ungefähr fünfzehn Prozent der Homosexuellen das promiske Verhalten zwanghaft ist. Für diesen Teil kann man mit aller Vorsicht auch von einem süchtigen Sexualverhalten sprechen. Und dieser Teil ist auch der am höchsten riskierte Teil der Homosexuellen. Ihn zu erreichen, wird sehr schwer sein. Und wenn ich sage: Vergeßt bei all euren Safer-Sex-Ratschlägen nicht, daß Sexualität auch etwas mit Trieb zu tun hat, hat das mit Rechtfertigung überhaupt nichts zu tun. Es ist vielmehr ein Hinweis darauf, daß ein solches Verhalten nicht einfach abgestellt werden kann. Aber auch für die anderen Homosexuellen wird es schwer sein, sich im Sexuellen jetzt plötzlich, wie es gefordert wird, rational zu verhalten.
Praunheim: Aber Sex hat doch mit rationalen Sachen überhaupt nichts zu tun. Wenn der Schwanz steht, ist der Verstand im Arsch.
Dannecker: Bei mir ist das nicht so.
Praunheim: Dann bist du 'ne große Ausnahme. Bei den meisten ist es so. Da kommst du nicht mit rationalen Argumenten weiter, sondern mußt rein praktisch arbeiten, praktische Angebote machen und nicht nur abstrakt-theoretisch von neuer Moral reden.
Dannecker: Was du abstrakt-theoretisch nennst, nenn' ich Denken, und ich bleibe dabei, daß das wichtig ist.
Praunheim: Aber die Leute infizieren sich und können sterben.
Dannecker: Ja, und in einer solchen Situation gibt es nur die Prophylaxe.
Praunheim: Da sind wir uns einig. Und wie sieht die aus?
Dannecker: Das kann ich theoretisch und abstrakt erstmal sagen, daß es schwierig sein wird, diese Prophylaxe in Praxis zu übertragen, denn ich muß die Praxis gleichzeitig mitreflektie-

ren. Du willst mich die ganze Zeit zu einem Safe-Sex-Propagandisten machen, denn nur das hältst du für etwas Praktisches, aber da verweigere ich mich. Ich halte meine Arbeit und die meiner Kollegen für eminent praktisch.
Praunheim: Du denkst in Zeitdimensionen, die unheimlich zynisch sind.
Ingrid Klein: Ich verstehe nicht, was daran zynisch ist. Das sind doch zwei Fronten. Du bist an der Krankheitsfront und deswegen brennt es dir unter den Nägeln, und Martin ist an der Theoriefront, und da wird niemand sich morgen hinstellen und Verhaltensänderungstips geben.
Praunheim: Aber an der Theoriefront gibt es nur die Abwehrhaltung.
Dannecker: Ich bleibe dabei, daß nur über tiefgehende emotionale Prozesse Verhalten sich ändert, und dieses obenherum Gemodele reine Kosmetik ist, die, wie du ja sehr eindrücklich beschrieben hast, am Ende nicht verschlägt, auch nicht in den USA. Und damit es endgültig klar ist, wiederhole ich es erneut: Die Schwulen haben Grund, über ihr Leben nachzudenken, und zum Leben gehört auch die Sexualität.
Praunheim: Aber Martin, es ist doch überhaupt niemand da, der das Bedürfnis hat, grundsätzlich über das Leben nachzudenken, das ist doch eine Illusion. Wir sind doch schon vor fünfzehn Jahren mit unserem Film mißverstanden worden. Die schwule Emanzipation ist als reine Fickkiste verstanden worden. Es ging nur um den großen Lustgewinn. Und jetzt bei Aids geht es nicht darum, tief übers Leben nachzudenken, es geht darum, diese Sexualität zu behalten. Wir haben zwar damals gesagt, schwul sein ist nicht abendfüllend. Ficken ist aber abendfüllend. Und Ficken ist ein Suchtverhalten geworden. Und das können wir nicht abstellen über das Bewußtsein von Trauer und Theorieseminare, da brauchen wir Praxis. Was uns bestimmt nicht hilft ist zum Beispiel, wenn der Frank Rühmann mit seinem idiotischen Buch auftritt, das nichts weiter als eine Klage gegen die Presse ist. Wir sind doch bisher ungeheuer verschont worden von der Presse.
Dannecker: Wenn man etwas analysiert, heißt das doch nicht gleichzeitig, daß man Praxis diskreditiert.

Praunheim: Ihr seid eben für reine Theorie und ich bin für reine Praxis.
Dannecker: Wieso bist du für reine Praxis? Ich war gestern abend in deinem Film. Wie lange hast du daran gearbeitet?
Praunheim: Ich habe neben dem Film immer wieder praktisch gearbeitet.
Ingrid Klein: Das machen alle anderen auch. Das macht auch der Rühmann. Sein Buch ist eine Presseanalyse, o. k., aber du willst doch nicht im Ernst, alles, was in der Presse stand, kritiklos übernehmen?
Praunheim: Nein, aber es geht darum, daß das die einzigen Ansätze sind von den schwulen Führern.
Dannecker: Rosa, sei nicht so überheblich. Ich bin kein Führer. Ich bin jemand, der sich über bestimmte Phänomene Gedanken macht und diese äußert. Ich bin auch der Meinung, daß die Leute ein Recht darauf haben, genauestens aufgeklärt zu werden. Und es ist wahrscheinlich auch so, daß die gängige Aufklärung, in der es immer heißt, der Austausch von Körperflüssigkeiten — Samen, Tränen, Schweiß und Blut — muß vermieden werden, viel zu abstrakt ist. Längst ist Sexualaufklärung ja zu genauen Handlungsanweisungen verkommen, was durch eine bestimmte Sorte der Sexualpädagogik bewerkstelligt wurde, und deshalb muß am Ende wohl auch die Safe-Sex-Beratung verdinglicht und konkretisiert sein. Aber so wie es trotz der konkretistischen Verhütungsberatung nach wie vor »ungewollte Schwangerschaften« gibt, werden sich die Homosexuellen nicht durchgängig an die ihnen jetzt reichlich erteilten Ratschläge halten können. Trotzdem sind sie weder moralisch zu diskreditieren noch politisch zu diffamieren.
Praunheim: Ich verstehe euch immer so, daß euch die Angst vor dem moralischen Druck wichtiger ist, als die Tatsache, daß Leute sterben.
Ingrid Klein: Wir haben nur zu unterscheiden versucht, daß man auf das eine und auf das andere eingehen muß. Auf reales Leiden muß man praktisch reagieren, und trotzdem muß man weiterdenken, wie Martin die theoretische Arbeit genannt hat. Es geht um reale Kranke einerseits und um Forschung und Prävention andererseits.

Praunheim: Aber du bist doch gegen Vorsorge?
Ingrid Klein: Ich bin gegen Heilsverkünder wie Haeberle.
Praunheim: Wo bleibt der konstruktive Ansatz?
Ingrid Klein: Der Staat soll Geld für Forschung und dergleichen mehr geben, zum Beispiel.
Praunheim: Forschung ist eine Sache. Aber wir wissen doch auch, wie schwierig es ist, ein Mittel zu finden, auch wenn wir kein Glück haben, dann dauert das zehn oder zwanzig Jahre. Was heißt dann Forschung und dergleichen mehr?
Ingrid Klein: Mit einem Hut rumzugehen nach einer Benefiz-Veranstaltung ist auch nicht der Ansatz, der weiterbringt. Damit wird die Geschichte nur privatisiert.
Praunheim: Also, in Deutschland müssen wir immer nach dem Staat rufen, immer alles von oben. In Amerika hat man gelernt, daß Selbstinitiative auch Selbstverantwortung heißt.
Ingrid Klein: Der Widerspruch ist im Moment nur, daß man das eine tun und das andere nicht lassen sollte. Und du läßt das eine.
Praunheim: Ich habe immer wieder vom Staat Geld gefordert. Aber was meinst du mit Forschung usw.? Das heißt doch Vorsorge.
Ingrid Klein: Kein Mensch ist gegen Vorsorge.
Dannecker: Du kommst von der Vorstellung nicht los, daß diejenigen, die den allgemeinen Umgang mit Aids kritisieren, gegen Prophylaxe seien.
Praunheim: Aber ihr diskreditiert doch dauernd den Haeberle, und der ist zum Beispiel schon gegen das Wort Promiskuität.
Dannecker: Natürlich ist er dagegen. Er sagt, er spreche nicht von Promiskuität, wenn jemand mit 25 Partnern wichst. *Ich* spreche dabei von Promiskuität, auch wenn sie unter der Flagge Safer Sex daherkommt. Aber das ist im Moment unwichtig. Ich wollte auf etwas anderes kommen: Ich habe in allen Untersuchungen eine Evidenz dafür gefunden, daß Analverkehr hochriskant ist. Das ist wenigstens ein festes Datum, aber was wurde gemacht? Das ganze sexuelle Repertoire wurde als mehr oder weniger gefährlich dargestellt und jeder, der nicht monogam lebt, wurde als riskiert bezeichnet.

Praunheim: Das stimmt doch gar nicht. Die ganzen Broschüren haben ganz präzise Safer-Sex beschrieben.
Dannecker: Ich wiederhole: Die Ansteckungsrisiken bei bestimmten sexuellen Praktiken weisen beträchtliche Differenzen auf. Das sollste man auch so klar sagen. Wenn man sich von Anfang an darauf beschränkt hätte, den Analverkehr als riskant darzustellen, und alles andere vergessen hätte, hätten wir heute sehr viel geringere Raten von HTLV-III-Infizierten. Stattdessen wurde Küssen für gefährlich erklärt, und tausend Mikroverletzungen phantasiert. Werden jedoch immer wieder alle möglichen neuen Risiken nachgeschoben, führt das zu Verwirrung und Verunsicherung, mit dem Resultat, daß auch die wirklich sinnvolle Empfehlung, beim Analverkehr Kondome zu benutzen, nicht angenommen wird.
Praunheim: Natürlich nicht, aber was tun? Sollen wir jetzt alle trauern, oder uns wie die Großmutter verhalten, die viel Verständnis hat, ein großes Herz und alles furchtbar findet? Das ist doch auch nicht die Alternative.
Dannecker: Ich weiß aus allen therapeutischen Prozessen, daß Verständnis der einzige Weg ist, der zu einer Verhaltensänderung führen kann.
Praunheim: Das erzähl man einem Süchtigen. Da wirst du beschissen von vorne bis hinten. Der klaut dir das Geld vor deinen Augen, weil es ihm um seine Triebbefriedigung geht. Und genauso ist es mit der Sexualität. Dein Verständnis ist da völlig im Arsch.
Ingrid Klein: Das trifft dich dann genauso mit deiner im »Spiegel«-Buch ausgesprochenen Empfehlung, Zärtlichkeiten mit älteren Freundinnen auszutauschen. Was soll das denn bringen? Sollen jetzt überall ältere Frauen ihre helfenden Hände anbieten?
Praunheim: Vielleicht geht mit der Unmöglichkeit, safe zu ficken, die Wiederentdeckung von Romantik, von Zärtlichkeit, von Gesprächen und von Solidarität einher. Das sieht man ja in Ansätzen in »positiven« Gruppen wie zärtlich und wie liebevoll die plötzlich miteinander umgehen, was draußen in der kalten Subkultur verboten ist. Aber darüber darf man ja heute gar nicht nachdenken.

Dannecker: Warum denn nicht? Ich habe immer über zwanghafte Promiskuität gesprochen und werde es auch in Zukunft nicht lassen, aber nicht in dieser Vorwurfshaltung. Selbstverständlich haben das zwanghafte promiske Verhalten und die an ihm ausgerichteten Ideale der homosexuellen Subkultur auch Leiden und Schmerzen verursacht. Wäre das nicht so, wäre auch das schreckliche Gerede, Aids sei eine Chance für Homosexuelle, nicht aufgekommen. In diesem Gerede drückt sich die Hoffnung aus, über Aids von den Zwängen der Subkultur entlastet zu werden. Aber in den Zwängen der Subkultur drücken sich auch die inneren Zwänge der in der Subkultur Versammelten aus. Wird das nicht mitreflektiert, wird auch Aids zum Instrument, psychisches Leiden und dessen Ursachen zu verdecken und die Wünsche nach anderen Beziehungen zu verbergen. Das geschieht zum Beispiel dadurch, daß sich jetzt Homosexuelle in festen Beziehungen mit dem Verweis auf die Ansteckungsgefahr gegenseitig das Fremdgehen verbieten. Das mag eine gewisse Zeit funktionieren. Mit dem Verbot kann aber weder der Impuls zum Fremdgehen noch das Leiden an ihm zugänglich gemacht werden. Die Promiskuität der Homosexuellen hatte immer zwei Seiten, eine lustvolle und eine leidvolle. Ich habe den Eindruck, daß in der gegenwärtigen Debatte beide Seiten nicht vorkommen, weshalb ja auch von einer Veränderung des Verhaltens und nicht von einer Veränderung des Lebens die Rede ist.
Praunheim: Ich habe mich nie gegen Promiskuität ausgesprochen und ich selber praktiziere sie auch noch und stehe dazu. Aber ich schütze mich eben durch Safe Sex, und das heißt für mich Masturbation. Die fünf Minuten, die ich zum Orgasmus brauche, weil der mir das wichtigste ist, für die gefährde ich nicht mein Leben. Und mir geht es unheimlich gut dabei. Ich kann das so subjektiv sagen.
Dannecker: Lassen wir es dabei, sonst drehen wir uns im Kreis. Nur: Du kannst es drehen und wenden, wie du willst, es handelt sich dabei um Ersatzbefriedigung.
Praunheim: Ja gut, aber in dem Moment, wo man allen Leuten sagt, das ist schrecklich, das ist Reduzierung, das ist technisch, das ist grauenhaft, hilft man ihnen nicht.

Ingrid Klein: Ich denke, daß die Gemeinsamkeiten und Unterschiede, die hier geäußert wurden, schon erkannt werden. Rosa hält die Homosexuellen für blöder, als sie sind.
Praunheim: Blöder, weil es keine rationale Sache ist. Es hat nichts mit Verstand zu tun. Sexualität ist was Hirnloses.
Dannecker: Wenn das wahr wäre, Rosa, dann kannst du dein ganzes Safe-Sex-Programm lassen, dann müßtest du alle kastrieren lassen, damit sie aufhören, sich anzustecken. Nehmen wir deinen Satz: Wenn der Schwanz steht, setzt der Verstand aus. Das heißt, wenn sexuelle Lust da ist, ist eine Kontrolle nicht mehr möglich. Ich sage, sie ist möglich, wenigstens generell, und du dürftest eigentlich nicht das Gegenteil sagen, weil du damit ein Eigentor schießt. Du hast uns doch lang und breit erzählt, wie safe du dich bei deinen Gängen in die Parks und Saunen verhältst.
Praunheim: Aber doch nicht aus rationalen Gründen, sondern aus Angst, und Angst ist keine Sache des Verstandes.
Dannecker: Reine Angst macht manchmal auch gescheit.

Heide Soltau
Aus Verantwortung fürs Volkswohl
Frauen, Syphilis und »safer sex«

November 1985. Aids-Welle erster Teil. Eine junge Redakteurin in einem Kneipengespräch: »Ich habe Angst vor dieser schrecklichen Krankheit, Angst, daß man mich ansteckt. Wer weiß denn, ob der Mann, mit dem ich ins Bett gehe, nicht schon infiziert ist? So geht geht es nicht weiter. Alle kann es treffen, niemand ist mehr sicher.«

Es ist weitergegangen. Die Angst hatte sich gerade gelegt, als eine neue Aids-Welle die Bundesdeutschen aufschrecken ließ. Aids wurde zu Beginn des Jahres 1987 zum Medienereignis Nummer eins. Kein Tag verging, an dem nicht Zeitungen, Fernseh- und Rundfunkanstalten von neuen Fällen zu berichten wußten. Horrormeldungen machten die Runde. Nur zögernd und schwerfällig begann man den »safer sex« zu entmystifizieren und startete erste Aufklärungskampagnen. Aber die Herren in den Ämtern und Verwaltungsetagen taten sich damit schwer. Ein eindeutiger Appell an die Männer, die schließlich die Gummis tragen müssen, fehlt bis heute. Stattdessen wurden wieder einmal die Frauen aktiv.

»Es ist nicht das erste Mal, daß Frauen die Initiative ergreifen, wenn es darum geht, Verantwortung für alle zu tragen«, verkündete die Zeitschrift »Brigitte« Ende März 1987 und informierte ihre Leserinnen in einer groß aufgemachten Hausmitteilung über eine Anzeigenkampagne, in der prominente Frauen für Kondome werben: »Aids ist kein Schicksal. Denn gegen Aids können wir uns schützen. Mit Kondomen. Immer mehr Frauen und Männer benutzen sie.« Voilá. Die Frauen sind zur Stelle, wenn Not am Mann ist. Was den Herren der Schöpfung unangenehm ist, übernehmen die Damen und das nicht etwa, um sich selbst zu schützen — bekanntlich sind Frauen um ein Vielfaches gefährdeter als Männer —, sondern aus reiner Nächstenliebe, aus Sorge für das Volkswohl. Das hat Tradition: »Es ist nicht das erste Mal«, daß Frauen in vorderster Front stehen, wenn es darum geht, »Verantwortung für alle zu tragen«. Unsere frauenbewegten Schwestern von gestern gingen mit gutem Beispiel voran.

Anno 1909. »Ein verheerendes Gift schleicht durch alle Klassen, durch Familien und Generationen, schont nicht Rang und Stand und trifft die Unschuldigsten mit jähem Verderben. Bald müssen sich alle Eltern, wenn sie den Sohn ins Leben hinausziehen lassen, ehrlich sagen, daß es fast ein glücklicher Zufall ist, wenn er ihnen an Leib und Seele gesund bleibt, und wenn sie ihre sorgsam gehütete Tochter zum Altar geleiten, so müssen sie sich in banger Sorge die Frage vorlegen, ob sie sie nicht nach wenigen Jahren als gebrochene, mit lebenslangem, qualvollem Siechtum geschlagene Kranke wiedersehen werden.«[1]

Auch die Worte einer Frau. Damals und heute die gleichen Ängste: Alle kann es treffen, niemand ist mehr sicher.

Begonnen hat es damals wie ein Rätsel: »Was in unseren Großstädten außerhalb der bürgerlichen Ordnung und Sitte heute sein Wesen treibt, das geht über das erträgliche Maß hinaus«[2], heißt es bei Ika Freudenberg, einer aktiven Mitstreiterin aus dem Umkreis Helene Langes. Was aber treibt derart sein Unwesen? »Das bedeutet nicht mehr einen notwendigen Abfluß gefahrdrohender Säfte, durch den der Gesellschaftskörper gereinigt wird, das ist selbst eine fürchterliche Krankheit, die das Volkstum zu entnerven droht.«[3] Eine Krankheit also, aber vom Namen keine Spur, auch auf den nächsten Seiten nicht. Schmutzige Worte nimmt eine Dame nicht in den Mund: Gemeint ist Syphilis, die Seuche des Lasters und der Lust.

Die sich hier mit Bravour um das delikate Thema herumschreibt, ist eine frauenbewegte Kämpferin, die sich, so scheint es, nur aus bloßer Sorge um die Zerstörung des Volkstums zu dem Unaussprechlichen äußert. Lange haben sie geschwiegen, die bürgerlichen Damen, sich um Schmutz und Schund nur zögernd gekümmert. Nun aber drohen gefährliche Säfte den Gesellschaftskörper zu überschwemmen und ihn im Kern zu zerstören. Die Apokalypse naht. Falsche Scham ist jetzt fehl am Platz. Die Mithilfe aller ist erforderlich, das Unwesen zu bekämpfen. Frauen dürfen sich dem nicht entziehen. »Rückkehr zur Einfachheit«, »Härte gegen sich selbst«, propagiert Ika

Freudenberg. Alle kann es treffen, niemand ist mehr sicher. Dagegen helfen einzig Ehe, Treue und Enthaltsamkeit. Werte, die seit dem fin de siècle nicht mehr unumstritten sind.

Die Frage der Moral ist von Anfang an *das* heikle Thema der bürgerlichen Frauenbewegung. Bereits Louise Otto, die wichtigste und erfolgreichste Ahnin der Bewegung, hat sich 1849 damit schwer getan. Mit den sogenannten »Emancipierten«, Frauen, die freie Liebesverhältnisse pflegen, in der Öffentlichkeit rauchen und Männerkleidung tragen, will sie nicht verwechselt werden. »Dem Reich der Freiheit werb' ich Bürgerinnen«, das Motto der Frauen-Zeitung Louise Ottos, richtet sich an die ehrbare Hausfrau und fleißige Arbeiterin. Freiheit, das heißt Freiheit des Geistes, nicht aber Freiheit des Körpers.[4] Der bleibt für die Mehrheit der frauenbewegten Bürgerinnen sorgfältig unter Röcken verborgen und in Korsetts eingesperrt, bis er schließlich am Ende des 19. Jahrhunderts in Gestalt des käuflichen Leibs der Prostituierten zum Gegenstand weiblicher Auseinandersetzungen wird.

Dieser kurze Rückblick auf die Anfänge der deutschen Frauenbewegung zeigt das gleiche Phänomen, das später, zur Zeit der Jahrhundertwende, noch deutlicher hervortritt: Es geht um die Ausgrenzung des Körpers und die Abwehr der Sexualität. Wenn über Körper und Sexualität überhaupt gesprochen wird, dann nur in negativer Weise. Bei Louise Otto ist von der »Zügellosigkeit der Leidenschaften«[5] die Rede, was nichts anderes heißt, als daß die Leidenschaft der Zügel der Ehe bedürfen. Ohne diese Zügel ist der Körper das Böse, Bedrohliche, der Schmutz der anderen. Dementsprechend betritt auch die Hure die Bühne der Frauenbewegung als Objekt reformerischer Bemühungen. Sie gefährdet die Sitte, ist der Schmutz im Getriebe des Gesellschaftskörpers.

So geht es zunächst um Schließung der Bordelle und Bestrafung der Prostituierten. Ein Akt der Kastration. Die Leidenschaften werden kurzerhand eingekerkert. Durchsetzbar ist das nicht. Der böse Körper ist zäh. Im Gewand der bürgerlichen Doppelmoral wird er zum zentralen und folgenreichen Thema der bürgerlichen Frauenbewegung. Als einige jüngere Mitstreiterinnen ein Recht auf Liebe und Sexualität auch für die Unverheiratete reklamieren und damit die Moral verbessern wollen, sind die Älteren schockiert.[6] Frauen aus den eigenen Reihen berühren ein Tabu, das zu übertreten bisher noch keine gewagt hat. Die Bewegung bricht endgültig auseinander. Von nun an gibt es zwei Fraktionen: eine gemäßigte Mehrheit und eine radikale Minderheit, Anhängerinnen einer »feministischen Gedankenanarchie«, wie Helene Lange sie bezeichnet.[7] Organisatorisch vollzieht sich, was auf einer symbolischen Ebene von Beginn an existent war: das Böse wird abgespalten. Gleichwohl formieren sich die Radikalen und bleiben nicht ohne Einfluß. Jedenfalls sind sie seit der Jahrhundertwende den immer schärfer werdenden Angriffen ihrer Geschlechtsgenossinnen ausgesetzt. Die gemäßigte Mehrheit scheut vor keinem Mittel zurück, die Radikalen zu diffamieren.

So gewinnt man den Eindruck, als sei die vermehrt auftretende Syphilis den gemäßigten Frauen ganz gelegen gekommen. Mit seltener Farbigkeit schildern sie die Folgen des allgemeinen Sittenverfalls, führen ihren Leserinnen immer wieder die Gefahren des Geschlechtsverkehrs vor Augen. Dabei bewahren sie immer Diskretion, die ehrbaren Damen, deuten nur an und überlassen die Details der Phantasie. Da ist von »gefährlichem Reiz« die Rede, von »üppigster, raffiniertester Kultur« und »glänzendem Schimmer«. Hier steckt die Lust in der Sprache, am verbotenen Bösen. Doch kaum ist die Phantasie auf die Reise gegangen, heißt es schon streng: »Das ist wildeste Entartung«.[8] Wie zum Trost lesen wir dann: »Neuerdings kommt diesen verlachten Sittlichkeitsbestrebungen allerdings ein mächtiger Bundesgenosse zu Hilfe: die *Angst,* die Angst vor den furchtbaren Folgen.«[9] Verlacht haben sie sich also gefühlt, die gemäßigten Frauen, aber diese Demütigung hat nun ein Ende. Gott sei Dank gibt es die Syphilis und den mächtigen Bundesgenossen Angst. Jetzt zeigt sich: »Wir Frauen hatten immer recht.« Mag das Laster sich noch so reizvoll darstellen, wider alle Kritik ist die Ehe der einzig sichere Ort der Sexualität. Leidenschaften bedürfen der Zügel. Jenseits institutioneller Bindung lauern nur Krankheit und Tod. So das Motto der »Safer-Sex-Kampagne« des frühen 20. Jahrhunderts.

Freilich lassen sich die Gemäßigten der Zeit nicht über Sexualpraktiken aus. Sie rücken dem Feind mit moralischer Aufrüstung zu Leibe. Ein Teil der Frauen zerbricht sich sogar den Kopf über mögliche Lebensmodelle und erörtert die Frage, bis zu welchem Lebensalter sexuelle Abstinenz verträglich sei. Keuschheit bis zum 25. oder 30. Geburtstag, das ist die Frage. Erst später, als die »goldenen Zwanziger« die deutsche Moral weiter erschüttern, verhandeln ganz Verwegene sogar über die Herabsetzung des Keuschheitsalters auf 20 Jahre. Wichtig bleibt in den Debatten die Aussicht auf eine Ehe, mit der die Jugendlichen über die enthaltsamen Jahre hinweggetröstet werden sollen. Sie gilt als Krönung magerer Zeiten.

Der Erfolg dieser Moralisierungskampagne ist denkbar gering. Die Zahl der Unverheirateten steigt, die Unzufriedenheit wächst, außerehelicher Geschlechtsverkehr, Prostitution und Geschlechtskrankheiten nehmen weiter zu. Die Frauen sind alarmiert. Sie diagnostizieren nach 1918 gar »anarchistische Liebeszustände«.[10] Was tun, wo schöne Worte bisher wenig gefruchtet haben? So gerät auch das Heiligste in den Brennpunkt der Diskussion: die Ehe.

Eine Ehe für alle, damit wollen die Frauen die sogenannte Sexualkrise in den Griff bekommen. Zeit-, Jugend- oder Stufenehe, verschiedene Namen für — im Kern — die gleiche Idee. Zwischen 20 und 30 könnten grundsätzlich zwei Jugendehen (von 4 bis 6 Jahren) nacheinander geschlossen werden. Der Vorteil: »Der polygamere Mann« würde davon vermutlich, so glauben die Ehereformerinnen, starken Gebrauch machen, während diese Zeitehe »doch jeder jungen Frau die Möglichkeit wenigstens einer Ehe und Mutterschaft sichern«[11] würde. Not macht erfinderisch. Die Frauen teilen die durch den Weltkrieg noch rarer gewordenen Männer gerecht unter sich auf, und die Männer haben ihre Abwechslung. Abschied vom Anspruch auf lebenslangen Besitz eines Mannes ist nötig, wenn Frauen die Sitte am Herzen liegt. Sie müssen »aus freiem Willen dem Mann geben, was seine Natur fordert, nämlich Bewegungsfreiheit.«[12] Krisenmanagement auf dem Körper der Frau: Für den Mann (für mehr Rücksicht auf seine Natur), für die Sitte (für geordnete und staatlich kontrollierte Liebeszustände) und für die Rasse. An qualitativ hochwertigem Nachwuchs von gebildeten und sittlich einwandfreien Frauen sind die Bürgerinnen sehr interessiert. Sie führen die Sexualkrise auch auf das Überhandnehmen der Unterschichten zurück. Mehr Kinder von Bürgerinnen also, denn es ist »einfach sündhaft und Vergeudung edelster Kraft, wenn diese Frauen fruchtlos verblühen«[13], klagt eine Befürworterin der Zeitehe.

Und die Frauen selbst, über die hier verhandelt wird? Sie retten, was zu retten ist. »Für die anderen«, heißt die Parole. Welche Blüten ihre Sorge um die Sittlichkeit auch hervorbringt, ob Zeit-, Jugend- oder Stufenehe, es geht um einen sicheren Damm gegen die gefahrdrohenden Säfte der Leidenschaften. Im Namen des »Volkswohls« und der »Volksgemeinschaft« appellieren die Ehereformerinnen an die Opferbereitschaft und das Verantwortungsgefühl der Frauen.

Durchsetzen können sich diese Kopfgeburten nicht, aber sie werden ernsthaft diskutiert. Helene Lange und Gertrud Bäumer, die alte Gemäßigte und ihre jüngere Freundin, lehnen diese Ehemodelle ab. Jenseits lebenslänglicher Monogamie gibt es für sie nur Enthaltsamkeit. Der sicherste Schutz gegen Anfeindungen des Lebens sei für die Frau ihre Jungfräulichkeit. Und um auch die letzten Zweifelnden zu überzeugen, spielt Gertrud Bäumer dann in den zwanziger Jahren noch einen Trumpf aus: Eine »Frau, die bewußt den Weg der geschlechtlichen Sinnlichkeit betritt, ist hemmungsloser und zügelloser als der Mann.«[14]

Die frauenbewegten Bürgerinnen stehen mit ihrer Auffassung nicht allein. Ihr neuer Bundesgenosse ist die Literatur. Schriftstellerinnen setzen sich mit den Problemen der Zeit auseinander und erzählen von den Irrungen und Wirrungen der Liebe. Ein altes Thema in der Literatur. Neu daran ist die Tendenz, der moralische Gehalt: Auf den Fehltritt folgt das Verderben, sagen die Texte in seltener Einmütigkeit. Entweder sind Frauen Opfer unsittlicher Männer, oder sie müssen für ihre Freizügigkeit einen hohen Preis bezahlen, meistens ist das ihr Leben. Wahres Glück bietet einzig die Ehe. Während im 19. Jahrhundert die Frauen auch über die Ehe hinausphantasierten, besinnen sich die Schriftstellerinnen des frühen 20.

Jahrhunderts wieder auf alte Werte. Noch plastischer und farbenprächtiger als die bürgerliche Frauenbewegung setzen die Romane den Diskurs über Sexualität fort, indem sie die Kehrseite der Lust in immer neuen Variationen beschwören. Besonders eindrucksvoll gelingt das Clara Viebig, einer damals bekannten Naturalistin. Ihre Variante ist folgende Geschichte:

Ein junger Mann aus gutem Hause gerät auf Abwege. Er läßt sich mit Prostituierten ein. Die Strafe bleibt nicht aus: Syphilis. Doch damit nicht genug. Er zieht auch andere ins Verderben: die unschuldige Lehrerstochter. Sie gibt in einer schwachen Stunde seinem Drängen nach. Selbstverständlich bleibt das nicht ohne Folgen. Sie wird schwanger und bringt, obwohl selbst nicht infiziert (!), ein syphilitisches Kind zur Welt. Der Mann endet im Wahnsinn, Mutter und Kind haben einen Leidensweg vor sich, an dessen Ende der Tod steht.

Ein Beispiel von vielen. Clara Viebigs Visionen sind düster. Das Böse lauert hinter jeder Ecke. Zahlreiche Krüppel und Lahme treten auf, Frauen weinen über ihre Kinderlosigkeit oder verbergen verschämt ein blödes Kind, Männer liegen krank darnieder, von Paralyse befallen oder im Wahnsinn verstrickt. Kaum eine Familie ist gesund. Wie ein Krebsgeschwür hat sich die Syphilis ausgebreitet. Überall sitzt die Angst. Der Roman mit der moralischen Botschaft: »Lieber ein Leben in Enthaltsamkeit als dieser Lustseuche anheimzufallen« ist erfolgreich. Die »Passion«[15] erschien 1925, und schon ein Jahr später erreicht das Buch eine Auflage von 16 bis 20 Tausend.

Angst regiert die Frauen. Angst vor den Geistern der Freiheit, die sie riefen. Ihr Kampf um Emanzipation ist immer zugleich ein Kampf gegen den Körper und die im Verborgenen schlummernden, unbekannten Lüste und Leidenschaften. So ist die Geschichte der Frauenbewegung auch eine der fortwährenden Abspaltungen. Die Mehrheit hält sich unbefleckt. Das böse Eigene wird an anderen verfolgt: an »Emancipierten«, Prostituierten und Radikalen. Mit immer größerem Energieaufwand ziehen die Frauen gegen das Laster zu Felde. Alle kann es treffen, niemand ist mehr sicher. Diese Drohung wirkt und sie wirkt weiter, obwohl nach Einführung der Salvarsan-Therapie die Zahl der Syphilitiker in Deutschland zurückgeht. Doch auf die Frauen scheint das keinen Einfluß zu haben. Die Syphilis ist das äußerste Mittel, die letzte Waffe im Kampf um die Sittlichkeit.

Die »Safer-sex-Kampagne« zeigt zunächst nicht den gewünschten Erfolg. Die »goldenen zwanziger« mit kurzen Röcken, Bubikopf, Kino und Varieté, mit verbesserten Berufsmöglichkeiten für Frauen und einer entstehenden Angestelltenkultur, mit bunten Zeitschriften und Zeitungen lassen kurzfristig den Kampf um die Sittlichkeit aussichtslos erscheinen. Das Leben der Großstädte lockt und verlockt die weibliche Jugend. Der Graben zwischen den Generationen wird größer. Aber schon Anfang der dreißiger Jahre beginnt sich das zu ändern. Die Frauen kehren heim nach ihrem Ausflug ins feindliche Leben, und das nicht ganz unfreiwillig. Die meisten lassen sich ohne nennenswerten Widerstand von der NS-Familienideologie einfangen. Daran ist nicht allein die Arbeitsmarktsituation schuld, sondern auch: Nun kann es keine mehr treffen, nun sind alle sicher. Der Staat hat alle Bereiche des öffentlichen und privaten Lebens unter Kontrolle. Mit weniger Pathos, aber deshalb nicht weniger engagiert, sind Frauen auch heute zur Stelle, wenn Mann sie braucht. Es mag uns absurd erscheinen, daß unsere Schwestern von gestern allen Ernstes daran dachten, die Männer gerecht unter sich aufzuteilen, und mit einer Ehe auf Zeit vorliebnehmen wollten, um die »Sitte« zu heben und das Ansteckungsrisiko zu verringern. Nicht zu Prostituierten sollten die Herren gehen, die Damen wollten sich selbst zur Verfügung stellen. Unter einer Bedingung: der Verkehr mußte geordnet und geregelt vonstatten gehen. Die Natur des Mannes forderte ihren Tribut: »Was er braucht, muß er haben.« Diese Devise gilt nach wie vor. Und weil es die Pariser für Frauen noch nicht gibt, versucht sie, ihm wenigstens den Akt der Werbung und Verpackung zu erleichtern und das mit dem schönsten Lächeln und mit sanfter Hand. Wenn Not am Mann ist, trägt sie, wie gehabt, die Verantwortung für alle. Die Angst vor Ansteckung freilich ist damit nicht ausgeräumt. Die Pariser schützen, aber sie schützen nicht hundertprozentig. Das wird in jeder Informationsbroschüre betont. Frauen scheint dieser Hinweis nicht ungelegen zu kommen. Das »Restrisiko« ist ein willkommener Anlaß, die Wünsche nach Kind und Familie, Sicherheit und Rückzug doch offensiver zu vertreten. Schließlich ist frau erschöpft nach zwanzig Jahren mehr oder weniger sexueller Libertinage. Ein Mann für's Leben. Der alte »Bundesgenosse«, die Angst, hat sich wieder eingestellt und läßt den lange verbotenen Traum von einem lebenslänglichen Glück zu zweit plötzlich in neuem Licht erscheinen.

»Alle kann es treffen, niemand ist mehr sicher.« Panikartig suchen viele wieder Schutz hinter dicken Mauern. Die Türen fallen ins Schloß, denn draußen lauert »das Böse«. Immer noch.

Literatur und Anmerkungen

1 Ika Freudenberg: Moderne Sittlichkeitsprobleme. In: Gertrud Bäumer u. a. (Hrsg.): Frauenbewegung und Sexualethik. Beiträge zur modernen Ehekritik, Heilbronn 1909, S. 10
2 Freudenberg, a. a. O., S. 9
3 Freudenberg, a. a. O.
4 Vgl. dazu die Beiträge in der Frauen-Zeitung Louise Ottos, zugänglich in: »Dem Reich der Feiheit werb' ich Bürgerinnen.« Die Frauen-Zeitung von Louise Otto, hrsg. und kommentiert von Ute Gerhardt, Elisabeth Hannover-Drück und Romina Schmitter. Frankfurt 1979
5 Frauen-Zeitung, a. a. O., S. 30/40
6 Eine der Frauen, die für das Recht der Frau auf Arbeit und Liebe streiten, ist die Radikale Helene Stöcker. Ein Teil ihrer in verschiedenen Zeitschriften publizierten Essays erschien unter dem Titel: Die Liebe und die Frauen. Minden 1906
7 Helene Lange: Feministische Gedankenanarchie. In: Frauenbewegung und Sexualethik, a. a. O., S. 45 ff.
8 Freudenberg, a. a. O., S. 9
9 Freudenberg, a. a. O., S. 10
10 Irmgard Lenel: Zeitehe — Eine Lösung für unhaltbar gewordene Zustände auf dem Gebiet der Geschlechtsmoral? In: Die neue Generation. Publikationsorgan der deutschen wie der internationalen Vereinigung für Mutterschutz und Sexualreform, hrsg. von Helene Stöcker, 24. Jg., H. 5, 1928, S. 169—172
11 Die verschiedenen Ehemodelle wurden ausführlich in der Zeitschrift des Bundes Deutscher Frauenvereine erörtert: Die Frau. Vgl. besonders: Elisabeth Schmitt: Jugendehe — Stufenehe? In: Die Frau. Monatsschrift für das gesamte Frauenleben unserer Zeit, hrsg. von Helene Lange und Gertrud Bäumer, 35. Jg., H. 9, 1928, S. 513—521, hier S. 520
12 Charlotte Buchow-Homeyer: Zeitehe. Ein Vorschlag. Berlin und Köln 1928, S. 96
13 Buchow-Homeyer, a. a. O., S. 112
14 Gertrud Bäumer: Die Frau und die sexuelle Krisis. In: Die Frau, 33. JG., H. 11, S. 641—648, hier S. 643
15 Clara Viebig: Die Passion. Berlin und Leipzig 1925

Ingrid Klein
Feministinnen und Aids

Befragt danach, was er Ferntouristen vor Antritt ihrer Reise rät, antwortete der Leiter des Landesinstituts für Tropenmedizin in Westberlin, Professor Ulrich Bienzle: »Wir raten dann immer zu Safer Sex. Und — die eigene Frau mitnehmen.«[1] Nach der Lektüre dieses Interviews habe ich mit Herrn Bienzle, stellvertretend für den männlichen Durchschnitt, einen inneren Dialog darüber begonnen, wie umfassend frauenfeindlich dieser Ratschlag ist. Ich versuchte es mit dem Sex-Tourismus als solchem, mit den Prostituierten, mit den verachteten Ehefrauen, ich versuchte es in allen Tonarten, aber das Resultat blieb niederschmetternd: Er verstand mich überhaupt nicht. Wieso frauenfeindlich? Es ginge ihm doch ausschließlich um die Bekämpfung einer tödlichen Seuche. Das imaginierte männliche Publikum, inklusive der meisten anwesenden Ehefrauen, war voll auf seiner Seite. Ich gab resigniert auf.

Das Problem mit den Bienzles dieser Welt ist weniger, daß ihnen ihre neue alte Frauenfeindlichkeit nicht bewußt ist, sondern daß sie ihnen jetzt, wo es »um Leben und Tod« geht, auch nicht mehr bewußt zu werden braucht. Zwanzig Jahre Frauenbewegung scheinen nie stattgefunden zu haben. Wieweit Frauen, vor allem ihr feministisch bewußterer Teil, eine Ahnung davon haben, daß Aids wie eine rückwärts laufende Zeitmaschine wirkt, vermag ich nicht zu sagen. Besorgniserregend sind jedenfalls feministische Äußerungen der letzten Zeit, die zumindest in einer Hinsicht dem anfangs zitierten Anachronismus gleichen: wie Verlautbarungen aus den Anfängen der neuen Frauenbewegung, als noch undifferenzierte Männerablehnung dominierte.

Der Gipfel der Inhumanität ist eine Bemerkung der »Courage«-Mitbegründerin Sibylle Plogstedt: »Christa Reinig ließ (...) die Männer an einer unbekannten Krankheit sterben. Heute ist dieses utopische Konzept Realität. Heute sterben Männer an AIDS.«[2] Ein Cartoon der »Emma«-Karikaturistin

Franziska Becker soll — das kann man unterstellen — witzig sein, ist aber nicht weniger menschenverachtend in seiner Aussage: In einem antarktischen Geheimlabor haben homosexuelle Frauen das Virus HTLV III gezüchtet und freuen sich über die ersten toten Männer: »Sekt! Kaviar! Der 1000ste Tote, Mädels! Die Sache rollt von alleine!«³ Ich kenne niemanden, der darüber lachen kann.

Abgesehen von ihrer menschenfeindlichen Häme, ignorieren beide Äußerungen die Tatsache, daß lesbische Frauen ungefährdet sind, wenn sie nicht mit Männern oder deren Partnerinnen schlafen. Verschwiegen wird auch, daß zu 70 bis 80 Prozent homosexuelle Männer von Aids bedroht sind und daß sich die verbleibenden 20 bis 30 Prozent auf die Randgruppen Fixer und fixende Prostituierte verteilen sowie auf Bluter, Bluttransfusionsempfänger und deren aller Partner und Partnerinnen. Damit wird also weder behauptet, daß für Frauen keinerlei Gefahr bestünde, noch soll diese Gefahr bagatellisiert werden. Auch wenn sie in keinem Verhältnis zu der öffentlich eingeredeten steht, geht Aids inzwischen jeden und jede an, weil die Angst da ist.

Ob diese Angst von den Medien künstlich erzeugt oder »nur« unterstützt wird, ist irrelevant. Sie ist da, und sie hat bei den meisten Frauen zu großer Verunsicherung geführt. Um so verwunderlicher ist, daß Feministinnen das erst so spät realisiert und ernstgenommen haben. Völlig unverständlich erscheint mir, daß einige in einer tödlichen Krankheit, die, ich wiederhole es, zum größten Teil homosexuelle Männer trifft, plötzlich eine Chance sehen, das Geschlechterverhältnis zu revolutionieren, indem sie eine neue Anti-Penetrationsfront aufbauen.

Die »Emma«-Herausgeberin, die noch vor gut zwei Jahren zur Solidarität mit homosexuellen Männern aufgerufen hat, gefällt sich heute wieder als moderne Lysistrata, die »die Zwanghaftigkeit der Penetration in der Heterosexualität in Frage« stellt. Aids ist für sie das Vehikel, das feministische Tabu der ersten Stunde — den vaginalen Orgasmus — neu zu beleben: »Der gesamte ›klitorale Apparat‹ (wie es die Sexualforscher/innen nüchtern nennen) umfaßt etwa das zehnfache der sichtbaren Klitoris und entspricht damit fast dem Volumen des männlichen Penis. Diese Klitoris ist das Zentrum jeder körperlichen Erregung. Ohne ihre Einbeziehung kann keine Frau einen Orgasmus haben — egal, wo und wie dieser Orgasmus stimuliert wird. Sie, die Klitoris, ist das körperliche Zentrum der ›erogenen Zonen‹ des weiblichen Körpers, zu denen auch das erste Drittel der Vagina gehört. Bei der Penetration des Penis in den weiblichen Körper wird dieses erste Drittel zusammen mit den kleinen Schamlippen und, im besten Fall, indirekt die Klitoris stimuliert. Die beiden letzten Drittel der Vagina sind so empfindsam wie der Dickdarm: nämlich überhaupt nicht. In sie muß, rein körperlich gesehen, nur eingedrungen werden, wenn ein Kind gezeugt werden soll.«

Alle Teile dieser Aussage sind, nach den Erkenntnissen der Sexualforscher/innen, mehr oder weniger falsch: Das »Volumen« ist noch größer; ein Orgasmus ohne jede Klitorisstimulation möglich; die »Einbeziehung« der Klitoris bei der Penetration überhaupt nicht zu vermeiden; der Dickdarm natürlich sehr »empfindsam«; das Eindringen in die »beiden letzten Drittel der Vagina« selbstverständlich nicht erforderlich, »wenn ein Kind gezeugt werden soll«, usw. Über solches Nichtwissen und Schludern könnte man vielleicht hinwegsehen, wenn sich Alice Schwarzer nicht als Expertin für weibliche Sexualität ausgäbe: »Diese jahrtausendelang mystifizierte und mit viel seelischem Ballast befrachtete ›Vereinigung‹ von Penis und Vagina hat eben darum zwar wenig körperliche Vorteile, aber dennoch seelischen Reiz. Auch für manche Frauen.«[4]

Offenbar hat auch sie von der wahrhaftig nicht neuen psychoanalytischen Erkenntnis gehört, die stellvertretend für andere Wissenschaftlerinnen Lili Fleck so formuliert: »Eine Unterscheidung von vaginal und klitoridal ausgelöstem Orgasmus gibt es nicht. Klitoris und Scheide bilden eine Funktionseinheit beim sexuellen Erregungsablauf, wobei die Klitoris die stärkere Erregungsquelle darstellt.«[5] Es bleibt — auch im Zeitalter von Aids — unmöglich, seelische und körperliche Vorgänge zu trennen.

Alice Schwarzer ist nicht die einzige Feministin, die in den Beschränkungen, die vielen durch die Aids-Gefahr erwachsen, denn »Aids-Verhütung ist Sexualverkehr mit Kondom«[6], eine Chance sieht, Männern endgültig den sexuellen Kampf anzusagen oder die bereits vollzogene Entmachtung zu beschwören. Heide Soltau schreibt in der »tageszeitung«: »Mit ›Safer Sex‹ dreht sich der Spieß um. Nicht die Frau schützt mehr den Mann, der Mann selbst ist nun aufgerufen, für seine und die Gesundheit seiner Sexualpartnerinnen Sorge zu tragen. Er, der seine Macht wesentlich über sein Geschlecht bezog, kann in Zukunft diesen Teil seines Körpers nur noch hinter Gummi präsentieren. Eine Kränkung und eine Bedrohung für jeden Mann.«[7]

In ihrer Freude über die »Entmachtung des Phallus« vergißt die Autorin, daß Frauen in ihrer Fixierung auf die Kritik am Phallus wesentlich zur Mystifikation seiner sogenannten Macht beigetragen haben. Außerdem entgeht ihr, daß nicht jede Frau über einen »hinter Gummi präsentierten« Penis und alles, was damit verbunden ist, nur glücklich ist.

Noch erfreuter als Heide Soltau ist Monika Goletzka, die sich bereits vom »koitalen Mann« verabschiedet hat. Für sie hat die Krankheit Aids die sexuelle Welt der Frauen wieder in Ordnung gebracht: »Frauen hatten nie viele Sexualpartner. Ihre Sexualität ist noch heute gekennzeichnet durch einen extremen Mangel an zärtlichen und auch nur andeutungsweise sexuellen sinnlichen Handlungen. Außerdem werden Frauen, sobald sie Promiskuität probieren, schnell eines Besseren belehrt. Der Mann ist auch beim Seitensprung meist der schlechte Liebhaber, von dem sie nichts bekommen. Warum also Unbefriedigendes immer wieder versuchen? Die Frau sieht also der aidsvorbeugenden ›Einschränkung der Sexualpartner‹ mit Gelassenheit entgegen. Sie hat nicht sehr viel zu verlieren.«

Bei aller Skepsis gegenüber empirischen Untersuchungen über unser Geschlechtsleben: Privatmeinungen, die zu allgemeiner Erkenntnis stilisiert werden, sind keine Alternative, sondern bestenfalls Stilblüten, wie auch die folgende: »Die Frau hat im allgemeinen kein Interesse an der Koitalpraktik des Mannes. Sie empfand und empfindet den Koitus, wie er seit Jahrhunderten stattfindet, vorwiegend als Zwangsmaßnahme.«

Wenn es um einen weniger bedrohlichen Anlaß ginge, müßte man lachen, denn der Eifer der Autorin, dem Mann seine sexuelle Macht zu entreißen, führt bei ihr zum Gegenteil: Jetzt hat er nicht nur die soziale, sondern die tödliche Potenz: »Doch Aids, hier lassen Sie uns Frauen einmal so richtig gehässig sein: Aids macht den Zipfel-Gipfel zur ›Giftspritze.‹«[8]

Aber nicht nur Monika Goletzka verwickelt sich in Widersprüche. In ein und demselben »Emma«-Heft gibt es zum Thema Aids

— den cartoon über den tödlichen Ausgang für Männer
— den Aufruf zum Penetrationsboykott und
— einen Artikel, in dem partiell das Gegenteil gesagt wird:

Die Ärztin Sabine zur Nieden schreibt über einen Patienten, der zur Untersuchung in den Notdienst gekommen war: »Er war zirka 1,90 Meter groß, kräftig, hatte rote Backen, blondes Haar, ein richtiges normannisches Mannsbild. Er wirkte ungewöhnlich eingeschüchtert, ja verängstigt. Er klagte über Erbrechen, Durchfall und erhöhte Temperatur. (...) Ich habe es ihm dann auf den Kopf zugesagt: Angst vor Aids. Er ist nicht der einzige. Und längst betrifft es nicht mehr nur Männer — auch Frauen haben jetzt Angst vor Aids.«

Neben der Erleichterung darüber, daß Frauen nicht die Hauptgefährdeten sind, ist auch bei dieser Autorin eine leise Schadenfreude zu spüren. Aber ihr Hauptanliegen ist die Angst der Frauen. Mit ihrer Frage: »Wie gefährlich ist die Heterosexualität?« und dem Benennen des Grundübels derselben: »Sie bringt ein quasi automatisches Risiko mit sich: das Fließen von Sperma«, ist die Ärztin noch auf der Linie der »Emma«-Herausgeberin, die sie dann aber verläßt, um »Emma«-Leserinnen eine Übersicht der Stiftung Warentest zu präsentieren: »Mit ›Gut‹ beurteilt wurden Blausiegel ABC, Blausiegel Hauchdünn, Fromms Transparent, Lavetra Glyder, R3 hauchfein und Secura Gold.« Ergänzt wird diese Markenanalyse durch eine detaillierte Beschreibung der richtigen Benutzung der Artikel: »Wichtig ist, daß das Kondom vor jedem Eindringen gleichmäßig über den Penis gerollt wird, dabei sollte das an der Spitze liegende Samenreservoir mit dem Zeigefinger zusammengedrückt werden, damit kein pralles Luftpolster entsteht. Vor allem ist wichtig, daß der Mann nach dem Orgasmus auf keinen Fall so lange wartet, bis die Erektion nachläßt, weil sonst das Sperma an der Seite herauslaufen kann. Beim Herausziehen sollte man tunlichst den Rand des Präservativs festhalten.«[9]

Abgesehen davon, daß die eine Penetration schlechthin ablehnt, die andere aber konkrete Tips gibt, wie soll »man« diese Gebrauchsanweisung verstehen? Ist die »Emma«, früher vehemente Kritikerin der »Brigitte«, heute ideologisch an deren Seite? Mit dem einzigen Unterschied, daß in der einen Zeitschrift die emanzipierte Frau von heute öffentlich erklärt: »Ich liebe mit«, wohinter sich eine Anzeigenkampagne verbirgt, in der prominente hetero- und homosexuelle Frauen jeden Alters ihr zwangloses Verhältnis zum Kondom erläutern, während sich in der anderen Zeitschrift die Feministin mehr durch praktischen als metaphorischen Umgang mit Präservativen auszeichnet?

Es ist leider nicht die einzige Verbindung, die zwischen den beiden Zeitschriften beim Thema Aids besteht. Beide halten die CDU-Politikerin Rita Süssmuth für fortschrittlich. Die »Brigitte« startete im März dieses Jahres zusammen mit der Ministerin eine »Anti-Aids-Kampagne«, in der die bereits erwähnten Prominenten als Aids-Verhüterinnen auftreten, und »Emma« lobt: »Die CDU-Ministerin Rita Süssmuth, die beim Aids-Problem eine ausgesprochen mutige und aufgeklärte Position vertritt, antwortete dem ›Spiegel‹ auf die penetrante Frage nach Zwangsuntersuchungen gut feministisch: ›Konsequenterweise müßte ich ja in gleicher Weise alle Freier überwachen und dem Gesundheitsamt vorführen. Ich bin weiß Gott keine Anwältin der Prostituierten, aber ich wehre mich gegen ungleiche Rechtsbehandlung.‹«[10]

Es ist richtig, daß Frau Süssmuth — bisher — gegen bundesweite bayerische Verhältnisse ist, aber es darf doch von Feministinnen nicht vergessen werden, daß dieselbe Ministerin ebenso »mutig und aufgeklärt« ihre Position beim Paragraphen 218 vertritt. Das scheint kein Thema zu sein, wenn es —

ich wiederhole mich — »um Leben und Tod« geht. So schafft Aids neue Koalitionen und zerstört gleichzeitig alte. Die ehemalige Solidarität zwischen Feministinnen und Homosexuellen, zwischen Feministinnen und Randgruppen wie Prostituierten und Fixern, scheint aufgegeben worden zu sein zugunsten einer widersprüchlichen Anti-Penetrationsfront, in der fortschrittliche Frauen plötzlich in einer Reihe stehen mit CDU-Politikern, Bischöfen und der Frauenzeitschrift »Brigitte«.

Diese hat es beispielsweise mit Hilfe von Aids geschafft, Frauen wieder auf eine Aufgabe zu reduzieren, die man lange für überholt halten konnte. Die Frau als Hausärztin hat sich zur Verhütungsexpertin emanzipiert und darf jetzt als Heilsarmee der Nation für einen Aids-freien Volkskörper sorgen. Das »Verdienst« dieser Zeitschrift, daß sich Frauen freiwillig auf diese Verpflichtung einlassen und sich gleichzeitig noch für emanzipiert halten, wird von Feministinnen viel zu wenig kritisiert. Ebensowenig, daß sich männliche und weibliche CDU-Minister über Kondom-Werbung ein fortschrittliches Image geben, hinter dem sie in aller Ruhe reaktionäre Politik betreiben können.

Es wäre fatal anzunehmen, daß Aids tatsächlich zu einer liberalen Haltung in der sexuellen Frage geführt hätte. Daß bei uns das Kondom »in aller Munde« ist, liegt an der relativ geringen Zahl der Aids-Kranken und -Infizierten. Wenn sich diese Fälle drastisch erhöhten, würden die vielbeschworenen »fortschrittlichen« Kräfte sehr schnell wieder zu sich selber finden. Anders gewendet: Auch hier würden US-amerikanische Verhältnisse herrschen. Ein Blick auf die Vereinigten Staaten von Amerika, denen wir alles nachgemacht und abgeguckt haben, gibt die mögliche Richtung an: ausgerechnet in dem Land, das mehr als wir unter Aids zu leiden hat, wird Kondomwerbung im Fernsehen verboten, »um die sittlichen Gefühle der Bevölkerung nicht zu verletzen«.[11]

Kein Mensch verlangt von Feministinnen, daß sie ein Patentrezept für den Umgang mit Aids wüßten. Das gibt es nicht. Aber weder Schadenfreude, noch heterosexuelle Verweigerung, noch »Emmas« Propaganda für lesbische Liebe —

»Ich liebe ohne«[12] — sind eine Lösung. Selbstverständlich auch nicht nicht das Allheilmittel Kondom. Aber von kritischen Feministinnen kann erwartet werden, daß sie sich mit der Begrenztheit dieser Maßnahme politisch statt polemisch auseinandersetzen. Insgesamt übersehen alle feministischen Stellungnahmen zu Aids, daß keine Frau darum herumkommt, ihr sexuelles Leben weiterhin so zu gestalten wie bisher: individuell und selbstverantwortlich.

Literatur und Anmerkungen

1 Doris Cebulka: »Benutze Kondome . . .«, Stern Nr. 18, 23. 4. 1987, S. 30
2 Sibylle Plogstedt: Woher kommt die Gewalt in der Frauenbewegung? In: Ewig lockt das Weib? Bestandsaufnahmen und Perspektiven feministischer Theorie und Praxis, herausgegeben von Nadia Bagdadi und Irene Bazinger. Weingarten 1986, S. 197
3 Franziska Becker: »Aids. Die Geburt des Virus« Emma Nr. 4/1987, S. 26 f.
4 Alice Schwarzer: »Penis reinstecken?« Emma Nr. 4/1987, S. 20
5 Lili Fleck: Weiblicher Orgasmus. Die sexuelle Entwicklung der Frau — psychoanalytisch gesehen. München 1977, S. 27 — Im Anschluß an die physiologischen Untersuchungen von William H. Masters und Virginea E. Johnson war Volkmar Sigusch schon Jahre vorher zu denselben Einsichten gelangt; vgl. seine Monographie »Exzitation und Orgasmus bei der Frau«, Beiträge zur Sexualforschung, Bd. 48. Stuttgart 1970
6 Volkmar Sigusch: »Diese Maßnahmen sind borniert, heuchlerisch und inhuman«. Stern Nr. 12, 12. 3. 1987, S. 251 f.
7 Heide Soltau: »AIDS entmachtet den Phallus«. taz, 21. 2. 1987, S. 10
8 Monika Goletzka: »Abschied vom koitalen Mann«. Die Zeit Nr. 10, 27. 2. 1987
9 Sabine zur Nieden: »AIDS. Das Monster ist zu zähmen«. Emma Nr. 4/1987, S. 18 ff.
10 a. a. O.
11 Gabriele Dietze: »Lieber tot als indiskret«. taz, 3. 6. 1987, S. 3
12 Emma Nr. 6/1987, S. 32 f.

»Ich rechne damit, daß es mich brettert«
Helles Roth interviewte den Fixer J.

Helles Roth: J., wie geht es dir im Moment?
J.: Beschissen, Schwächeanfälle, Durchfall, Juckreiz, keinen Willen. Es geht mir, als ob mir einer 'ne Luftpumpe an den Körper gesetzt und mir die Kraft rausgezogen hätte.
Helles Roth: Entzug?
J.: Nee, das ist kein Turkey.
Helles Roth: Wo warst du bei unserem Date vor ein paar Tagen?
J.: Im Bett. Ich war zu schwach, auf die Scene zu gehen.
Helles Roth: Wann hast du den letzten Schuß gedrückt?
J.: Ungefähr vor drei Wochen.
Helles Roth: Und Downers? (Das sind meist barbiturathaltige sedierende Medikamente. Die Red.)
J.: Das ist was anderes. Obwohl, die nehm ich auch nur noch so zwei- bis dreimal die Woche. Da reichen mittlerweile drei Stück übern Tag.
Helles Roth: Welche?
J.: Medinox, manchmal auch ne Rohypnol, aber die haut mich schon von den Füßen.
Helles Roth: Seit wann drückst du so wenig?
J.: Seit ich in der Therapie war letztes Jahr und dann im Krankenhaus, wo ich erfahren habe, daß ich positiv bin.
Helles Roth: Wie kamst du in das Krankenhaus?
J.: Ich brauchte ne Kostenzusage für die Therapie. Nach der Entgiftung haben sie mir gesagt, daß ich positiv bin. Ich hatte aber auch nen Pilz im Mund und Hauterscheinungen. Deshalb wurde ich in der Uniklinik durchgecheckt. Ich hätte die Therapie nicht antreten können, wenn ich schon das Vollbild gehabt hätte. Den Pilz haben die dann in den Griff gekriegt. Sonst kam nix besonderes bei raus. Die Schwächeanfälle sind geblieben, die Fieberschübe auch.
Helles Roth: Hat sich nach dieser stationären Behandlung was geändert in deinem Leben?

J.: Na ja, nicht mehr so agil. Früher war ich immer unterwegs. Und kaum noch gedrückt. Und total empfindlich gegen Kälte bin ich.
Helles Roth: Was sind denn die wichtigsten Stationen deiner Drogenkarriere?
J.: Oh je, das ist reichlich. Den ersten Schuß habe ich 1969 gehabt. Und zwar kam ich mit 14 ins Zuchthaus, weil der Jugendknast gerade überfüllt war. Zwei Jahre so, dann 'ne Zeitlang als Freigänger. Ich bin aber trotzdem ziemlich gefördert worden, damals, Autoschlosserlehre und so. Als ich mit achtzehn rauskam, kannte ich das gesamte Bahnhofsviertel, die Leute. So kam ich zu nem Job in 'ner Disco, die ziemlich bald *der* Drogenumschlagplatz in Frankfurt war. Da hat mich dann ne Stripteasetänzerin engagiert, ihr die Tür von 'ner Apotheke aufzumachen. Das hat fünf Mille gegeben. Im Laufe der Zeit hab ich den Job allein gemacht; Heroin gabs damals ja kaum. Da waren die Morphinampullen aus den Apotheken und morphinhaltige Medikamente. Nicht mehr lange, und ich hab das Zeug selbst gedrückt. Ab 1973 kam dann das Heroin, und in den Apotheken war kaum noch was zu finden. Außerdem bin ich paar Mal aufgeflogen; fünfunddreißig Brüche haben sie mir nachgewiesen, ich habe immer wegen Unzurechnungsfähigkeit Freispruch gekriegt. Der erste Entzug war 1970, da hat mich der Haftrichter nach 'nem Bruch in die Nervenklinik geschickt. Was heißt Entzug, clean gewesen bin ich nicht. Richtig entzogen habe ich zum ersten Mal in Gießen im »festen Haus«. Im Knast war ich zusammen achteinhalb Jahre. Das hat sich so auf fünf- oder sechsmal verteilt. 1981 habe ich dann die erste Langzeittherapie gemacht, 1983 nochmal acht Monate in Eppstein und halt letztes Jahr, da habe ich dann aber nicht mehr weitergemacht.
Helles Roth: Was waren deine höchsten Dosierungen?
J.: Meistens lag ich so zwischen zwei und sechs Scenegramm.
Helles Roth: Was hast du durchschnittlich an Geld gebraucht pro Tag?
J.: Na ja, je nachdem zwischen 300 und 600 DM, manchmal 800 DM.
Helles Roth: Wie hast du das hingekriegt?

J.: Zeitweise Brüche, dealen.
Helles Roth: Es behaupten fast alle, sie verdienen es durch Dealen. Wie soll das aber gehen, daß jeder beim Dealen verdient, der drückt?
J.: Da gibt es zwei Sachen. Entweder du vermittelst Deals, dann bekommst du für 'nen bestimmten Absatz dein Pack für dich. Das reicht aber nicht, wenn du hoch dosiert bist. Oder du kaufst was, tust dir auf die Seite, was du selber brauchst, den Rest streckst du mit irgendwas, damit das Gewicht wieder stimmt, und verdealst es weiter. Da mußt du aber noch drauf achten, daß du gutes Zeug verkaufst, sonst kommt keiner mehr zu dir.
Helles Roth: Was nimmst du an, was in dem Stoff drin ist?
J.: Ach! Glukose, Ascorbinsäure, früher war Strychnin drin; da sind ein paar Leute zuviel umgegangen. Später kam Barbitursäure auf; das hat aber niemand mehr gekauft, weil es einen umgeworfen hat. Heroin ist meistens nur ein Viertel drin.
Helles Roth: Wo hast du denn gedrückt?
J.: Am Anfang, als ich gut Kohle hatte, habe ich zu Hause gedrückt, da bin ich mit 'nem Taxi heimgefahren. Als ich dann selbst gedealt habe, war es meistens in der Nähe von der Scene, Park, Klos oder so. Da konntest du dich ja nicht zu weit von der Scene entfernen, weil du ja weiter abchecken mußtest.
Helles Roth: Und das Besteck?
J.: Also wenn ich da immer rumgecheckt habe, habe ich die Pumpe genommen, die gerade da war, zum Beispiel von den Käufern.
Helles Roth: Warst du im Knast versorgt?
J.: Klar, meistens.
Helles Roth: Und wie war es da mit den Pumpen?
J.: Da ist die Pumpe ja ein Heiligtum, weils da ja fast keine Pumpe gibt. Die kannst du dann benutzen, für Dope oder Kaffee oder was du halt hast.
Helles Roth: Und wieviele benutzten da eine Pumpe?
J.: Gott, das weiß ich nicht; jedenfalls genug.
Helles Roth: Gibt es für dich Unterschiede im Feeling beim Schuß?
J.: Klar, am Anfang hat es mich noch richtig angeturnt. Später

bin ich gar nicht mehr so gut drauf abgefahren. Halt damit du keinen Turkey kriegst. Die Zwischenräume sind halt schlimm, da bleibt nicht mehr viel vom Feeling übrig.
Helles Roth: Hat sich durch das Drücken was in deiner Sexualität geändert?
J.: Oh ja, bevor ich angefangen hab zu drücken, hab ich gesoffen. Gut, da gab es auch Nächte, wo ich nicht bumsen konnte. Aber seit dem Drücken, das hat mich richtig gestört, daß die mich angefaßt hat. Ich wollte doch den Schuß genießen. Das ging so weit, daß ich vor jeder Berührung und vor dem Mädel dann Ekel bekommen habe. Also wenns hoch kam, habe ich vielleicht alle drei bis vier Wochen gebumst, und dann gedrückt. Du kriegst ja eine Erektion, wenn du drauf bist, aber keinen Orgasmus. Das ist ganz unangenehm. Jetzt habe ich ja seit ein paar Monaten nicht gebumst, seit dem Test.
Helles Roth: Was wird für dich zukünftig ablaufen mit dem Sex?
J.: Du, da mach ich mir im Moment keine Gedanken. Ich gehe am Montag ins Krankenhaus, da werden wir weitersehen. Ich mache mir aber nicht viel Hoffnungen. Ich hab das an der Rothaarigen gesehen, die mein Bett neulich auf der Station übernommen hat. Die hab ich vor sechs Wochen noch in der Hautklinik gesehen, da war die noch quietschvergnügt und sah gut aus. Vor zwei Wochen ist sie gestorben. Auch 'ne Fixerin. Also ich rechne schon damit, daß es mich brettert, aber richtig.
Helles Roth: Hast du beim Drücken Angst gehabt, daß es dich brettert?
J.: Am Anfang, ja. Da habe ich immer geguckt, daß jemand das Zeug schon mal gedrückt hat, oder ich habe es angetestet. Aber später nicht mehr, das gehört halt dazu. Ein paarmal hats mich auch richtig umgerissen; Notarztwagen, Beatmung und so, so 'ne Reanimation.
Helles Roth: Hast du Leute gekannt, die beim Drücken umgekommen sind?
J.: Viele, ich kann sie nicht mehr zählen.
Helles Roth: Hat dir dein positives Testergebnis Angst gemacht?

J.: Also zuerst, ich konnte es überhaupt nicht begreifen. Verstehst du, ich hab die Syphilis gehabt, das macht elf Tage lang Spritzen, okay. Ich habe ein Messer und drei Pistolenkugeln im Bauch gehabt. Das ging alles irgendwie. Aber jetzt, da gibts doch nichts. Ich denke, es geht sowieso nicht mehr lange.
Helles Roth: Wenn sie dich in der Uniklinik wieder in die Reihe kriegen, meinst du, du wirst dann clean bleiben?
J.: Mal realistisch, nee. Es wird nicht mehr wie früher. Auch wenn ich jetzt davonkomme, ich kann nicht mehr immer abchecken, auf der Scene rummachen. Aber hin und wieder, wenn ich so ganz unten bin, klar hole ich mir 'nen Schuß.
Helles Roth: Sag mal, du kennst ja nun jeden. Wird dich jemand besuchen, nächste Woche auf der Station?
J.: Nee. Wer denn?

Dieses im Februar 1986 geführte Interview kommentierte Helles Roth damals wie folgt:
In hessischen Einrichtungen für Langzeittherapie liegt die »Positiv«-Rate von Drogenabhängigen bei etwa 35 Prozent. Diese Rate kann als repräsentativ für Junkies angesehen werden. In der Untersuchungshaft ist sie laut Drogenberatung des Vereins für Arbeits- und Erziehungshilfe in Frankfurt doppelt so hoch. Mitarbeiter des Vereins nehmen an, daß von diesen »Positiven« der Großteil zumindest ein beginnendes LAS hat, symptomfrei ist fast keiner, wobei manche LAS-Symptome schwer von Entzugserscheinungen oder anderen Komplikationen bei Drogenabhängigen zu unterscheiden sind.

Die Streetworker der Drogenberatungsstellen treffen auf der Scene nur noch wenige, die nicht »positiv« sind, es sei denn, sie sind nicht getestet. Eine »offizielle« Schätzung der »positiven« Drogenabhängigen gibt es in Hessen nicht. Es gibt auch keine epidemiologische Studie, aus der die Zuwachsraten ersichtlich wären. Enno Lycht von der Drogenberatungsstelle M 41, seit fünfzehn Jahren Drogenberater: »Da kann eigentlich jeder mit den Zahlen operieren, die ihm gerade ins Konzept passen. Das spielt doch wirklich keine Rolle.« Da hat er recht. In ein bis zwei Jahren spielt es überhaupt keine Rolle mehr, nicht auf der Scene jedenfalls. Die Infizierung der Drogenabhängigen wird dann vollständig sein. Gegen diese gegenwärtige Zukunftsperspektive führen die Drogenbrater in der Scene einen Kampf mit untauglichen Mitteln. Vorerst können sie nur versuchen, Problembewußtsein zu wecken, ähnlich wie ihre Kollegen in Langzeit-Einrichtungen. Der wesentliche Unterschied ist, daß »ihre« Fixer »hackezu« sind oder im Streß stehen, es zu werden. Nicht, daß es nur die sogenannten therapieresistenten, therapieunwilligen, keiner Sprache mehr zugänglichen Morphiumwracks auf der Scene gibt, aber Aufklärung, die lebensverändernd wirken soll, ist ein langer, wechselseitiger Prozeß, zu kopflastig, wenn einer »zu« ist.

Die offiziellen Stellen haben sich auf folgende Schätzungen geeinigt: Es gibt 5000 Drogenabhängige im Großraum Frankfurt, 4000 sind in Hessen registriert. Der Dunkelziffermultiplikator könnte bei ca. 1,5 liegen, das bedeutet etwa 6000 Drogenabhängige für Hessen insgesamt. Ein Experte im hessischen Sozialministerium hält auch die Zahl 10 000 für möglich.

Auf der Scene versorgen sich regelmäßig etwa 2000 Junkies. Der durchschnittliche Geldbedarf pro Tag und Person wird von der Kriminalpolizei auf 100 bis 150 DM, von Drogenberatern auf 300 DM geschätzt. Bei einem Umsatz von 500 bis 600 Kilogramm Heroingemisch werden im Jahr laut Kripo 180 Millionen DM umgesetzt. Hochgerechnet auf die 60 000 bis 100 000 Drogenabhängigen in der BRD kommt man auf einen Umsatz von 2 bis 4 Milliarden DM pro Jahr. Das Stadtgesundheitsamt Frankfurt argumentiert, daß die Drogenabhängigen angesichts dieses ökonomischen Volumens das Geld für ihre Spritzen leicht selber aufbringen könnten, m. a. W.: die Versorgung mit ausreichenden sterilen Spritzen ist kein Problem. Näher liegt folgende Annahme: Ein arbeitsloser Fixer, der nicht großkriminell ist (also der Regelfall) und jeden Tag 100 bis 300 DM für Stoff aufbringen muß, hat überhaupt kein Geld. Dafür sprechen alle Erfahrungen bei Aufnahme der unterernährten, zerlumpten Drogenabhängigen im Krankenhaus.

Die Beratungsstellen können Broschüren verteilen und aufklären. Mein Gesprächspartner J. hat mich aber gelehrt, daß sieben Jahre Knast, eineinhalb Jahre festes Haus, drei Langzeit-Therapien und eine Menge Beratung an seiner Sucht so abgeprallt sind, wie die aufklärenden Broschüren. Müssen wir also die Tage mitzählen, bis die Durchseuchung vollständig ist, jedenfalls bei allen, die demnächst nicht in Therapie gehen? Es gibt adäquate Mittel, das Infektionsrisiko zu vermindern. Das mindeste ist die kostenlose Verteilung von Spritzen *auf* der Scene, weil dies der Realität der Drogenabhängigen entspricht, weil sie zum Teil dort fixen. Und im Knast, weil es perfide ist, daß die Drogenabhängigen sich im Knast infizieren müssen, nur weil die Justiz borniert daran festhalten muß, daß ihre Knäste drogensicher wären. Das wäre noch lange nicht die Verhinderung jeder Spritzeninfektion, aber eine Vergrößerung der Chancen, »negativ« zu bleiben. Vorschläge für Verteilung und Entsorgung der Spritzbestecke liegen vor.

Bislang ist die einzige gesundheitspolitische Antwort auf die Drogenabhängigkeit in der BRD die Langzeit-Therapie. Ihr Abstinenzerfolg liegt bei etwa 30 Prozent. Das heißt nicht, daß ihr Anspruch aufzugeben wäre. Das heißt, das differenzierte, breitgefächerte Therapieangebote ausgebaut werden müssen, die auf unterschiedlichen Anspruchsniveaus sich den drogenabhängigen Menschen anpassen müssen, und nicht die Menschen ihren einfältig-einheitlichen Konzepten.

Zu fordern ist zumindest ein Methadonprogramm für speziell zu bestimmende drogenabhängige Menschen, die vorerst keine therapeutischen Hilfen in Anspruch nehmen können oder wollen. Dies ist der einzige momentan gangbare Weg, Drogenabhängigen einigermaßen humane Lebensumstände zu ermöglichen, wenn man nicht das Heroin legalisiert. Schließlich können die Süchtigen ja nichts dafür, daß es sich die Gesellschaft hat einfallen lassen, Alkohol für weniger gefährlich zu halten als Heroin, obwohl weder die 1,5 Millionen Alkoholsüchtigen in der BRD mit ihren schweren körperlichen Leiden und ihrer sozialen Desintegration noch die Pharmakologie für diese Behauptung einstehen können.

Freilich, in unserer durch und durch süchtigen Gesellschaft braucht es solche Ventile. Nur rede keiner von Schutzmaßnahmen und Volkshygiene angesichts der Drogentoten und LAV-Infizierten. Und die Verführungsgefahr? Also, ich werde kein Heroin fixen, auch wenn es legalisiert ist. Sie etwa?

Helga Bilitewski
Hydra — Verein zur Förderung der beruflichen und
kulturellen Bildung weiblicher Prostituierter
Aids, Otto und die Nutte

Aids ist erfolgreich bekämpft worden — zumindest in der Presselandschaft, denn da ist die Seuche kaum noch ein Thema. Warum soll Otto Normalverbraucher auch weiterhin mit diesem Thema geängstigt werden? Er hat sicherlich Monate gebraucht, um die Schreckensmeldungen, die ihn im letzten Sommer lawinenartig überrollten, zu verdauen und erfolgreich zu verdrängen. Jetzt weiß er sicherlich, was er sich schon immer gedacht hat, daß es ihn nämlich gar nicht betrifft, sondern nur diese Randgruppen wie Schwule, Fixer, Bluter und Prostituierte.

Nur eine Frage schwirrt da noch wie eine lästige Fliege im Hirn und läßt sich nicht erklären: Wenn anfangs nur die Bluter und die Schwulen infiziert waren, wie kommt die Seuche dann zu den Prostituierten? Kann es sein, daß die Bluter und Schwulen alle in den Puff gehen, oder fehlt da noch ein Glied? Möglicherweise das Glied vom Otto Normalverbraucher, der beide Welten frequentiert und sein Glied überall reinsteckt?

Was kann man tun, um Otto aufzuklären? Wie findet man ihn? Das ist die große Preisfrage bei den gegenwärtigen Diskussionen um weitere Aufklärungskampagnen. Am liebsten würde man diese Arbeit wieder den Frauen übertragen — in diesem Fall den Prostituierten, denn die Frauen sind es ja gewohnt, unbezahlte Drecksarbeit zu leisten.

Das wäre doch so praktisch, wenn die Prostituierte ihren Freier, Herrn Otto, gleich mit einer Safer-Sex-Broschüre und einem Gummi empfängt! Doch da haben die Aufklärungsstrategen falsch gedacht, denn wenn Prostituierte so handeln, bleibt es beim Empfang. Uneinsichtig, wie Otto nun einmal ist, wird er nämlich panikartig das Etablissement verlassen, denn er kriegt es einfach nicht in den Kopf, daß sich die Prostituierte auch vor ihm schützen muß, sondern er ist überzeugt, daß die Prostituierte, die mit solchem Ansinnen auf ihn zukommt, krank und verseucht sein muß. Und welchem Otto steht schon das Glied angesichts von Seuchen und Krankheiten?

Um etwas zu lernen, muß Otto also anders angesprochen werden, und zwar dort, wo er nicht gleich so erschreckt wird und sich alles in Ruhe durch den Kopf gehen lassen kann. Und wo ist das?

Wir denken, überall! Und darum ist unser Vorschlag, Otto darüber aufzuklären, daß auch er wie die ganze Bevölkerung zur Risikogruppe gehört, überall dort möglich, wo er verkehrt: in der U-Bahn, auf der Straße, an seinem Arbeitsplatz. Wäre es nicht nett, wenn an jedem Ausgang z. B. von großen Behörden ein Plakat hinge, das Otto an Safer-Sex-Maßnahmen erinnert, falls er in der Mittagspause oder nach der Arbeit noch in den Park oder in einen Puff gehen sollte? Einwände, daß so etwas jugendgefährdend sein könnte, halten wir für vorgeschoben, wo doch heute schon die Zwölfjährigen ihre ersten sexuellen Erfahrungen machen. Im Gegenteil, die würden damit auch gleich mit der Sache vertraut gemacht werden.

Das Problem sehen wir dabei eher darin, daß ein Otti von vielen anderen Ottos umgeben ist, die sich alle für anständige Menschen halten, und anständige Menschen haben nichts mit diesen »Risikogruppen« zu tun, denn das sind alles Perverse und Abartige.

Ein solches Plakat am Ausgang der Behörde würde also bestätigen, daß Otto doch Verbindungen zu diesen Perversen und Abartigen pflegt. Also geht das nicht!

Aufklärungskampagnen und Kontrollmaßnahmen werden sich daher nach unseren Erwartungen weiterhin zum größten Teil an und gegen die »Risikogruppen« der Schwulen, Fixer und Prostituierten wenden. Besonders in Süddeutschland machen sich ja schon seit längerer Zeit Vertreter der Gesundheitsbehörden dafür stark, diese zu registrieren, zwangszuuntersuchen und Aids als Seuche im Sinne des Bundesseuchengesetzes aufzunehmen.

Unter das Bundesseuchengesetz fallen ansteckende Krankheiten wie z. B. Tollwut, Pocken, Gelbsucht, Malaria etc., und sie sind alle meldepflichtig.

Der Erkrankte kann notfalls in Quarantäne gesteckt werden, bis er erfolgreich behandelt worden ist.

Die Geschlechtskrankheiten wie Tripper, Syphilis etc. sind schlauerweise aus dem Bundesseuchengesetz rausgenommen und im Gesetz zur Bekämpfung von Geschlechtskrankheiten untergebracht worden, denn wer nach dem Bundesseuchengesetz einem Berufsverbot unterliegt, hat Anspruch auf Entschädigung. Und wo kämen wir hin, wenn jede Prostituierte, die wegen eines Trippers etc. nicht arbeiten darf, einen Antrag auf Verdienstausfallentschädigung stellt?

Nun ja, zurück zum Thema Aids und Bundesseuchengesetz. Die Krankheiten, die im Bundesseuchengesetz erwähnt werden, sind alle heilbar, und wer tatsächlich in eine Quarantäne gesteckt wird, weiß, daß er/sie daraus auch eines Tages als geheilt entlassen wird. Das wäre bei Aids und HTLV-III-Infizierten aber nicht der Fall, denn bis zum heutigen Tage gibt es keine Heilungsmöglichkeiten. Das heißt, wer dann in Quarantäne kommt, kommt da nie wieder raus, und je mehr Leute infiziert sind, desto größer müßten die Quarantänelager werden. Helgoland würde da sicherlich bald zu klein werden als Insel für lebenslänglich Aussätzige.

Solange es also keine Heilungsmöglichkeiten gibt, ist es völlig schwachsinnig, diese Krankheit ins Bundesseuchengesetz aufzunehmen. Daraus ergibt sich auch, daß eine Meldepflicht für Infizierte und Aids-Kranke überflüssig ist, solange niemand weiß, was man mit diesen Leuten machen soll. Sie beobachten und einen Polizisten unters Bett jedes Infizierten legen?

Die Infizierten sind ja nicht einmal auszumachen! Da es bis zu acht Wochen dauern kann, ehe anhand eines Bluttests nachgewiesen werden kann, ob jemand infiziert ist oder nicht, können diese Personen auch nicht überwacht werden, aber sie können in dieser Zeit schon andere Leute anstecken.

Die Vertreter der Gesundheitsbehörden sind zu Recht sehr ratlos, aber anstatt massiv die breite Bevölkerung aufzuklären, doktern die meisten noch recht hilflos an den sogenannten »Risikogruppen« herum, als wären die nicht Teil der ganzen Bevölkerung und könnten irgendwie ausgegrenzt werden.

Gerade am Beispiel der Prostituierten wird deutlich, wie unmöglich es ist, sie als Gruppe zu erfassen, denn sie sind einfach keine homogene und erfaßbare Gruppe.

Man könnte sie in drei Gruppen unterteilen. Einmal gibt es die Gruppe derer, die — sagen wir mal — ein gewisses Berufsethos haben. Für sie ist es seit Jahren klar, daß sie der Prostitution nachgehen, und sie stehen auch dazu. Sie sorgen in der Regel für ihre Gesundheit und gehen zum Gesundheitsamt zur regelmäßigen Untersuchung, denn ihr Körper ist ihr Kapital, und sie wollen der Prostitution auch längerfristig nachgehen.

Die zweite Gruppe sind die Frauen, die nur nebenbei, unregelmäßig und auch kurzfristiger der Prostitution nachgehen, weil ihr sonstiges Einkommen nicht ausreicht, um ihren Lebensunterhalt zu decken, d. h. also Studentinnen, Lehrlinge, Hausfrauen etc. Sie begreifen sich selbst häufig nicht als Prostituierte und wollen als solche meist auch auf keinen Fall erfaßt werden. Sie meiden eher Gesundheitsbehörden, gehen der Prostitution heimlich und auch privat nach und werden daher von staatlichen Behörden auch überhaupt nicht erfaßt.

Die dritte Gruppe sind die Fixerinnen, die der sogenannten Beschaffungsprostitution nachgehen. Sie grenzen sich von den sich normal prostituierenden Frauen ab, weil sie es nicht verstehen können, daß die »so etwas« machen, obwohl sie gar nicht abhängig sind.

Sie betrachten sich in der Regel auch nicht als Prostituierte und kümmern sich auch nicht um ihre Gesundheit, da sie ihre freie Zeit brauchen, um Geld und Stoff zu beschaffen. Von den Gesundheitsbehörden sind also auch sie in der Regel nicht erfaßt.

Wenn also Zwangsuntersuchungen oder Meldepflichten für Prostituierte eingeführt werden würden, würde man mit größter Wahrscheinlichkeit nur die erste Gruppe erfassen, d. h. also nur die, die sowieso schon für ihre Gesundheit sorgt, sich regelmäßig untersuchen läßt und sowieso auch schon registriert ist.

Eine Meldepflicht für Prostituierte würde des weiteren anderen Vorbeugungsmaßnahmen wie Safer Sex konträr gegenüberstehen. Wie bereits gesagt, glaubt Otto Normalverbraucher von sich, daß er nicht infiziert ist, und er verläßt sich darauf, daß die Prostituierte es auch nicht ist. Es ist für ihn unvorstellbar, daß sonst eine Frau in so einem Puff arbeiten würde, und diese Illusion, daß alles in Ordnung und Safer Sex überflüssig ist, wird hier in Berlin ja auch von den Clubbesitzern genährt, indem sie einerseits von den Frauen ein Attest verlangen, das bescheinigt, daß sie den Test gemacht haben, und andererseits verbieten, daß die Frauen die Freier auf Aids ansprechen, geschweige denn Safer Sex praktizieren.

Wenn man sich staatlicherseits Gedanken macht, was man mit den Prostituierten machen soll, schlagen wir vor, daß man(n) sich Gedanken machen sollte, wie die Prostituierten unterstützt werden können, das zu tun, was sie sowieso liebend gern täten: nämlich mit Gummi arbeiten.

Eine Unterstützung wäre es, wenn sie zum Beispiel in Zeitungsannoncen dafür werben könnten, daß sie Safer Sex praktizieren, aber gerade im Bereich der Annoncen hat sich z. B. in Süddeutschland die Lage total verschärft. Dort dürfen die Frauen nur noch Annoncen ohne jeglichen Zusatz aufgeben, d. h. da darf nur noch »Modell — Telefonnummer« stehen, mehr nicht, und dabei beruft man sich auf den § 120 OWiG (Verbotene Ausübung der Prostitution; Werbung für Prostitution). In Berlin sind die Anzeigentexte in der BZ noch recht liberal gestaltet, aber der Begriff Safer Sex durfte bisher auch dort nicht gesetzt werden. Unser Projekt hat sich diesbezüglich um staatliche Unterstützung bemüht und auch erhalten, und seit Juli 1986 darf eine Prostituierte in der BZ auch mit Safer Sex werben.

Es hat also Sinn, wenn sich Prostituierte selbst organisieren. Nur sie selbst können Strategien entwickeln, wie Safer Sex durchgesetzt werden kann. Sie brauchen keine staatlichen Maßnahmen, sondern staatliche Unterstützung.

Die Schreckensvision der Gesundheitsbehörden sind positive Prostituierte, die weiterhin anschaffen könnten. Darum meinen sie, sie gehören eingesperrt, und sie vergessen dabei, daß Prostituierte auch Menschen sind, die Freunde und Männer und Kinder haben. Auch eine Prostituierte ist von einem positiven Testergebnis betroffen, denn zunächst ist das für sie wie ein Todesurteil und ein Anlaß, darüber nachzudenken, was sie sonst noch von ihrem Leben will. Da steht das Anschaffen und Geldverdienen ganz bestimmt nicht mehr im Mittelpunkt.

Andererseits sind Prostituierte, die von Aids betroffen sind, ja anders als andere Berufsgruppen, die trotz einer Infizierung weiter berufstätig sein können, unmittelbar in ihrer Existenz bedroht, wenn sie von heute auf morgen aussteigen wollen.

Vorübergehend könnte es Hilfe durch das Sozialamt geben, aber es ist natürlich keine Alternative, wenn die Frauen noch jung und sonst auch gesund sind, jahrelang Sozialhilfe zu beziehen. Darum hätten wir noch einen Vorschlag für die staatlichen Vertreter, wie sie die Prostituierten unterstützen können: Indem sie besondere Arbeitsbeschaffungsmaßnahmen oder Ausbildungs-, Umschulungs- und Fortbildungsmaßnahmen fördern.

Dieser Text ist zuerst erschienen in »Hydra Nachtexpress, Zeitung für Bar, Bordell und Bordstein« im Winter 1986/87.

»Dann geht die Prostitution in den Untergrund«
Edith Kohn interviewte die Prostituierte Ellen D.

Edith Kohn: Wie hat die Prostituierten-Szene auf das Medien-Spektakel um Aids und die sogenannten Risikogruppen reagiert?
Ellen D.: Am Anfang war die Stimmung ziemlich verzweifelt, alle waren mehr oder weniger hysterisch oder panisch. Die meisten Prostituierten hatten Angst vor dem, was nun auf sie zukommen würde. In erster Linie war es eine Angst vor drohenden Einschränkungen, vor Maßnahmen gegen die Prostitution und die Prostituierten. Es kursierte zum Beispiel anfangs das Gerücht, Prostituierte müßten in Zukunft einmal pro Woche zum Blutabnehmen zum Gesundheitsamt, und es gab einige, die sagten, daß sie so etwas nicht mitmachen würden. Es war mehr eine Angst vor Restriktionen als die Angst, selbst krank zu werden ...
Edith Kohn: ... sich bei einem Kunden anzustecken ...
Ellen D.: Die Angst davor, sich anzustecken, war natürlich auch da. Man wußte nicht so genau, wie man sich anstecken kann. Die ersten Informationen liefen ja darauf hinaus, daß man sich bei jedem Geschlechtsverkehr Aids holen kann. Unter den Frauen gab es daraufhin zwar die Überlegung, in Zukunft nur noch mit Gummis zu arbeiten, aber viele wußten gleichzeitig auch, daß das von der Geschäftslage her gar nicht möglich sein würde. Es wurde ja schon vorher wegen der großen Konkurrenz oft ohne Gummi gearbeitet, und die ersten Wochen nach dem Medien-Rummel war das Geschäft so gut wie tot. Keine wußte so recht, wie es weitergehen sollte.
Edith Kohn: Hat sich das inzwischen geändert?
Ellen D.: Die Aufregung hat sich etwas gelegt, und die Kunden kamen auch allmählich wieder angetröpfelt. Aids ist so ziemlich das meistgehaßte Thema überhaupt, die meisten versuchen, es möglichst zu verdrängen. Eine Kollegin hat mir vor

ein paar Tagen gesagt, man hört nichts mehr, man liest nichts mehr, wahrscheinlich hat sich das mit Aids erledigt. Sie ist allen Ernstes der Meinung, das Problem hätte sich erledigt, weil in der Sensationspresse nichts mehr darüber steht, oder sagen wir, sie hofft es.
Edith Kohn: Wie verhalten sich die anderen dazu?
Ellen D.: Die meisten versuchen, das Thema gar nicht an sich ran kommen zu lassen, denn die Konsequenz wäre, aufzuhören, und das kann sich kaum jemand leisten. Ich weiß beispielsweise von einer Prostituierten, die vor kurzem eine Abtreibung hatte und einen Tag später trotz Blutungen ohne Gummi gearbeitet hat, weil sie dringend das Geld braucht. Der Druck, Geld anzuschaffen, ist bei den meisten Frauen größer als die Angst vor Krankheiten. Und wenn die Geschäfte, wie zur Zeit, schlecht laufen, verstärkt das den Druck auf die Frauen, die aus finanziellen Gründen nicht aussteigen können. Aids wird als Thema totgeschwiegen.
Edith Kohn: Funktioniert das denn?
Ellen D.: Überwiegend schon. Bei den meisten ist der Alkoholkonsum angestiegen. Die saufen oder lenken sich sonst irgendwie ab. Als Prostituierte kannst du dir ja alle möglichen Krankheiten holen, aber du mußt eben versuchen, Gedanken daran wegzuschieben, ganz egal, was es ist. Ich selbst mache das genauso. Ich versuche, so wenig wie möglich an all das zu denken — aus Selbstschutz. Meistens geht das.
Edith Kohn: Hast du mit deinem Arzt mal über Aids gesprochen?
Ellen D.: Ja, ich bin damals natürlich gleich zu meinem Arzt gewetzt. Ich muß dazu sagen, es ist ein normaler Hautarzt, kein Bockarzt. Der hat versucht, mich zu beruhigen, und mir geraten, nur noch mit Gummi zu arbeiten. Ich habe es daraufhin mal zwei Wochen lang probiert, aber es ging nicht. »Da vergeht einem ja schon vorher der Appetit«, war ein typischer Spruch, den ich von Kunden zu hören bekommen habe.
Edith Kohn: Am Verhalten der Kunden hat sich nichts geändert?
Ellen D.: Die Laufkundschaft hat ganz stark abgenommen, deshalb haben die Puffs, wo Gummi zum korrekten Arbeiten

schon immer dazu gehört hat, den stärksten Geschäftsrückgang. Das heißt, die Laufkunden, die in der Mittagspause mal rüber in den Puff sind, sind die ängstlicheren — trotz Gummi. Die Kunden, die noch kommen, sind hauptsächlich Stammkunden. Die kommen noch, aber sie kommen mit der Einstellung, wenn es mich erwischt, erwischt es mich sowieso, also laß uns solange noch Spaß haben. Das heißt, die Kunden, die kommen, wollen ihre sexuellen Gewohnheiten nicht ändern. Ich lebe von Stammkunden, und denen ist mit Gummis nicht beizukommen. Die gehen zu einer Prostituierten, *weil* die keine Ansprüche an sie stellt.

Edith Kohn: Sind dir sonst Veränderungen in der Szene aufgefallen?

Ellen D.: Die Telefonwichserei hat ziemlich zugenommen. Es rufen mehr Typen an, die nur wissen wollen, wie du aussiehst und was du anhast. Einige Wohnungen haben dicht gemacht, und deren Ex-Stammkunden sind heimatlos geworden. Die wandern jetzt erst mal von Wohnung zu Wohnung, bis sie wieder irgendwo landen. Es haben auch einige Saunaclubs wegen Kundenrückgang geschlossen.

Edith Kohn: Ist Aids auch zwischen dir und deinen Kunden ein Tabu-Thema?

Ellen D.: Ich werde öfter von Kunden am Telefon wortwörtlich gefragt, ob ich gesund sei. Wenn ich dann eine beschwichtigende Bemerkung mache, ist das Thema erledigt. Die wollen meistens nur hören, daß keine Gefahr besteht. Keiner fragt nach Beweisen dafür, es genügt ein beruhigender Spruch. Die meisten versuchen genau wie wir, das Thema zu verdrängen. Ich hatte mal Info-Zettel von der AIDS-Hilfe bei mir ausgelegt, um den Kunden Gelegenheit zur Information zu geben. Der erste, der sie gesehen hat, hat sich auf dem Absatz rumgedreht und war weg. Ich habe daraufhin die Zettel ein bißchen unauffälliger hingelegt.

Edith Kohn: Gab es darauf auch andere Reaktionen?

Ellen D.: Einige haben gefragt, ob das nicht nur Schwule anginge, wir hätten doch damit gar nichts zu tun, und warum ich trotzdem die Zettel auslege. Ich habe auch ein paar Gäste, mit denen ich länger ganz allgemein darüber gesprochen habe, aber sehr vorsichtig. Man redet ganz allgemein drüber, um die Angst zu beschwichtigen. Aber sobald du versuchst, dem Gast irgendwelche Vorschriften zu machen, ist es vorbei. Die wollen eigentlich nur hören, daß ihnen sowas nicht passieren kann.

Edith Kohn: Triffst du selbst irgendwelche Vorsichtsmaßnahmen?

Ellen D.: Ich wende schon seit Jahren vor jedem Geschlechtsverkehr ein keimtötendes Schaumpräparat in der Scheide an. Das Zeug wirkt gegen jede Art von umhülltem Virus, also auch gegen Aids, denke ich mir. Ich habe außerdem schon immer vorsichtig gearbeitet und versucht, meine Kunden in diese Vorsicht einzubeziehen. Das heißt, ich sehe mir meine Gäste sehr genau an, und bei kleinen Verletzungen, bei einer Fieberblase am Mund beispielsweise, gibt es bei mir kein Französisch. Analverkehr hatte ich auch vorher nicht im Programm. An dieser Vorsicht hat sich nichts geändert, und die wird von den Kunden auch akzeptiert.

Edith Kohn: Wie ist das bei den Kolleginnen?

Ellen D.: Von anderen, die Analverkehr anbieten, weiß ich, daß sie inzwischen dann auf Gummis bestehen und auch bestehen können. Das ist auch gemeint, wenn jetzt in manchen Anzeigen »Safer Sex« angeboten wird. Es ist Analverkehr mit Gummi. Ansonsten wird, soweit ich weiß, darauf geachtet, daß möglichst keine Verletzungen vorkommen, und Knutschen wird weniger praktiziert.

Edith Kohn: Sprechen die Kolleginnen offen darüber?

Ellen D.: Nein, mehr Offenheit ist nicht entstanden. Sicher, man erfährt schon mal, was die anderen machen, aber speziell was Aids und die Vorsichtsmaßnahmen angeht, wird kaum etwas offen erzählt. Nach wie vor ist nur wichtig, was man verdient. Es gibt manche, die sich damit brüsten, daß sie *trotzdem* noch viel verdienen. Das ist so eine Art Heldentum, weil die anderen wissen, daß das nur ohne Gummi möglich ist.

Edith Kohn: Setzen die Behörden Prostituierte unter Druck, regelmäßig einen HTLV-III-Test machen zu lassen?

Ellen D.: Mein Arzt hat mir ein Schreiben vom Gesundheitsamt gezeigt, in dem darauf hingewiesen wird, daß Prostituierte kostenlos und anonym einen Test machen lassen können, und daß sie darauf gezielt angesprochen werden sollen. Ich weiß aber von Kolleginnen in Puffs auch, daß Ermittler vom Gesundheitsamt, und auch Wirtschafter der Puffs übrigens, anfangs durch die Etagen gegangen sind und die Frauen unter Drohungen aufgefordert haben, zum Test zu gehen. Sonst, wurde gesagt, gäbe es Berufsverbot. Viele sind daraufhin zum Test gegangen. Ich habe mich selbst auch testen lassen, viermal inzwischen, immer noch negativ. Soweit ich weiß, gehen die meisten Kolleginnen regelmäßig zum Test.

Edith Kohn: Weißt du etwas darüber, wie die Fixerinnen unter den Prostituierten mit dem Thema Aids umgehen?

Ellen D.: Zwischen diesem Neckermann-Strich und den anderen Prostituierten gibt es so gut wie keine Berührungspunkte, auch nicht über die Freier. Die Freier, die dahin gehen, wollen so billig wie möglich bumsen. Wer gewohnt ist, einmal oder zweimal in der Woche 20 Mark für einen Kopfstand und eine halbe Kamasutra auszugeben, geht nicht plötzlich irgendwohin, wo er für eine einfache Nummer einen Hunderter hinlegen muß, der kann sich das normalerweise gar nicht leisten. Was die Mädels jetzt machen, keine Ahnung.

Edith Kohn: Wie beurteilst du die Entwicklung in Baden-Württemberg, wo HTLV-III-positive Prostituierte gezwungen werden, »freiwillig« ihren Verzicht auf eine weitere Ausübung der Prostitution zu erklären?

Ellen D.: Ich halte es für ziemlich schwachsinnig, diese Frauen dazu zu zwingen, eine solche Erklärung zu unterschreiben, denn das Ergebnis könnte auch sein, daß sie eben im Untergrund weiterarbeiten. Allerdings finde ich es gut, daß die Frauen, die aussteigen wollen, übers Sozialamt dort unproblematisch Sozialhilfe bekommen, ohne daß das in der Familie bekannt wird. Die meisten Frauen wissen nämlich nicht, was sie machen sollen, wovon sie leben sollen, wenn sie aufhören wollen oder müssen. Ich beispielsweise würde total im Nichts hängen.

Edith Kohn: Würdest du keinerlei Unterstützung von deinem Mann bekommen?

Ellen D.: Er verdient zu wenig, und ich würde meine Selbständigkeit auch auf keinen Fall aufgeben wollen. Die Prostitution garantiert mir meine Unabhängigkeit. Noch!

Edith Kohn: Wie hat dein Mann auf das Thema Aids reagiert?

Ellen D.: Am Anfang sind unsere sexuellen Beziehungen etwas eingeschlafen, er hat sich dann aber genauer informiert. Inzwischen benutze ich das Schaumpräparat auch, wenn ich mit ihm schlafe. Er war außerdem zweimal beim Test. Das Ergebnis war beide Male negativ, das hat ihn beruhigt, aber wir reden kaum darüber.

Edith Kohn: Denkst du öfter als früher darüber nach, auszusteigen oder beispielsweise auf Peepshows umzusteigen, denn dort schnellen die Umsätze in die Höhe?

Ellen D.: Ich denke schon darüber nach, aber das hat mehr mit meinem Alter und nichts mit Aids zu tun. Peepshows wäre für mich keine Alternative, ich finde Peepshows total pervers. Ich habe noch keine Alternative gefunden, bei der ich selbständig bleiben könnte.

Edith Kohn: Gibt es Anzeichen dafür, daß Zuhälter verständnisvoller reagieren, wenn Prostituierte aus Angst vor Aids aussteigen wollen?

Ellen D.: Das werden sie ganz sicher nicht tun, denn damit wäre ja ihre Existenzgrundlage dahin. Was allerdings häufiger vorkommt, sind Zuhälter, die inzwischen noch genauer darauf achten, daß die Prostituierte Gummis benutzt. Eine kranke Prostituierte wird ja für sie auch wertlos.

Edith Kohn: In Frankfurt haben sich 1985 etwa 20 Prozent der registrierten Prostituierten aus der offiziellen Statistik abgemeldet. Weißt du etwas darüber, warum diese Frauen ausgestiegen sind und was aus ihnen geworden ist?

Ellen D.: Soviel ich weiß, sind einige Frauen ausgestiegen, weil sie die Unkosten im Puff oder in den Wohnungen nicht mehr tragen konnten. Das heißt, die haben dichtgemacht, weil der Kundenrückgang so groß war, daß sie nur noch für die Unkosten hätten anschaffen gehen müssen. Ich weiß jedenfalls von keiner, die aus Angst vor Aids ausgestiegen wäre. Es gibt sicher einige, die gerne aussteigen wollen, aber immer noch gerade so viel verdienen, daß sie über die Runden kommen. Was

aus denen geworden ist, die aufgehört haben, weiß ich nicht. Wer aussteigt, steigt von einem Tag zum anderen aus, und zwar klammheimlich.
Edith Kohn: Du sagst das, als könnte es nicht möglich sein, daß eine Frau aus Angst aufgehört hat?
Ellen D.: Ich weiß von keiner, also sagen wir lieber, ich weiß es nicht genau, was bei deren Entscheidungen die zentrale Rolle gespielt hat.
Edith Kohn: Würde es dir Probleme bereiten, wenn du hören würdest, daß andere aus Angst ausgestiegen sind?
Ellen D.: Ich weiß es nicht, könnte sein.
Edith Kohn: Wenn sich innerhalb der Gesellschaft im Zuge der Aids-Hysterie eine neue Prüderie durchsetzen würde, wie glaubst du, würde sich das auf die Prostituierten und das Milieu auswirken?
Ellen D.: Es gibt einige Prostituierte, die anschaffen und das gleichzeitig moralisch verwerflich finden. Die Sorte Prostituierte würde vermutlich aussteigen.
Edith Kohn: Würde sich dadurch bei dir etwas ändern?
Ellen D.: Ich würde sicher noch schärfer zwischen meinem Normalleben und der Prostitution trennen. Also ich würde beispielsweise im Beisein von Leuten, die nicht wissen, daß ich anschaffen gehe, keinerlei verständnisvolle Äußerungen zur Prostitution ablassen, sondern schweigen, wenn das Gespräch darauf kommt.
Edith Kohn: Würde sich die Prostitution selbst verändern?
Ellen D.: Wenn die neue Prüderie mit staatlichen Restriktionen einherginge, würde sich die Prostitution in den Untergrund verziehen. Aber auf jeden Fall würde sich eine neue Prüderie auf die Prostitution günstig auswirken. Je prüder die Gesellschaft, desto besser läuft bei uns das Geschäft. So gesehen können wir uns eine wachsende Prüderie eigentlich nur wünschen.

Irene Stratenwerth
Wer stiehlt, steckt auch an

»Herr Dr. Weinert wies abschließend darauf hin, daß bei der Behandlung des Problems Aids im Vollzug zur Erkennung und Vermeidung der Übertragung sogar bessere Möglichkeiten bestehen, als dies derzeit außerhalb des Vollzuges der Fall sei: Dort bleibe es noch der Entscheidung des Einzelnen überlassen, ob er sich überhaupt untersuchen lasse. Selbst wer sich Risikogruppen zugehörig fühlen müsse, aber Angst vor der Wahrheit habe, brauche sich nicht untersuchen zu lassen (...). Demgegenüber werde nach Abschluß der angelaufenen Untersuchungen im Vollzug zunächst einmal klar sein, von wem definitiv eine Ansteckungsgefahr ausgehen kann« (Protokoll einer Besprechung im Hamburger Strafvollzugsamt).

Dr. Arno Weinert spricht es ohne jede Ironie aus: Wäre unsere Gesellschaft so optimal organisiert wie die von ihm geleiteten Hamburger Justizvollzugsanstalten, wäre Aids bald kein Problem mehr. Der Umgang mit Aids im Knast als Modell für die Gesamtgesellschaft? Die Hamburger Praxis lohnt eine nähere Betrachtung.

Wer in Hamburg verhaftet wird, landet in der Regel zunächst im Untersuchungsgefängnis am Holstenglacis. Nach Stunden im Polizeipräsidium, Vernehmung und Vorführung beim Haftrichter kommt der »Neuzugang« dort an, müde und voller Sorgen: Wer kümmert sich um seine Angehörigen, was wird aus seinem Arbeitsplatz? Was weiß die Staatsanwaltschaft? Woher bekommt er einen Anwalt?

Dann die üblichen Aufnahmerituale: Eigentum abgeben, Klamotten fassen, verschiedene Unterschriften, ärztliche Untersuchung, spätestens am nächsten Morgen um acht Uhr Blutabnahme. Er bekommt ein Merkblatt ausgehändigt, soll es lesen, unterschreiben und gleich wieder abgeben: Damit hat er seine Einwilligung zum HTLV-III-Antikörpertest gegeben. Wer sich weigert oder nachfragt, ist schon verdächtig: »Bist Du etwa 'ne schwule Sau?«

»Allen Gefangenen soll auf Wunsch die Untersuchung auf Antikörper gegen das HTLV-III-Virus auf freiwilliger Basis ermöglicht werden«, lautet die Empfehlung der 56. Justizministerkonferenz. Unter den gegebenen Umständen waren Mitte Januar 1986 in Hamburg 4246 Gefangene so frei, 43 von ihnen mit »positiven« Ergebnissen. Die Zahl der Test-»Verweigerer« lag unter einem Prozent. Sie werden in der Folge so behandelt wie diejenigen, die wenige Tage nach der Blutabnahme erfahren, daß ihr Testergebnis »positiv« ist — vom Anstaltsleiter, vom Arzt oder einfach dadurch, daß sie ohne weitere Erklärung verlegt werden.

Das bedeutet im Hamburger »Holstenglacis«: Einzelzelle. Ausschluß von allen Gemeinschaftsveranstaltungen (zum Beispiel Schach- oder Gesprächsgruppe) außer dem Kirchgang. Auch die tägliche Freistunde wird, wenn überhaupt, alleine verbracht: Runden drehen im von vielen Zellen her einsehbaren Gefängnishof. »Da geht das Aids-Schwein.« Kein Umschluß, das heißt keine Möglichkeit, stundenweise Kontakt mit aneren Gefangenen zu haben.

Auch nicht mit anderen »Positiven«, denn es gibt ja die Möglichkeit der Mehrfachinfektion. Wer stiehlt (fixt, betrügt, schwarzfährt oder auch nur verdächtig ist), infiziert auch. Vierundzwanzig Stunden Isolation, genug Zeit, um über die neue Situation nachzudenken, ersten Symptomen nachzuspüren und die guten Ratschläge einer ausliegenden Aids-Broschüre zu beherzigen: gesund essen, ausgeglichen leben, Streß vermeiden ...

»Essen Sie viel Obst!« empfahl ein Arzt im Hamburger Untersuchungsgefängnis auch einem Gefangenen, bei dem sich bereits deutliche Krankheitssymptome zeigten. Eine Chance auf Haftverschonung besteht erst, wenn das »volle Krankheitsbild« vorliegt, der Tod des Betroffenen absehbar ist.

»Knast und Aids bedeutet, mit zwei totalen Katastrophen ganz allein klarkommen zu müssen, alleine fertig zu werden, mit sich und seinen wirren Gefühlen, die immer extrem sind«, schreibt ein betroffener Gefangener. Und, nach Schilderungen von Gefangenen und Beobachtern im Hamburger Untersuchungsgefängnis, mit Beamten, die dem »Positiven« deutlich machen, daß er auf der untersten Stufe der Knast-Hierarchie angekommen ist, die sich demonstrativ Gummihandschuhe überstreifen, bevor sie ihn anfassen, die laut »Vorsicht Aids!« rufen, sobald sich andere Menschen nähern.

Die Gummihandschuhe hat die Justizbehörde extra »für Ausführungen mit Fesselung, für die Anwendung unmittelbaren Zwanges usw.« (Protokollvermerk) von »positiven« Gefangenen angeschafft. Als sich Proteste häuften, weil ein Betroffener von Beamten in grellroten Handschuhen zu seinem Gerichtstermin ins öffentliche Strafjustizgebäude geführt worden war, distanzierte sich die Behörde eilends und schob die Verantwortung auf die einzelnen Vollzugsbediensteten ab. Als »Einzelfall«, den man keinesfalls gutheißen könne, bezeichnete ein Sprecher der Justizbehörde auch die Tatsache, daß ein »positiver« Gefangener nur mit Mundschutz mit einer Gerichtshelferin sprechen durfte. Doch die Voraussetzungen, unter denen sich Wachpersonal und Mitgefangene von ihrer schlechtesten Seite zeigten, hat die Justizbehörde erst geschaffen.

Als im Herbst 1985 in allen Hamburger Vollzugsanstalten mit den Reihenuntersuchungen auf HTLV-III-Antikörper begonnen wurde, hatte sich offenbar niemand überlegt, wie man auf deren Ergebnisse reagieren sollte. Hektisch wurden die ersten siebzehn »Positiven« ins Vollzugs-Zentralkrankenhaus eingeliefert und isoliert. Als man sie dann wieder loswerden und auf die verschiedenen Anstalten verteilen wollte, protestierten dort Wachpersonal und Gefangene. Die Erklärungen der Anstaltsleiter über die »Ungefährlichkeit« der siebzehn von der »Lepra-Insel« erschienen ihnen nach den vorhergegangenen Maßnahmen wenig glaubwürdig.

Zu diesem Zeitpunkt bediente sich die Behörde gern der Informationsveranstaltungen externer Aids-Gruppen, die helfen sollten, die Wogen zu glätten. So bemühten sich zwei Vertreter der »Aids-Koordination« aus dem Hamburger »Gesundheitsladen« recht erfolglos, 120 Insassen der Justizvollzugsanstalt Neuengamme im Frontalunterricht zur Solidarität mit einem »positiven« Mitgefangenen zu motivieren. Gegen dessen angekündigte Verlegung aus dem Zentralkrankenhaus nach

Neuengamme war eine Sitzblockade angedroht worden. Die Stimmung war auf dem Siedepunkt. An sachlicher Information über Aids waren die meisten Gefangenen wenig interessiert.

Kurz zuvor nämlich hatte »Bild« großräumig vor einem aus Neuengamme geflohenen »aidskranken« Gefangenen gewarnt. Insassen, die sich im Rahmen von Vollzugslockerungen zum Wochenendurlaub bei ihren Freundinnen oder Familien anmeldeten, bekamen dort zu hören: »Aus dem Aids-Knast brauchst du hier gar nicht erst anzukommen.«

Hinzu kamen die allgemeinen hygienischen Bedingungen, die zwar nicht die Infektionsgefahr, aber Ekel und Ängste steigerten: zum Beispiel Gemeinschaftstoiletten, die von den einzelnen vor (oder nach) dem Benutzen nicht gereinigt werden können. Ein weiteres gravierendes Problem, das in solch einer Veranstaltung überhaupt nicht diskutierbar ist: die in Männergefängnissen stark ausgeprägte Ambivalenz Homosexuellen gegenüber. Der Zwiespalt, in den viele Gefangene durch eine aus Not praktizierte, aber nicht akzeptierte Homosexualität geraten, schlägt um in extremen Schwulenhaß.

Der Konflikt in Neuengamme wurde schließlich knasttypisch »gelöst«. Der »Positive« wurde aus dem Zentralkrankenhaus in den offenen Strafvollzug in Neuengamme verlegt, Gefangene, die noch Widerstand gegen seine Aufnahme androhten, kurzerhand in geschlossene Anstalten abtransportiert. Maßnahmen, die kaum dazu beigetragen haben dürften, Sympathie oder Solidarität mit dem »Positiven« zu fördern. Das drückte sich dann auch darin aus, daß dieser von seinen Mitgefangenen vom gemeinsamen Essenstisch verbannt wurde und an der Fensterbank essen mußte.

Die Möglichkeit, die ärztliche Schweigepflicht zu wahren, um testpositive Gefangene vor Diskriminierungen und Aggressionen zu schützen, hat die Hamburger Justizbehörde offenbar gar nicht erst in Erwägung gezogen. Bereits im August 1985 einigten sich die Anstaltsleiter darauf, Vollzugsbedienstete und externe Betreuer (zum Beispiel Bewährungshelfer) grundsätzlich über die Test-Ergebnisse zu informieren. Die Empfehlung zu einem so weitgehenden Bruch der Schweigepflicht sprach in der entscheidenden Sitzung ausgerechnet ein Arzt aus dem Hamburger Tropeninstitut aus, das in der Aids-Forschung und -Behandlung stark engagiert ist. Professor Schmitz hielt darüber hinaus eine Information aller Mitgefangenen über positive Testergebnisse für günstig. Inzwischen werden »positive« Gefangene in den Anstalten, in denen sie die Möglichkeit zu Kontakten haben, aufgefordert, ihre Mitgefangenen selbst zu informieren — »freiwillig« selbstverständlich.

Damit ist das Mitteilungsbedürfnis der Justizbehörde noch nicht erschöpft. In einem internen Vermerk für die Anstaltsleiter erörtert zum Beispiel ein Dr. Borchert die Frage, ob es notwendig sei, die Arbeitgeber von »positiven« Freigängern zu informieren. In Abwägung der »zu schützenden Intimsphäre« des Gefangenen und »der berechtigten Interessen des Arbeitgebers« kommt er zum Schluß: »Ich halte es jedoch für ermessensfehlerfrei, wenn nach Prüfung der Beschaffenheit des Arbeitsplatzes im konkreten Einzelfall die Gestattung der Außenbeschäftigung davon abhängig gemacht wird, daß der Arbeitnehmer der Anstaltsleitung nachweist, daß er seinen Arbeitgeber über den positiven HTLV-III-Befund informiert hat. Der gleiche Nachweis kann bei schon bestehenden Arbeitsverhältnissen unter den gleichen Voraussetzungen verlangt werden.«

Es geht auch anders. In Berlin zum Beispiel werden HTLV-III-Antikörpertests nur auf ausdrücklichen Wunsch von Gefangenen und nach einem Vorgespräch mit dem Arzt durchgeführt. Das Testergebnis erfährt der Gefangene und der behandelnde Arzt — sonst niemand. Im Gefängnis Rikers Islands in New York City ist man den Forderungen der Vollzugsbeamten nach Handschuhen, Mundschutz und Kitteln von vornherein entschieden entgegengetreten und hat statt dessen intensive Informations- und Fortbildungsprogramme für Aufsichtspersonal und Gefangene angeboten, in denen auch das Thema Angst ausführlich behandelt wurde. Besondere Isolationsmaßnahmen wurden nicht notwendig.

Senta Fricke
Aids und Sexualerziehung

Die derzeitige Aids-Aufklärung für Jugendliche ist kontraproduktiv. Entweder erzeugt sie unrealistische Angst und Panik, oder sie ruft massive Abwehrhaltungen bei Jugendlichen hervor. Gründe hierfür sind auf unterschiedlichen Ebenen zu suchen:

— Jugendarbeiter/innen (Lehrer, Pädagogen, Erzieher, Sozialpädagogen) stürzen sich mit großer Vehemenz auf die »armen, gefährdeten Jugendlichen«. Damit haben sie recht, was die seelischen und sozialen Auswirkungen dieses Themas auf Jugendliche anbelangt. Damit haben sie unrecht, weil bezüglich einer HIV-Infektion Jugendliche kaum gefährdet sind, abgesehen von der Übertragung des Virus beim Fixen.[1] Wenn derzeit jemand akut gefährdet ist, dann sind es Erwachsene im Alter ab 20 Jahren, wozu übrigens auch Jugendarbeiter/innen gehören. Diese müssen sich daher fragen, woher das gesteigerte Interesse, mit dem sie Jugendliche vor dem Virus schützen wollen, eigentlich kommt. Gerade weil die eigene Betroffenheit von Jugendarbeitern/innen oft verdrängt wird, wird sie von Jugendlichen gespürt und taucht bei ihnen als Angst und Panik wieder auf.

— Da Aids so viel Angst auslöst, wird der Versuch unternommen, Aufklärung sachlich, oft medizinisch-virologisch[2] zu betreiben, mit dem Ziel, die Angst zu bannen. Die Aufklärung funktioniert dann nach dem Motto »Je mehr und detaillierter, desto besser!«, erreicht damit aber genau den gegenteiligen Effekt. Nicht selten wird zusammen mit der Aids-Aufklärung ein Stück neue Sexualmoral verkauft. Jugendliche merken sehr genau, daß es beim Thema Infektionsschutz oft gar nicht um das Vorbeugen einer Krankheit, sondern um die Einschränkung sexueller Freiheiten und die Propagierung einer repressiven Sexualmoral geht.[3] Damit zielt Aids-Aufklärung aber an den tatsächlichen Sorgen und Bedürfnissen von Jugendlichen vorbei.

— Aids-Aufklärung wird betrieben auf dem Hintergrund einer Sexualaufklärung, die, gelinde ausgedrückt, als unzureichend zu bezeichnen ist. Entweder wurde Sexualität in Elternhaus, Schule und Jugendeinrichtungen nicht thematisiert — wer z. B. von den Jugendarbeitern/innen sah sich dazu schon in der Lage und hatte eine entsprechende Ausbildung dafür — oder sie wurde als »Gegenstand« behandelt, der ausschließlich Vergnügen bereitet, Lust und Spaß ermöglicht. Die dunklen, Seiten von Sexualität waren/sind nicht existent bzw. dann doch so »schwierig«, daß man lieber nicht darüber sprach.

Das Phänomen Aids[4] und die Krankheit Aids machen die Notwendigkeit einer umfassenden Sexualerziehung deutlich. Nicht ein »Mehr« an sachlicher Aufklärung ist gefordert, sondern ein »Anders«.

»Anders« in dem Sinne, daß Aids zu einem Thema im Rahmen von Sexualerziehung und Persönlichkeitsbildung wird, die den ganzen Menschen einbezieht, die die konkrete Lebenssituation von Jugendlichen, ihre spezifische gelebte Sexualität, ihre Bedürfnisse und Ängste berücksichtigt. Im Rahmen einer solchen integrierten Sexualerziehung kann das Thema Aids seinen Platz haben.

Aids könnte — so wir verstehen, damit umzugehen — ein Anstoß sein, sich mit dem Gesamtbereich von Sexualität auseinanderzusetzen, das Unbekannte und Fremde in der eigenen Person kennenzulernen, Abgespaltenes zu integrieren.

Aids — vielfältig benutzbar

Zur Zeit sind Jugendliche vor allem dadurch gefährdet,

— daß sie ein Bild von Sexualität vermittelt bekommen, das einseitig mit Gefahr, Schuld, Strafe, Krankheit und Tod in Verbindung gebracht wird;

— daß sie in einem Alter, in dem sie noch besonders beeinflußbar sind, auf spezielle Art und Weise Intoleranz, Entwertung und Ausgrenzung lernen;

— daß sie lernen, Berührungsängste aufzubauen, übermäßig vorsichtig zu sein und Distanz zu halten;

— daß sie lernen, andere Menschen zu fürchten und nicht eine Krankheit.

Jugendliche wissen viel über Aids: daß die Krankheit über sexuellen Kontakt übertragen wird, daß die Ursache ein Virus ist, daß sie das Immunsystem schwächt und vor allen Dingen Homosexuelle, Fixer und Prostituierte betrifft, daß man zum Schutz ein Kondom verwendet. Aber dieses Wissen ist nur schwer in eigenes Handeln umsetzbar.

Das Phänomen Aids trifft Jugendliche in einer Phase der psycho-sexuellen Entwicklung, in der es darum geht, die eigene geschlechtliche Identität als Frau/Mann zu entwickeln, die körperlichen Veränderungen in Übereinstimmung zu bringen mit dem eigenen Selbstbild, die eigenen Gefühle, Bedürfnisse, Ängste kennenzulernen, sich als sexuelle Wesen im Hinblick auf das eigene und/oder fremde Geschlecht zu begreifen; eine Phase, die durch viel Unsicherheit, innere Konflikte und starke Gefühlsschwankungen gekennzeichnet ist, die sich sowohl auf die eigene Person als auch auf die des Partners/der Partnerin beziehen. In dieser Phase lernen Jugendliche gerade erst, besonders im sexuellen Bereich, für sich selbst Verantwortung zu übernehmen, probieren die eigenen Möglichkeiten und Grenzen aus.

In dieses komplexe Geschehen der Pubertät greift das Phänomen Aids in besonderem Maße ein: Es verstärkt die Unsicherheitsmomente in der Lebensphase, in der es sowieso relativ wenig subjektiv Gesichertes gibt. Es potenziert Ängste vor sexuellen Kontakten und dem eigenen oder anderen Geschlecht, läßt zusätzliches Mißtrauen gegenüber Freundin oder Freund aufkommen.

Die Haltungen, die Jugendliche zu Aids einnehmen, sind sehr unterschiedlich. Es gibt — bei Mädchen und bei Jungen — die coolen Typen: »Aids ist mir wurscht, sterben muß man sowieso!« (Tenor: Ich will jetzt leben, in vollen Zügen.) Sie sehen die gesellschaftlichen Probleme und Bedrohungen (z. B. die Gefährdung der Umwelt, die atomare Bedrohung), lassen diese aber nicht an sich heran, schütteln alles ab wie Wasserperlen, um irgendwie noch zu leben, sich lebendig zu fühlen, nicht heruntergezogen zu werden. Einerseits eine wichtige Fähigkeit und auch eine verständliche Haltung: Sie bietet Schutz gegen die Informationsüberflutung und Panikmache durch Medien und pädagogische Bezugspersonen. Jugendliche schützen ihren privaten, intimen Bereich, der in Zeiten zunehmender Jugendarbeitslosigkeit, sich verschlechternder Berufschancen und düsterer Zukunftsaussichten besonderen Ansprüchen auf Glückserfüllung unterliegt.

Diese Bewältigungsstrategie kann leicht umschlagen in die Haltung »Jetzt auch noch Aids! Was ist überhaupt lebenswert am Leben, wenn alles gefährlich ist?« Die Bedrohung durch Aids kann die für die Pubertät nicht untypischen starken depressiven Stimmungen potenzieren. Die Todesnähe, die Aids bietet, eignet sich dazu, gedankliche Selbstmordphantasien zu pflegen und auszuschmücken. Aids, das ja angeblich alle angeht, wird zum Kitzel, zum Abenteuer: Mit der Phantasie, sich anzustecken und zu erkranken, wird der sexuelle Kontakt zum russischen Roulett. Die Chance der in dieser Zeit anstehenden Entwicklung zur Beziehungsfähigkeit kann so vertan werden.

Aids-Angst verdeckt die unterschiedlichsten Ängste, erlaubt, sie nicht wahrnehmen zu müssen: z. B. die Angst und das Ekelgefühl beim ersten Zungenkuß, der häufig — früher wie heute — als unangenehm empfunden wird. Mit der Begründung, sich anstecken zu können, muß das eigene Unbehagen nicht gespürt werden, sondern kann auf eine von außen kommende Bedrohung verlagert werden. Selbst Jugendliche, die eigentlich wissen, daß Küsse nicht ansteckend sind, sind sich letztlich doch nicht ganz sicher. Aids-Angst kann ebenso die Angst vor anderen sexuellen Kontakten verdecken.

Die Angst vor Aids bietet auch die Möglichkeit, sich dem sexuellen Leistungsdruck in der Clique und in sich selbst zu entziehen: Da man sich anstecken könnte, ist man lieber vorsichtig, geht z. B. nicht so schnell miteinander ins Bett. Aids-Angst ist auch eine Schutzmöglichkeit, um sich nicht zu überfordern. Schwierig daran ist, daß die Angst vor dem Du wächst, aber als Angst vor dem Unvertrauten und Fremden im Gegenüber nicht gespürt werden muß.

Aids kann latent vorhandene Schuldgefühle und Strafbedürfnisse zutage treten lassen. Dies zeigt sich z. B. in der extremen Frage eines männlichen Jugendlichen, ob man denn Aids durch Selbstbefriedigung bekommen könne. In den Zeiten vor Aids drückten sich diese Schuldgefühle von Jugendlichen eher in der Angst aus, über Selbstbefriedigung beziehungsunfähig zu werden. Stärker jedoch war die Scham, Selbstbefriedigung zu praktizieren und (noch) nicht die Leistungsnorm der heterosexuellen Beziehung zu erfüllen. Scham- und Schuldgefühle sind geblieben, nur haben sie jetzt einen anderen Namen.

Aids-Angst kann auch dazu benutzt werden, sich von anderen, die man nicht mag, abzugrenzen. War es »früher«, d. h. bevor es die Krankheit Aids und die gesellschaftliche Diskussion um sie gab, die Begründung »Du Spasti«, »Du Schwuler, geh doch weg«, so ist es jetzt die Aussage »Du hast bestimmt Aids«. Speziell die frühe Phase der Pubertät, in der es häufig zu homosexuellen Kontakten zwischen Jungen kommt[5], sie über den Vergleich und das Sich-Messen mit anderen Jungen allmählich ein männliches Selbstbild entwickeln, ist unterschwellig belastet durch Aids-Angst: Hier spielt nicht nur die Angst vor einer möglichen Infektion eine Rolle, sondern ebenso die Angst, durch homosexuelle Kontakte schwul zu werden. Letztere kann dadurch, daß Schwulsein und »Aids-haben« von Jugendlichen manchmal gleichgesetzt wird, aber auch durch die verstärkte gesellschaftliche Diskriminierung von Homosexuellen, massiver werden. Mit dem »Argument Aids« können sich Jungen gut von anderen Jungen abgrenzen, demonstrieren, daß sie nicht schwul sind, die Angst vor den eigenen weiblichen Anteilen, die sie nicht akzeptieren können, auf andere verlagern. Der Vorgang der Abgrenzung und Projektion bleibt der gleiche. (Im übrigen sind dies dieselben Mechanismen, die auch in der gesellschaftlichen Diskussion um die Ausgrenzung von »Risikogruppen« bzw. das Dingfestmachen des Bedrohlichen zum Tragen kommen.) Es wäre ein interessanter Aspekt zu beobachten, ob und inwieweit der Einfluß des Phänomens Aids auf die frühe Phase der Pubertät die Identitätsbildung bei Jungen verändert.

Besonders betroffen sind männliche Jugendliche in der Phase des homosexuellen Coming-Out. Auch ohne das Phänomen Aids war das Annehmen-Können der eigenen homosexuellen Orientierung ein langer, schwieriger, mit starken Selbstzweifeln behafteter Prozeß, ein ständiges Hin- und Herschwanken zwischen Akzeptieren-Wollen bzw. -Müssen und Selbstverachtung, teilweise Selbsthaß, gepaart mit der berechtigten Furcht vor den Reaktionen der Umwelt. Aids verstärkt die ohnehin vorhandenen Selbstzweifel, potenziert über die Verinnerlichung gesellschaftlicher Diskriminierung von Homosexuellen die Momente von Selbstverachtung und Schuldgefühlen und erschwert die Möglichkeiten des Ausprobierens. Der Schritt in die homosexuelle Subkultur, einst eine Möglichkeit, sich als Gleicher unter Gleichen (und endlich einmal nicht als »anders als die anderen«) empfinden zu können, wird jetzt potentiell zu einem Schritt in Richtung auf die schreckliche, angeblich selbst verschuldete Krankheit. Die Momente von Selbstverwirklichung und Identitätsfindung, die im ersehnten homosexuellen Kontakt liegen, werden belastet durch die Angst vor einer möglichen Infektion.

Sexualerziehung in Aids-Zeiten

Aids ist eine Herausforderung an uns alle im Sinne des Selbstverständnisses einer humanen Gesellschaft. Aids ist eine spezifische Herausforderung an Jugendarbeiter/innen.

Wenn das Thema Aids nicht isoliert, sondern integriert in die anderen Themenbereiche der Sexualerziehung (Kennenlernen, Verliebtsein, Freundschaft, Streit in der Beziehung, Trennung, Treue, Fremdgehen, sexuelles Erleben von Frau und Mann, Heterosexualität und Homosexualität, Empfängnisverhütung, gewollte und ungewollte Schwangerschaft, sexueller Mißbrauch, Vergewaltigung) behandelt wird, besteht die Chance, daß Jugendliche lernen, mit der Thematik für sich selbst umzugehen.

Wird Aids im Rahmen der Sexualerziehung zum Thema, so sind folgende Punkte von Bedeutung:
— Ziel sollte es sein, Jugendlichen eine realistische Einschätzung ihres Infektionsrisikos zu ermöglichen und dabei zu vermitteln, daß im »Bedarfsfall« jede/r etwas tun kann, um sich selbst zu schützen: Zu einer möglichen Infektion gehören immer zwei Personen, die Schutzmaßnahmen beim sexuellen Kontakt vernachlässigen, und das Virus. Auch wenn Jugendli-

che statistisch gesehen äußerst gering gefährdet sind, so brauchen sie doch für ihr eigenes Sicherheitsgefühl ein konkretes, handlungsbezogenes Wissen darüber, wie und wann Infektionsschutz angebracht ist: bei Geschlechtsverkehr mit Partnern, über die sie wenig wissen, oder bei Geschlechtsverkehr mit Partnern aus den sogenannten Hauptbetroffenengruppen. Zudem ist es wichtig, darüber zu sprechen, wie man sich *nicht* anstecken kann.

— In der Sexualerziehung sollten nicht Gefahren ausgemalt und Verbote ausgesprochen, sondern Möglichkeiten für die sexuelle Begegnung aufgezeigt werden. Negative Botschaften, wie z. B. »Aids ist entsetzlich — Kondome sind unersetzlich«, sprechen die Angst-Ebene an und blockieren die Übernahme von Eigenverantwortung sowie die Entwicklung von Selbstbestimmung.

— Wer über Aids redet, sollte möglichst konkret über Sexualität sprechen. Über abstrakte (medizinische) Bezeichnungen läßt sich kaum kommunizieren. Gerade beim Thema Sexualität kann ein gemeinsamer Bedeutungs- und Assoziationsrahmen nicht vorausgesetzt werden.

— Es ist nicht ausreichend, auf die Anwendung von Kondomen als Schutzmöglichkeit für den »Bedarfsfall« lediglich hinzuweisen: Jugendliche müssen die Möglichkeit haben, sich praktisch mit dem Kondom auseinanderzusetzen, die Anwendung zu lernen und ihre Befürchtungen bezüglich des Kondoms zu besprechen. Dabei gilt es, die geschlechtsspezifischen Haltungen gegenüber dem Kondom zu berücksichtigen. Die eher ablehnende Haltung von Jungen dem Kondom gegenüber gründet sich auf die Einschätzung, Kondome seien nicht wirklich »gefühlsecht«, minderten den sexuellen Genuß; oder sie fürchten, keine ausreichend starke Erektion zu haben, um ein Kondom überstreifen zu können, bzw. durch die Manipulation beim Anlegen des Kondoms die Erektion zu verlieren. Die Ablehnung des Kondoms durch Mädchen ist tendenziell eher eine vermittelte: Sie meinen, es dem Partner nicht zumuten zu können. Jungen muß vermittelt werden, daß der Gebrauch eines Kondoms eine notwendige Selbstverständlichkeit sein kann, wenn man sich selbst und die Partnerin schützen will. Mädchen müssen eher darin bestärkt werden, die Anwendung eines Kondoms dem Partner zuzumuten.

— Die Angst vor Aids sollte in Zusammenhang mit anderen Ängsten und Befürchtungen im gefühlsmäßigen und sexuellen Bereich gestellt werden: Angst vor Enttäuschung, vor Verletzung, vor Versagen, vor Ablehnung, vor ungewollter Schwangerschaft, vor Vergewaltigung.

— Aids ist ein neues, unbekanntes Risiko und erscheint dadurch bedrohlicher als ein bekanntes, gewohntes Risiko. Es ist wichtig, das Risiko einer Infektion in Beziehung zu setzen zu anderen Risiken des Lebens: dem Risiko, schwer zu erkranken, dem Risiko, in einen Verkehrsunfall verwickelt zu werden, dem Risiko einer atomaren Katastrophe.

Sexualerziehung sollte sich besonders um die Stärkung der Verantwortungsbereitschaft von Jugendlichen bemühen. Es muß aufgezeigt werden, daß und wie die sexuelle Begegnung im Rahmen der persönlichen »Sicherheitsbedürfnisse« gestaltet werden kann. Dazu gehört, daß die Vielschichtigkeit gelebter Sexualität und die Unterschiedlichkeit der sie begleitenden Gefühle Thema wird.

Mädchen fühlen sich stärker von der Aids-Thematik angesprochen als Jungen. Da die meisten Kontrazeptionsmethoden von Mädchen (Frauen) angewendet werden müssen und sie zudem von einer möglichen Schwangerschaft auch sozial stärker betroffen sind, haben sie das gesellschaftlich vermittelte Bild von der scheinbar folgenlosen Sexualität viel weniger angenommen als Jungen (Männer). Aids läßt mit eindringlicher Vehemenz deutlich werden, daß (heterosexuelle) Sexualität nicht nur Schwangerschaft und neues Leben, sondern auch Krankheit und Tod zur Folge haben kann. Mädchen und Jungen muß demzufolge hinsichtlich des Themas Infektionsschutz Unterschiedliches nahegebracht werden. Jungen müssen tendenziell Abschied nehmen vom Bild der folgenlosen Sexualität und lernen, sich für die Folgen ihrer gelebten Sexualität verantwortlich zu fühlen und gegebenenfalls entsprechend zu handeln. Mädchen müssen lernen, daß Sexualität auch bedrohliche Konsequenzen im Sinne einer HIV-Infektion haben kann, d. h. ihre Verantwortungsbereitschaft muß erweitert werden. In diesem Zusammenhang ist es wichtig zu sehen, daß Mädchen (und Frauen) die Verantwortung für sich selbst und für den anderen stärker in den Mittelpunkt stellen, daß ihr Fühlen, Denken und Handeln das Gegenüber mehr einbezieht. Mädchen müssen folglich lernen, Strategien zu entwickeln, wie sie — notfalls gegen den expliziten Willen des Partners — ihren eigenen »Sicherheitsbedürfnissen« gerecht werden können.

Während Schwangerschaftsverhütung in den letzten Jahrzehnten in erster Linie Angelegenheit von Mädchen (Frauen) war, ist Infektionsschutz die Angelegenheit von Paaren. Im Unterschied zur Schwangerschaftsverhütung kann Infektionsschutz nicht von einem der beiden Partner allein geregelt werden, vielmehr muß im »Bedarfsfall« darüber gesprochen werden. Sexualerziehung sollte insgesamt darauf ausgerichtet sein, die sexuelle Sprachlosigkeit zu überwinden, indem sie aufzeigt, wie über Intimes gesprochen werden kann. Die unterschiedlichen Kommunikationsfähigkeiten von Mädchen und Jungen im Bereich des Intimen und Gefühlsmäßigen spielen dabei eine Rolle. Das Ansprechen der eigenen Sorge in einer sexuellen Beziehung, das Sichverständigen über »Sicherheitsbedürfnisse«, Sexualpraktiken, Schutzmöglichkeiten bedarf einer Sprache über Intimes, die sowohl von den Fähigkeiten her als auch von der Verantwortlichkeit her (Unstimmigkeiten sprechen eher die Mädchen und Frauen an) traditionell eher den Mädchen/Frauen obliegt. Sexualerziehung wird sich stärker darauf beziehen müssen, daß Jungen und Männer hier tendenziell Nachholbedarf haben, daß ihnen Hilfestellung im Ansprechen der eigenen gefühlsmäßigen Belange gegeben werden muß.

Sexualerziehung kann eine Chance sein für den Umgang mit den Folgen der Krankheit Aids. Zum einen sind die heutigen Jugendlichen die Erwachsenen von morgen. Wenn sie lernen, im gefühlsmäßigen und sexuellen Bereich für sich selbst Verantwortung zu übernehmen, so kann dies in Zukunft die Ausbreitung der Krankheit eindämmen helfen. Zum anderen kann Sexualerziehung dazu beitragen, den Umgang mit den Folgen der Krankheit für die von Aids Betroffenen zu verändern. »Wir sind zwar gegen die Krankheit weitgehend machtlos und werden es vermutlich auch noch längere Zeit sein, nicht aber gegen die Folgen des Umgangs mit ihr, denn diese sind das Ergebnis menschlichen Handelns und damit veränderbar.«[6] Wer gelernt hat, sich mit den eigenen Gefühlen, der eigenen Sexualität — und auch den dunklen, unheimlichen Momenten darin — auseinanderzusetzen, hat es viel weniger nötig, diese Seiten in anderen zu bekämpfen, Zwangsmaßnahmen und Ausgrenzung zu befürworten. Wer Möglichkeiten entwickelt hat, sich selbst angemessen zu schützen, braucht nicht auf den Schutz durch »Vater« Staat zu setzen.

Der vorliegende Artikel entstand auf dem Diskussionshintergrund des Arbeitskreises AIDS der PRO FAMILIA-Beratungsstelle München; einige wichtige Anregungen erhielt ich in Gesprächen mit Hermine Kirchner und Michael Machenbach.

Anmerkungen

1 Siehe dazu die Statistik des Bundesgesundheitsamtes (BGA): Von 1133 dem BGA in der Zeit vom 1. 1. 1982 bis zum 29. 6. 1987 gemeldeten Aids-Erkrankungen sind 10 der Gruppe der 10- bis 19jährigen zugeordnet.
2 Vgl. hierzu diverse Unterrichtsmaterialien, die vor allem von Kultusministerien herausgegeben werden.
3 Vgl. beispielsweise: Bayerisches Staatsministerium für Unterricht und Kultus: Arbeitsunterlage zur AIDS-Aufklärung im Schulunterricht vom 3. Febr. 1987.
4 Mit »Phänomen Aids« meine ich hier den spezifischen gesellschaftlichen Umgang mit der Krankheit sowie die Indienstnahme für sexualpolitische Zwecke.
5 Viele Jungen haben in der Zeit der Pubertät homosexuelle Kontakte (z. B. gemeinsame Selbstbefriedigung), oder sie haben eine enge Freundschaft mit einem anderen Jungen, wie es für die Entwicklungsphase durchaus üblich ist. Bei den meisten ist das kein Hinweis auf Homosexualität; die Weichen dazu werden viel früher gestellt. Zur Homosexualität wird man nicht verführt.
6 Rühmann, F.: AIDS. Eine Krankheit und ihre Folgen. Frankfurt a. M. 1985, Vorwort

Hilfe
und
Zwang

Eberhard Schorsch
Elitäre Sexualwissenschaft?

Wenn sich Panik ankündigt, ist Wissenschaft gehalten, das Rationale zu berufen, Vernunft entgegenzuhalten. Daß ihr daraus der Vorwurf gemacht wird, sie halte sich heraus, ist nicht neu. Wo blind agiert wird, wird auch blindes Agieren erwartet und verlangt. Wie im Individuellen ein Symptom nur kuriert werden kann, wenn man dessen Hintergrund, Ausdrucks- und Bedeutungsgehalt verstanden hat, so gilt analog für kollektive Symptombildungen, daß ein Verständnis am Anfang stehen muß; dies bewahrt davor, in blinden Aktionismus zu verfallen, irreale Ängste mitzuagieren, anstatt gegen sie zu steuern.

Die Frage nach den Hintergründen der Aids-Panik ist so lange immer wieder neu zu stellen, bis die Antworten befriedigen. Im Zusammenhang mit Aids werden Moralvorstellungen beziehungsweise Schuldgefühle bei Verstoß gegen moralische Maßstäbe aktualisiert — in einem Ausmaß, das zunächst überrascht. Es überrascht, weil es doch den Anschein hatte, als seien sexuelle Moralkodices weitgehend aufgeweicht, relativiert, als sei der Umgang mit dem »Sex« lax geworden. Es hat den Anschein, daß die Umbewertung der Sexualität, die Veränderungen der sexuellen Einstellungen in Richtung auf Freizügigkeit und Toleranz auf eine dünne kognitive Schicht beschränkt waren. Es sind vor allem zwei epochale medizinische Fortschritte gewesen, die die Umbewertung überhaupt erst ermöglicht haben: die Identifizierung, Diagnostizierung, Behandlung der Geschlechtskrankheiten einerseits und die Methoden der Konzeptionsregelung andererseits.

Man muß sich vergegenwärtigen, welch einschneidende Folgen diese Entdeckungen gehabt haben. Wenn jeder sexuelle Kontakt außerhalb einer festen Ordnung, die mit der Ehe weitgehend deckungsgleich war, potentiell mit der Gefahr einer Erkrankung verbunden war, die den Erkrankten nicht nur zum Gebrandmarkten, Ausgestoßenen, Aussätzigen stigmatisierte, sondern auch eine Krankheit zum Tode sein konnte, dann hatten moralische Verbote, Restriktionen, Keuschheits- und Treuegebote einen mächtigen Verbündeten. Die Moral bekam dadurch gleichsam eine »natürliche« Begründung. Die Krankheit wird zur sichtbaren und erlebbaren Strafe für die Übertretung und Mißachtung der Moral.

Ähnlich einschneidend, vielleicht noch einschneidender für das sexuelle Selbstverständnis, war für die Frauen die Verwissenschaftlichung von Zeugung und Empfängnis hin zu Möglichkeiten einer rationalen Kontrazeption. Ebenso wie eine Moralübertretung potentiell eine Krankheit zum Tode zur Folge haben konnte, war jeder sexuelle Kontakt außerhalb der akzeptierten Ordnung bedroht mit den Folgen einer unehelichen oder außerehelichen Schwangerschaft, die gleichbedeutend war mit dem Verlust der sozialen Integration, dem Ruin des gesellschaftlichen Status, mit einer Art von sozialem Tod.

Diese fatale Verknüpfung war in den letzten Jahrzehnten erstmals so erheblich gelockert, daß die Bedrohlichkeit nicht mehr »in der Natur« der Sexualität lag und subjektiv nicht mehr erlebt wurde. Die Geschlechtskrankheiten waren so weit eingedämmt, daß die Realgefahr einer Ansteckung minimal war, zudem galten sie als medizinisch beherrscht, waren also vergleichsweise harmlos geworden. Die Bewertung unehelicher Schwangerschaften hat sich so weit verändert, daß eine Integration ins soziale Gefüge zumindest möglich war und ist, wenn auch mit schichtspezifischen Unterschieden. Schließlich war mit Einführung der »Pille« eine sichere Verhütung gewährleistet.

Erst nach dieser Absicherung gegen die beiden existentiellen Bedrohungen (Geschlechtskrankheiten und ungewollte Schwangerschaften) kam der Prozeß in Gang, den man sexuelle Liberalisierung betitelt hat: Innerhalb weniger Jahrzehnte, also mit einem im Vergleich zu früheren Wandlungsprozessen rasanten Tempo, kam es zu einer Veränderung im Umgang mit der Sexualität, ablesbar an den vielen empirischen Untersuchungen zum sexuellen Verhalten und zur sexuellen Einstellung: Masturbation wird als Selbstverständlichkeit akzeptiert, vor- und außereheliche Sexualität wird anfangs geduldet, später mehr oder weniger selbstverständlich; Virginität, ein jahrhundertelang hochgehaltener Wert, verliert nicht nur an Bedeutung, sondern wird in der Tendenz ebenso wie Treue in Richtung »sexueller Verklemmtheit« verdächtigt; die Liberalisierung schlägt sich in der Gesetzgebung nieder: Ehebruch ist nicht mehr strafbar, ebensowenig Homosexualität unter Erwachsenen und Sodomie, Pornografie wird in Grenzen freigegeben; über Inzest wird öffentlich diskutiert.

Diese Liberalisierung, die von manchen als Befreiung in Richtung auf ein »natürliches« Verhältnis zur Sexualität gefeiert wurde, hat aber auch andere Aspekte, die ebenfalls frühzeitig erkannt worden sind. Ich nenne als Stichworte nur die Einbuße an Brisanz und Bedeutung, die Entaktualisierung der Sexualität, die Entkoppelung von Überhöhungen und Idealbildungen, die generelle Agressivierung der Sexualität, ablesbar an der Sprache über Sexualität, an der Infiltrierung durch Pornografie und Prostitution und an der Verbreitung pseudoperverser Inszenierungen, die einen modischen Aufschwung bekommen: Voyeurismus in der Peep-Show, Geschlechtsverkehr wird auf der Bühne vorgeführt, sadomasochistische Praktiken und Accessoires sind »in«, nicht nur in der Lederszene der homosexuellen Subkultur, auch im heterosexuellen Bereich; modisches Transvestieren, das Spielen mit der Geschlechtsrolle ist modern; Partnertausch, Swinging hält Einzug in die bürgerliche Ehe; Promiskuität und ausufernde Praktiken infiltrieren die homosexuelle Subkultur usw. All dies mutet an wie eine Suche nach Grenzen, nach einer neuen Anstößigkeit im Sinne von »an Grenzen stoßen«, ist eine sexuelle Hektik, die eine grandiose Unbefriedigung signalisiert. Die Sexualität, von Bedrohung und vom Verbot weitgehend befreit, hat an Brisanz verloren.

Wer therapeutisch gearbeitet hat, der hat ohnehin beobachten können, daß der laxe Umgang mit dem »Sex« nur Tünche war: Sexuelle Ängste, Schuldgefühle, Verunsicherungen, gewaltige Konformitätsanstrengungen, die man unpräzise sexuellen Leistungsdruck genannt hat, sind und waren häufig. Es ging und geht um eine immer wiederkehrende, vielfältig abgewandelte Problematik: die Diskrepanz zwischen der sexuellen

Einstellung auf der kognitiven Ebene mit den damit verbundenen Erwartungen und Ansprüchen einerseits und den emotionalen Wertgefühlen, den Ängsten, der internalisierten Moral andererseits. Gewiß, auch die Moral hat sich gewandelt, aber sehr viel behutsamer. Die rapiden Veränderungen der sexuellen Einstellung und des Umgangs mit der Sexualität haben die moralischen Wandlungsprozesse überholt und überrollt. Die Menschen haben sexuell über ihre inneren Verhältnisse gelebt.

Es ist wichtig zu sehen, daß unabhängig von der Aids-Problematik und auch schon vor ihr Anzeichen für ein Umschlagen zu registrieren waren. Ich nenne stichwortartig nur die neue und verstärkte Diskussion um Liebe, Treue, Tendenzen zu einer neuen Enthaltsamkeit und Askese, die Verbreitung sexueller Lustlosigkeit als ein neues sexuelles Problem von Paaren, die Pillenmüdigkeit, den Kult, der um die Beziehung getrieben wird, die Penetrationsdebatte, eine neue Prüderie, die Abwendung von der Genitalität und die Überhöhung prägenitaler Zärtlichkeiten im Sinne eines neuen Kuschel- und Softsex. All dies ist auch Ausdruck für die Diskrepanz zwischen kognitiver sexueller Einstellung und den »inneren Verhältnissen«.

Aids mit seinen sozialpsychischen Auswirkungen gerät genau in den Sog dieses Trends hinein und verstärkt ihn. Die kollektive Aids-Angst aktualisiert alte Schuldgefühle, Sexualängste, die unter der Deckschicht lässiger Libertinage verborgen sind und durchbrechen. Seit Aids nicht mehr ausschließlich auf die homosexuelle Szene eingegrenzt ist, kann die Angstbewältigung nicht mehr allein durch eine Mobilisierung antihomosexueller Affekte geleistet werden, fokussiert auf die »Ausschweifenden« oder auf die »Bisexuellen«, die die Heterosexuellen in Gefahr gebracht haben. Je mehr Aids aus den sogenannten Risikogruppen gelöst wird, desto unmittelbarer wird eine kollektive Bedrohung erlebt. Die »Natur« hat sich mit der Moral wieder verbündet. Die uralte Verknüpfung von Sexualität und Bedrohung ist wieder auferstanden, das Angstpotential, das in der Sexualität beziehungsweise im moralverletzenden sexuellen Akt enthalten ist, wird aktualisiert und quasi legitimiert. Reale Gefährdung und irreale Ängste gehen eine Verbindung ein, die das Ausmaß von Panik annimmt.

Die *rationale Konsequenz,* sachliche Informationen und auch Empfehlungen zu verbreiten, liegt auf der Hand: Die Information zum Beispiel, daß Aids eine Geschlechtskrankheit ist und die Ansteckung sehr wahrscheinlich über Samen und Blutaustausch erfolgt, daß also das Vermeiden verletzender Praktiken und die Verwendung von Kondomen die Infektionsgefahr zumindest stark reduzieren, ist vernünftig. Wenn Prostituierte auf dem Kondom insistieren, ist dies verständlich und ebenso sinnvoll wie die Empfehlung an Fixer, die Nadel nicht kreisen zu lassen.

Aber Panik gebiert Phantasmen der umfassenden Rettung; je irrationaler die Angst, desto lauter der Ruf nach Sicherheit und Erlösung. Die rational begründbare Information, die jedem die Entscheidung darüber selbst aufbürdet, wie er sich verhält, genügt solchen Erwartungen nicht. Da muß etwas anderes her, das umfassende Programm, eine Bewegung, zu der man sich bekennen kann, die alles und alle mitreißt, die universale Reinwäsche, die garantierte Sicherheit. Dies ist die »Safer-Sex-Kampagne«. Zwischen ihr und der rationalen Informationsvermittlung besteht ebenso ein *qualitativer* Unterschied wie zwischen Realangst und Panik. Die »Safer-Sex-Kampagne« — warum heißt sie bei der Manie, in Kürzeln zu denken, nicht schon längst SSK — ist das Echo auf die Hysterie; irrationale Ängste werden blind mitagiert. Denn es geht hierbei nicht nur um Informationen über mögliche *Verhaltens*weisen, sondern darüber hinaus um die Propagierung eines spezifischen sexuellen *Erlebens.*

Es geht um die Pointierung von Aspekten der Sexualität, die im Gefolge der Liberalisierung genannt worden sind: einerseits die Überhöhung prägenitaler Zärtlichkeiten des »Kuschel- und Soft-Sex«, zum anderen die Isolierung des narzißtischen Aspekts von Sexualität, die Erledigung von Beziehungsqualitäten, die allenfalls zu einem »Gruppen-Feeling« reduziert sind. Es wird eine Angst geschürt, in dem begehrten Partner den potentiellen Todesboten zu sehen, Berührungen, Annäherungen, Nähe zu vermeiden, sich in aseptische Vereinzelung zurückzuziehen. Ferner erleben pseudoperverse Inszenierungen eine

Hochkonjunktur, zunächst in Form von Telefon-Sex, Peep-Show, Voyeurismus; aber der Phantasie sind keine Grenzen gesetzt. Für die »Safer-Sex-Bewegung« sind die Perversionen letztlich der ideale Fluchtpunkt. Statt Bestrafung Prämierung von Exhibitionisten, Orden der Volksgesundheit für Spanner und Fetischisten. Was soll die Sexualwissenschaft bei diesem Treiben? In die Trickkiste greifen, zeigen, was es alles gibt, mit perversen Requisiten winken?

Wenn Aids überhaupt nachhaltigere Auswirkungen auf die Einstellung zur Sexualität haben sollte, dann in Richtung von Beziehungsverarmung, Anonymisierung und Pervertierung. An einen Langzeiteffekt von Disziplinierung, Monogamisierung, Restauration einer restriktiven Moral glaube ich nicht. Die viktorianische Prüderie ist undenkbar ohne all die Überhöhungen, inneren Aufladungen, Phantasmen des Begehrens, Idealisierungen, die abhanden gekommen sind.

Eine Sexualwissenschaft, die sich nicht vor diesen Karren spannen läßt, sondern zumindest den Versuch einer kritischen Reflexion unternimmt, aus der heraus vernunftgemäßes Handeln entstehen kann, ist weder abstinent noch elitär.

Karl-Georg Cruse
Deutsche AIDS-Hilfe
Unsere Aufgaben und Ziele

Die Aufgaben und Ziele der AIDS-Hilfen sind leicht beschrieben:
— Kranken helfen
— humanen Umgang mit Kranken und Angesteckten sichern
— weitere Ansteckungen vermeiden.

So leicht es ist, diese Ziele zu beschreiben, so schwer ist es, sie umzusetzen. Aids ist nicht nur eine lebensbedrohende Krankheit, sondern auch eine gesellschaftliche Herausforderung, da die stärksten Tabus unseres alltäglichen Lebens — Sexualität und Tod — von Aids berührt werden. Und die AIDS-Hilfen arbeiten in diesem Umfeld, das sich von Aids bedroht fühlt. Einblick in diese Schwierigkeiten gewinnt man nicht ohne einen Rückblick.

Entstehung und Entwicklung der AIDS-Hilfen

Aids bedroht uns! Das wurde einer Reihe schwuler Männer 1983 bewußt. Die erste große Nachrichtenwelle über Aids füllte das Sommerloch in der Presse. Was man über Aids wußte, war sehr dürftig, aber daß schwule Männer in den USA erkrankt waren, war überall zu lesen. Gegen Aids müssen wir uns wehren, wurde erkannt.

Zunächst in Berlin und München setzte sich das um; schwule Männer — unterstützt von einer Frau — gründeten im Winter 1983/84 die ersten AIDS-Hilfen, die Deutsche AIDS-Hilfe am 23. September 1983 in Berlin. Ein Teil von ihnen war motiviert, weil schon Freunde (in den Vereinigten Staaten) erkrankt oder gar gestorben waren. Für andere war das Motiv die Erkenntnis, daß die Krankheit auch Europa nicht verschonen würde, auch hierzulande Kranke unterstützt werden müßten. Nicht unbedeutend für die Gründung von AIDS-Hilfen war aber auch das Bewußtsein, daß die Diskriminierung Homosexueller nicht wegen Aids verstärkt werden dürfte.

Die Gründer der Deutschen AIDS-Hilfe wählten diesen Namen bewußt. Sie sahen die übergreifende Bedeutung dieses Problems und die Notwendigkeit, regionale Aktivitäten zu koordinieren. Dahin führte ein weiter Weg. In Zusammenarbeit mit den anderen AIDS-Hilfen — bis Anfang 1985 gab es eine Reihe von Neugründungen — mußte eine Organisationsform erarbeitet werden, die die Zusammenarbeit aller sicherstellte und dennoch jeder Gruppe ihre Eigenständigkeit bewahrte. Schon in dieser Zeit übernahm die Deutsche AIDS-Hilfe überregionale Aufgaben, im Dezember 1985 wurde sie dann als Dachverband institutionalisiert. Die der Deutschen AIDS-Hilfe angeschlossenen regionalen AIDS-Hilfen bestimmen seitdem durch ihre Delegierten ihren Dachverband. Die Zahl der AIDS-Hilfen ist auf über 60 angestiegen.

Die AIDS-Hilfen standen bald vor der Frage, wie sie mit den Menschen umgehen sollten, die nicht homosexuell waren und sich an die AIDS-Hilfen wandten. Sich auch für die Interessen von Menschen einzusetzen, die wie schwule Männer an den Rand unserer Gesellschaft geschoben werden (sollen), war ein solidarischer Schritt, der leicht zu gehen war. Doch waren die Interessen der Bluter und Bluttransfusionsempfänger/innen Sache der AIDS-Hilfen? Sollten die AIDS-Hilfen auch für die Angst ungezählter heterosexueller Männer und Frauen dasein? Um die Antwort wurde hart gerungen, doch sie war klar: AIDS-Hilfen sind für alle da, die sie nötig haben und in Anspruch nehmen wollen. Schließlich war der Erreger der Krankheit nicht schwul, auch wenn er vor allem schwule Männer angriff. Außerdem wollten die schwulen Männer in den AIDS-Hilfen nicht das gleiche tun, was sie der Gesellschaft vorwerfen, Menschen ausgrenzen. Und Homosexuelle leben eingebunden in ihre Umwelt, sind von ihr abhängig. Wie dieses Umfeld mit Aids umgeht, wirkt auf sie zurück.

Die Öffnung der AIDS-Hilfen für jedermann/frau fiel in die Zeit, als mehr und mehr Frauen sich in den AIDS-Hilfen einsetzten. Heute wird die ehrenamtliche Arbeit der AIDS-Hilfen fast ausschließlich von Homosexuellen und Frauen getragen. Heterosexuelle Männer arbeiten in solchen AIDS-Hilfen mit, die vor allem gegründet wurden, um Fixern und Fixerinnen zu helfen. Die Identifikation dieser AIDS-Hilfen mit den Interessen ihrer Klientel ist bemerkenswert.

Die Autonomie der AIDS-Hilfen

Die AIDS-Hilfen haben Aufgaben übernommen, deren Bedeutung vom Staat und seinen Organisationen weitestgehend erst sehr viel später gesehen wurde. Viele Menschen wenden sich überdies lieber an eine staatsferne Organisation, wenn sie beraten werden wollen.

Die Wahrnehmung ihrer Aufgaben war bei vielen AIDS-Hilfen ohne öffentliche Mittel und auf rein ehrenamtlicher Basis nicht mehr möglich. Diese Mittel wurden, wenn auch zögerlich und meistens nicht ausreichend, zur Verfügung gestellt.

Gerade bei den Menschen, die von staatlichen Stellen nicht angesprochen werden können, würden die AIDS-Hilfen ihre Glaubwürdigkeit verlieren, wenn sie die kritische Distanz zum Staat aufgeben. Die AIDS-Hilfen überzeugen nur, wenn sie (kostenlos) so beraten können, wie es ihrer Überzeugung entspricht. Dabei erwarten die Ratsuchenden absolute Anonymität, Akzeptanz und Solidarität. Daher wehren sich die AIDS-Hilfen standhaft gegen die Versuche einiger Politiker, inhaltlich Einfluß zu nehmen.

Das Wissen über Aids und die Angst vor Aids

Die AIDS-Hilfen erkannten bald, daß Aids medizinisch und gesellschaftlich nur besiegt werden kann, wenn das Wissen über Aids größer wird. Daher war die Unterstützung der Aids-Forschung nötig, um die oben erwähnten Ziele erreichen zu können. AIDS-Hilfen empfahlen schwulen Männern, mit Medizinern bei Forschungsprojekten zusammenzuarbeiten, die ihr Sexualleben studierten. Nur so konnten Mediziner z. B. lernen, wie sich Aids ausbreitet (die soziologische, psychologische und sexualwissenschaftliche Forschung zu Aids liegt immer noch im argen; erste Ansätze zeigen sich).

Erstaunlich schnell wurden wichtige Erkenntnisse über Aids gewonnen. Als Montagnier und Gallo das Aids auslösende Virus entdeckten, wurde verständlich, warum neben schwulen Männern auch Fixer/innen, Bluter und Bluttransfusionsempfänger/innen erkrankten.

Der Antikörpertest wurde entwickelt. Was bedeutet es, testpositiv zu sein? Mit hoher Wahrscheinlichkeit ist man dann infiziert. Doch heute weiß man noch nicht, ob, wann und warum ein Infizierter erkranken wird oder nicht. Dennoch wird der Antikörpertest fälschlicherweise als Früherkennungsmittel angesehen. Dabei liegen zwischen Infektion und eventueller Erkrankung Jahre, in denen der Infizierte gesund ist. Man kann auch heute noch nicht exakt sagen, ob jeder Antikörperträger das Virus weitergeben kann; davon muß man aber wohl ausgehen.

Hypothesen zu Aids häuften sich — und verunsicherten. Das Virus wurde in allen Körperflüssigkeiten — in unterschiedlicher Konzentration — nachgewiesen; es bestand also der Verdacht, daß alle Körperflüssigkeiten die Krankheit weiter verbreiten würden.

Die AIDS-Hilfen folgten dem Wissen der Epidemiologen: Nachdem sie zunächst überwiegend Ratschläge für die Gestaltung des Sexuallebens gegeben hatten, die die Spontaneität stark behinderten, änderten sie die Safer-Sex-Empfehlungen, als epidemiologisch nachgewiesen wurde, daß lediglich das Eindringen von virushaltigem Sperma oder Blut in den Blutkreislauf infektionsrelevant ist.

Wundert es, daß die Unsicherheit zu Überreaktionen führte? Angst vor den Kranken, Angst vor den Infizierten, sogar Angst vor den Toten waren Folge der Unsicherheit. Sensationelle Presseberichte über Infektionswege — eine bunte Mischung aus nachgewiesenen und vermuteten Infektionswegen, aber auch Falschmeldungen — schüren die Angst.

Aids ist trotz allen Wissens noch ein das Leben und die Sexualität — eine besonders deutliche Äußerung von Leben — bedrohendes Geheimnis. *Mögliche* Infektionswege, die real nie auftraten, aber theoretisch als vorstellbar angesehen werden, beherrschen die Atmosphäre. So müssen die AIDS-Hilfen reale und irreale Ängste bekämpfen.

Aids und der Umgang mit Sexualität

Aids ist eine sexuell übertragbare Krankheit. Das läßt immer wieder den Ruf ertönen, das Sexualleben zu reglementieren.

Darauf verzichten AIDS-Hilfen bewußt. Zum einen akzeptieren sie, daß nicht alle Menschen das gleiche Sexualverhalten haben. Zum anderen wissen sie, daß es weder bestimmte Orte noch die Zahl der Sexualpartner sind, die Aids verbreiten. So lange Menschen beim Geschlechtsverkehr das Übertragen virushaltigen Spermas in eine Blutbahn vermeiden, kann dieser Geschlechtsverkehr an jedem beliebigen Ort und mit jeder beliebigen anderen Person stattfinden, ohne Aids-relevant zu sein. Zum anderen wissen AIDS-Hilfen, daß Forderungen, denen Menschen nicht entsprechen können, ihnen die Gestaltung ihres Sexuallebens erschweren. Sie können gegebenenfalls nicht vorsichtig sein. Insofern akzeptieren die AIDS-Hilfen alle Menschen, wie sie sind, und wollen ausschließlich das Rüstzeug für die Vermeidung weiterer Infektionen vermitteln.

Das heißt nicht, daß AIDS-Hilfen Menschen nicht dazu anregen, den Umgang mit ihrer eigenen Sexualität zu überdenken. Die Betonung liegt dabei auf der *eigenen* Sexualität, nicht darin, Postulate für das Verhalten Dritter aufzustellen. Vor allem wollen AIDS-Hilfen vermeiden, daß Treue erneut auf sexuelle Treue reduziert wird. Sie erfahren vielfach, daß Lebenspartner aus Beziehungen, die auf partnerschaftlicher Treue aufgebaut waren, aber den »Seitensprung« zuließen, ihre an Aids erkrankten Freunde mit einer Hingabe bis zum Tod begleiten, die alle Erwartungen weit übertrifft. Gerade hier wird deutlich, welche Dimensionen Treue hat.

Beratung und Betreuung

Abertausende holen sich bei AIDS-Hilfen Rat. Ihre Fragen sind nicht mit Informationen über Safer Sex, die Bedeutung einer HIV-Infektion oder den Verlauf von Aids beantwortet. In telefonischen und persönlichen Beratungsgesprächen wird von AIDS-Hilfen Sexualberatung und Beratung zur Lebensgestaltung erwartet. Der Abbau von Schuldgefühlen, unter denen Ratsuchende wegen ihres Sexualverhaltens leiden, ist eine wichtige Aufgabe der AIDS-Hilfen.

Die Beratung durch die AIDS-Hilfen beanspruchen hetero- wie homosexuelle Menschen, Frauen wie Männer, Drogenabhängige und Menschen, die ihre Abhängigkeit von der Droge überwunden haben, Junge und Alte, Prostituierte und Menschen, die weitestgehend monogam leben. In Strafvollzugsanstalten Einsitzende müssen ebenso beraten werden wie das Personal dieser Einrichtungen.

Einen breiten Raum nimmt die HIV-Antikörpertest-Beratung ein. Dabei gilt es, die Ratsuchenden vor und nach dem Test eingehend über die eingeschränkte Aussagefähigkeit des Tests zu informieren. Es muß sowohl vermieden werden, daß ein negatives Testergebnis als Freibrief mißverstanden wird, als auch, daß ein positives Testergebnis als Todesurteil empfunden wird. Daß es sowohl falsch-positive als auch falsch-negative Testergebnisse gibt, macht die Testberatung noch schwerer.

Obwohl sie die eingeschränkte Aussagefähigkeit des Tests kennen, empfinden viele Menschen das Wissen, mit HIV infiziert zu sein, als Ankündigung eines baldigen Todes. Auch wenn nur einzelne von ihnen akut suizidgefährdet sind — und jeder Suizidversuch, der Folge eines positiven Testergebnisses ist, muß vermieden werden —, bedürfen fast alle »Test-Positiven« in den ersten Monaten nach Mitteilung des Testergebnisses und dann sporadisch der sie stützenden Betreuung. Selbsthilfegruppen »Test-Positiver«, die von AIDS-Hilfen je nach Bedarf betreut werden, haben sich sehr bewährt.

Die Betreuung Aids-Kranker fordert den Betreuer oder die Betreuerin oft bis an die Grenze ihrer Kraft. Die Kranken empfinden jeden Tag, den sie außerhalb des Krankenhauses in gewohnter Umgebung leben können, als Gewinn. Dabei hat der Betreuer von der Übernahme alltäglicher Arbeiten (wie zum Beispiel Einkaufen, Putzen) über die Beschaffung bzw. Sicherstellung des materiellen Rahmens bis zur Vermittlung menschlicher Wärme, derer ein Kranker besonders bedarf, vielfältige Aufgaben.

Auf die Beratungs- und Betreuungsarbeit müssen Menschen nicht nur vorbereitet werden, indem ihnen Wissen vermittelt wird. In Seminaren und Ausspracheabenden wird von den Beratern und Betreuern gelernt, wie man mit Angst, Not, Krankheit und Tod, auch mit der Trauer der Hinterbliebenen, umgehen kann. Dennoch sind die Berater und Betreuer durch ihre Arbeit so stark gefordert, daß sie selbst wieder betreuungsbedürftig sind. Ohne Supervision würden sie an ihren Aufgaben zerbrechen.

Die Kompetenz für die Arbeit entspringt bei einer Vielzahl von insbesondere ehrenamtlichen Mitarbeitern der AIDS-Hilfen nicht beruflicher Vorbildung, sondern eigener Betroffenheit. Aus ihrer Betroffenheit geben sie Menschen mit ähnlichen Problemen glaubhaft Rat und Hilfe. Dabei gibt in vielen Fällen nicht Abstand von den Problemen des Rat- und Hilfesuchenden, sondern die Identifikation mit diesen Problemen die den Ratsuchenden überzeugende Kraft.

Das Vermeiden weiterer Ansteckungen

Die AIDS-Hilfen werden bei weitem nicht nur von Menschen gefragt, die zu den besonders Aids-gefährdeten Gruppen gehören. In jedem Fall muß die Aufklärungsarbeit der AIDS-Hilfen auf die individuellen Lebensumstände und die sich daraus ergebende Gefahrensituation abgestimmt sein. Je nach Lebensgestaltung des Fragestellers ist die Gefahrenhierarchie zu beurteilen — es muß individuell Rat erteilt werden.

Über das Gespräch hinaus, das sowohl mit Menschen geführt wird, die telefonisch oder persönlich AIDS-Hilfen ansprechen, als auch mit Menschen, die an ihren Treffpunkten aufgesucht werden, klären die AIDS-Hilfen mit schriftlichen Informationen, Plakaten, Comics etc. über die Aids-Gefahr und wie man einer Ansteckung entgehen kann auf. Auch die schriftliche oder plakatierte Aufklärung ist nur erfolgreich, wenn sie folgende Komponenten berücksichtigt:
— Zielgruppenspezifität
— Klarheit in der Präventionsaussage
— angemessene Sprache ohne falsche Tabus.

Im Interesse der durch Aids besonders bedrohten Menschen, die diskriminiert sind, ist es dabei von großer Bedeutung, immer wieder herauszustellen, daß der alltägliche Umgang miteinander keine Infektionsgefahren mit sich bringt und daß der

Umgang mit Kranken und Infizierten im Alltag ungefährlich ist. Hysterische Angst vor Aids kann insbesondere Homosexuelle, Drogengebraucher und eine Vielzahl von Strafgefangenen massiver Bedrohung durch ihre Umwelt aussetzen. Auf Prostituierte wird eine hysterisierte Gesellschaft hysterisch reagieren. Nur wenn diese hysterische Angst abgebaut werden kann, wird das nicht eintreten. Nur dann werden Schuldzuweisungen vermieden. Nur dann wird die Gesellschaft mit den vielen, die noch erkranken werden, »gelassen« und vor allem menschlich umgehen.

Bei der Präventionsarbeit haben die AIDS-Hilfen besonders deutlich und nachweisbar Erfolg bei Homosexuellen gehabt, die über eine vorhandene Infrastruktur erreicht werden konnten. Die Neuinfektionsraten sind merkbar zurückgegangen. Zweifellos haben die AIDS-Hilfen bei bestimmten Gruppen der Bevölkerung besondere Glaubwürdigkeit, sie werden jedoch — inzwischen weit überwiegend — auch von Menschen um Rat gefragt, die keiner von Aids besonders bedrohten Gruppe angehören. Diesen Rat zu verweigern, wäre unmenschlich. Daher ist es unsinnig, die Arbeit der AIDS-Hilfen »von Amts wegen« auf bestimmte Bevölkerungsgruppen zu beschränken. Eine Arbeitsteilung zwischen den AIDS-Hilfen und staatlichen oder staatsnahen Organisationen ist wohl zweckmäßig. Die Aufklärungs- und Präventionsarbeit aller Beratungsstellen muß aber aufeinander abgestimmt sein, muß sich ergänzen, darf sich keinesfalls widersprechen. Daher wollen die Deutsche AIDS-Hilfe und alle ihr angegliederten AIDS-Hilfen die Abstimmung unter allen Beteiligten. Sie bieten wieder und wieder Rat, der auf Erfahrung beruht, und Kooperation an.

Insbesondere sind AIDS-Hilfen davon überzeugt, daß Aids-Prävention nur durch Aufklärung gelingen wird. Aufklärung in richtiges Verhalten umzusetzen gelingt nur Menschen, die Vertrauen in ihre eigene Kraft haben. Androhungen von Zwangsmaßnahmen schwächen und sind schon deshalb schädlich. Das Vortäuschen falscher Sicherheit — eine Folge sowohl staatlicher Eingriffe als auch falschen Glaubens an Testungen — hindert sogar daran, sich selbst zu schützen.

Rolf Rosenbrock
Der HIV-Antikörper-Test
Medizinische und gesundheitspolitische Probleme

> Wer sollte sich testen lassen? Jeder, der glaubt, sich angesteckt zu haben.
> Prof. Dr. phil. Rita Süssmuth, Bundesministerin für Jugend, Familie, Frauen und Gesundheit

> Testen, testen, testen!
> Prof. Dr. med. Wolfgang Stille, Klinikum der Johann-Wolfgang-Goethe-Universität Frankfurt a. M.

> Es gibt kein Recht auf Nicht-Information.
> Dr. jur. Peter Gauweiler, Staatssekretär im Innenministerium der bayerischen Staatsregierung

Die naturwissenschaftlich-medizinische Forschung im Umkreis Aids hat in der kurzen Zeit seit dem Auftreten des HI-Virus Erstaunliches und Vielversprechendes geleistet. Ihr erstes technologisch massenhaft einsetzbares Produkt waren die 1984 auf den Markt gekommenen ersten Verfahren für die Bestimmung des HIV-Antikörperstatus von dem menschlichen Körper entnommenen Körpersekreten oder Geweben. Daß bei der pharmakologischen Forschung in bezug auf ein völlig neuartiges Virus Diagnostika vor den Impfstoffen und Therapeutika anfallen, entspricht dem Gang der Forschung: Bevor man gegen ein Virus mit gezielt wirkenden Mitteln vorgehen kann, muß man es erst einmal identifizieren können. Diese Sachgesetzlichkeit der Forschung und Entwicklung sagt noch nichts über die Sinnhaftigkeit des Einsatzes *außerhalb* der Forschung, im breiten und ungezielten Masseneinsatz gar.

Freilich bestand auch für die von der US-Regierung forcierte Entwicklung und rasche Zulassung ein massives objektives gesundheitspolitisches Interesse: Auf ca. 10 Prozent der ersten Aids-Patienten war das Virus außerhalb subjektiv zu beeinflussender Risikosituationen durch Transfusionen, Blutprodukt-Versorgung und Transplantationen übergegangen (vor allem auf Bluter, operierte Patienten, Unfallopfer). Dieser Übertragungsweg ist auch bei niedriger »Durchseuchung« und trotz Aufforderung zum Blutspendeverzicht an die Angehörigen der zuerst sichtbar gewordenen Betroffenengruppen *nur* durch verläßliche, naturwissenschaftlich-technisch fundierte Aussonderung infizierter Blut- und Gewebespenden zu versperren. Solange Aids außerdem als Schwulen- und Fixerseuche galt, konnte sich noch die weitergehende Hoffnung an den Test knüpfen, die Krankheit mit seiner Hilfe auf diese Gruppen beschränkt zu halten. Die technischen Anforderungen erfüllt der Test in dieser Hinsicht durch sequentiell risikovermindernde Testanordnungen und bei der gegebenen extrem geringen »Durchseuchung« der Blutspenden (als Beispiel: in Hessen 1987: 1 : 70 000) vergleichsweise sehr gut: Die Wahrscheinlichkeit, daß eine infizierte Blutspende »durchrutscht«, wird auf ca. 1 : 3 000 000 geschätzt.

Wird der Test jedoch über diese Funktion hinaus eingesetzt, so sind auch die »Schwächen« einer Testung zu beachten. Dabei sollen hier Laborfehler, Verwechslungen von Blutproben etc. nicht berücksichtigt werden, weil sie — z. B. durch Testwiederholung — fast ausschließbar sind. Es bleiben jedoch die Probleme jeglicher medizinischer Diagnostik, die sich bei der HIV-Testung — wie zu zeigen sein wird — verschärft stellen:

1. Ein Test, eine diagnostische Maßnahme, ist *nie* in der Lage, 100 prozentig zwischen »gesund« und »krank« — hier infiziert und nicht-infiziert — zu unterscheiden; dies ist durch die Variabilität biologischer Phänomene wesentlich erklärt. Diese »Abweichung« von einer 100 prozentigen Trennung zwischen »gesund« und »krank« wird in der *Test-Qualität* — in *Spezifität* und *Sensitivität* — beschrieben. Unter der *Sensitivität* eines Testes versteht man den Prozentsatz der im Test als »krank« (hier: infiziert bzw. Infektionskontakt) Erscheinenden an der

Gesamtzahl real Erkrankter. Die als Ersttests verwendeten ELISA haben eine Sensitivität zwischen 93,4 und 99,6 Prozent. Dies bedeutet, daß von 1000 Erkrankten 4 bis 66 im Test nicht als solche erfaßt werden (= falsch-negativ).

Unter der *Spezifität* eines Testes versteht man den Prozentsatz der im Test als »gesund« Identifizierten an der Gesamtzahl der real Gesunden. Die Spezifität der ELISA auf HIV liegt zwischen 98,6 und 99,6 Prozent, d. h. bei 1000 gesunden, also hier nichtinfizierten Personen werden im Test zwischen 4 und 14 als »krank« identifiziert (= falsch-positiv). (Zahlen nach: Gostin und Curran 1987; ungünstigere Testqualitäten referieren Gürtler et al. 1986; über extrem hohe Raten falsch-positiver Ergebnisse bei hoher »Durchseuchung« mit anderen Infektionserkrankungen, z. B. Malaria, berichtet Konotey-Ahulu 1987.)

Bei Verwendung des gleichen Testes geht jede Erhöhung der Spezifität mit Verringerung der Sensitivität — und umgekehrt — einher. Das hier skizzierte Problem besteht, wie gesagt, für jegliche medizinische Diagnostik. Oft ist jedoch die Durchführung weiterer, methodisch anders ablaufender und damit nicht voneinander abhängiger Tests (Untersuchungen) möglich. Weist eine Mehrzahl von methodisch untereinander unabhängiger Untersuchungen immer in die gleiche Richtung (positiv oder negativ), so wird somit die Wahrscheinlichkeit des richtig-positiven oder richtig-negativen Testergebnisses erhöht. Bei der Untersuchung auf HIV bei asymptomatischen Personen aber gibt es außer dem ELISA-Test nur noch einen (Western blot) oder in Ausnahmen einen weiteren (Virus-Züchtung) Test. Mit zwei, maximal drei Tests jedoch bleibt die Wahrscheinlichkeitseingrenzung zur Beurteilung, ob richtig oder falsch positiv, relativ eingeschränkt — und dies bei einer solch schwerwiegenden Diagnose!

2. Steht man vor einem positiven oder negativen Testergebnis, so kann, nach dem oben Gesagten, nur nach Wahrscheinlichkeiten — selbst wenn die genannten zwei weiteren Tests durchgeführt werden — entschieden werden, ob hier ein richtig-positives oder ein falsch-positives Ergebnis im Einzelfall vorliegt (gleiches gilt für negative Test-Ergebnisse). Diese

Wahrscheinlichkeiten werden aber ganz wesentlich durch die anzunehmende Wahrscheinlichkeit des Vorliegens der Erkrankung — hier des Viruskontaktes — bestimmt.

Die *Prädiktion oder der prädiktive Wert* eines Testes wird ganz überwiegend durch die anzunehmende Wahrscheinlichkeit (ausgedrückt durch die anzunehmende Häufigkeit der gesuchten Erkrankung in einer Population) sowie durch die oben erwähnte Test-Qualität bestimmt. Für einen positiven Testausfall sei das einmal illustriert: Ein positiver Test-Befund wird mit hoher Wahrscheinlichkeit auch richtig-positiv sein, ist er bei einem Homosexuellen mit zahlreichen Partnern und Analverkehr gewonnen worden. Ein positiver Testbefund, gewonnen aus dem Blut eines ausschließlich Heterosexuellen mit wenigen Partnern und keinen Prostitutions/Drogenkontakten, wird hingegen mit hoher Wahrscheinlichkeit falsch-positiv sein (entsprechende Modellrechnungen in: Rosenbrock 1986, Testkapitel).

Die Kenntnis des prädikativen Werts eines Testes ist von größter Bedeutung für die Frage der Sinnhaftigkeit der Anwendung eines Testes in der Bevölkerung: Ist von einer sehr geringen — bei HIV extrem geringen — »Durchseuchung« in der durchschnittlichen Bevölkerung auszugehen, so ist eine generelle Testdurchführung unsinnig, weil sie in der Mehrzahl nur falsch-positive Befunde erbringen kann.

3. Antikörper finden sich meist 6 bis 8, in nicht ganz seltenen Fällen auch erst 26 und mehr Wochen nach dem Zeitpunkt der Infektion. Ein einmaliger Test sagt also nur dann etwas über den Status der untersuchten Person aus, wenn in einem entsprechend langen Zeitraum vor dem Test eine Infektion sicher ausgeschlossen werden kann. Möglicherweise, aber nicht sicher, könnten die demnächst marktreifen Tests auf das Antigen selbst diese Unsicherheit beseitigen. Sie könnten freilich auch neue Unsicherheiten mit sich bringen.

Die inhaltlichen Schwächen der Testaussage (Prognosesicherheit, Testkonsequenzen) lassen sich in der fiktiven Mitteilung zusammenfassen, die einem symptomlosen Probanden mit positivem Testergebnis gegeben werden müßte:

»Du wirst nach den vorliegenden, sozialepidemiologisch durch-

weg unbrauchbaren Studien und nach den bisherigen Erfahrungen in einem Zeitraum zwischen einem halben Jahr und unbekannt vielen, vielleicht 7 Jahren, nach der/den Infektion/en (nicht nach dem Test!) mit einer unbekannten Wahrscheinlichkeit ARC- oder/und Aids-Symptome entwickeln. Die auf Basis methodologisch vertretbarer Studien vorgenommenen seriösen Schätzungen für diese Wahrscheinlichkeit liegen zwischen 20 Prozent und 40 Prozent. Diese Quoten können sich durch längere Beobachtung der Krankheit sowohl nach unten als auch nach oben hin verändern. Wann die Krankheit ausbricht, wenn sie ausbricht, ist schwer zu sagen und hängt von weitgehend unerforschten Faktoren ab. Die meisten derer, die überhaupt Symptome entwickeln, tun dies zwischen dem 3. und 4. Jahr nach der wirksamen Infektion. Warum bei dir, im Gegensatz zu einer unbekannten Anzahl anderer Menschen mit Viruskontakt, das Virus eingedrungen ist, weiß niemand.

Die Existenz von Antikörpern in deinem Blut kann zweierlei bedeuten, entweder ist dein Immunsystem mit der (möglicherweise geringen) Anzahl eingedrungener Viren fertiggeworden oder, das ist wahrscheinlicher, in deinem Körper findet derzeit ein Auseinandersetzungsprozeß mit offenem Ausgang statt.

Wie du den Prozeß in deinem Körper, wenn es ihn überhaupt gibt, beeinflussen kannst, weiß auch niemand. Laß dir da von den aus dem Boden schießenden Quacksalbern nichts vormachen. Wahrscheinlich machst du keinen Fehler, wenn du einfach gesund lebst. Das Wichtigste sind vielleicht eine positive Lebenseinstellung und eine gesicherte soziale Existenz. Auch scheint Angst vor der Krankheit die Krankheit befördern zu können, während emotionale Wahrnehmungs- und Ausdruckskraft, das Akzeptieren deiner selbst und deiner Sexualität sowie insgesamt ein aktiver Umgang mit deinem Leben und der Krankheit bremsend oder verhindernd wirken können. Das ist allerdings leider nicht sehr spezifisch, denn dies gilt eigentlich als Lebensregel für jedermann/frau und verbessert allgemein die Gesundheits- und Lebenschancen.

Hinsichtlich der spezifischen Aids-Prävention gelten die gleichen Regeln, die auch besser vorher für dich gegolten hätten: Safer sex und Einmalspritzen.

Wenn du irgendwann eine Symptomatik ›unterhalb‹ von Aids entwickelst (LAS, ARC), so kann dies in einem unbekannten Zeitraum und mit einer nicht bestimmbaren Wahrscheinlichkeit später in Aids übergehen. Solltest du zu der unbekannt großen Gruppe derer gehören, die irgendwann an Aids erkranken, wirst du nach dem heutigen Stand des Wissens über palliative, symptomatische und kurative Interventionsmöglichkeiten der Medizin mit einer Wahrscheinlichkeit von über 80 Prozent an diesem Syndrom sterben.«

Es ist evident und müßte jedem Beteiligten klar sein, daß eine solche lebensbedrohliche und zum Teil notwendigerweise zynisch klingende Mitteilung in erster Linie einen »Life Event« darstellt. Darunter versteht die sozialmedizinische Forschung plötzliche und von außen kommende lebensverändernde Ereignisse. Sie beeinflussen den gesundheitlichen Status so stark, daß das Erkrankungsrisiko des Betroffenen spezifisch und unspezifisch, physiologisch und psychologisch beträchtlich steigt.

Und so ist es auch: Bis zur Hälfte der Personen erkrankt an der Mitteilung eines positiven Testergebnisses, die Folgen reichen von behandlungsbedürftigen depressiven Verstimmungen über psychosomatische Manifestationen und den Ausbruch von Psychosen bis hin zum Suizid. Der Test ist also ein äußerst wirkungsmächtiges Instrument in den Händen der naturwissenschaftlichen Individualmedizin, zumindest was die *unerwünschten Wirkungen* angeht: Durch die Mitteilung des positiven Testergebnisses wird eine große und wachsende Anzahl von Kranken durch das Medizinsystem selbst produziert, die dann medizinisch und psychotherapeutisch versorgt werden muß und/oder Bewältigungskapazitäten der Aids-Hilfen von den Aufgaben der Prävention abzieht.

Nun ist evident und entspricht auch den weltweit anerkannten Regeln der ärztlichen Kunst, daß medizinische und gesundheitspolitische Instrumente und Maßnahmen dann und nur dann eingesetzt werden, wenn bei verständiger Würdigung des Gesamtzusammenhangs die erwünschten Wirkungen eindeutig überwiegen und die unerwünschten Wirkungen tolerabel sind. Das läßt sich sowohl logisch als auch aus der ärztlichen Ethik (Obersatz: nil nocere, deutsch: dem Patienten keinen Schaden zufügen) als auch epidemiologisch (das heißt in bezug auf die gesundheitliche Wirksamkeit solcher Instrumente und Maßnahmen) als auch verfassungs- und strafrechtlich begründen.

Bei dieser Sachlage ist demnach die Vornahme des HIV-Antikörpertests nur dann zulässig oder gar anzuraten, wenn damit *erwünschte Wirkungen* erzielt werden können, die diese unerwünschten Wirkungen übertreffen. Die beabsichtigten (d. h. erwünschten) Wirkungen unterscheiden sich nach Zwecken und Zielen, die mit dem Test erreicht werden sollen. Im folgenden werden deshalb differenzierte Antworten für die verschiedenen Indikationsmöglichkeiten des Tests skizziert.

1. *Medizinische Indikationen:* Absolut erforderlich und zweckmäßig ist der Test zur Sicherung von Blut- und Samenspenden sowie von Transplantaten (s. o.). Zur Abklärung von Symptomen (lang anhaltende Lymphknotenschwellungen, verbunden mit Gewichtsverlust etc.), die auf ARC oder Aids hindeuten können, ist der Test im Rahmen der Ausschluß- und Differentialdiagnose ebenfalls ein notwendiges Instrument, sollte aber — im Gegensatz zur gegenwärtig vielgeübten Handhabung — erst *nach* weniger »invasiven« Diagnosemethoden eingesetzt werden. Bislang vereinzelt aufgetretene Komplikationen deuten darauf hin, daß die Immunisierung mit Lebendimpfstoffen gegen andere Infektionskrankheiten bei positivem Sero-Status zu Komplikationen führen kann. Auch massive Cortison-Gaben (medizinisch ohnehin meist umstritten) können bei Seropositiven kontraindiziert sein. Schwangeren aus risikotragenden Gruppen sollte im Rahmen einer ausführlichen Beratung und bei Sicherstellung der Betreuung der Test angeboten werden, weil das relativ hohe, aber keinesfalls 100 prozentige Risiko einer seropositiven Mutter, ein infiziertes Kind zur Welt zu bringen, eine medizinische Indikation für einen Schwangerschaftsabbruch sein kann.

2. Angesichts immer noch großer Zonen der (qualitativen und quantitativen) Ungewißheiten über den äußeren Übertragungsmechanismus (wie kommt das Virus in die Blutbahn? wieviel ist erforderlich?) sowie über physische, psychische und

soziale Ko-Faktoren sowohl der Infektion (wer nimmt das Virus auf und entwickelt Antikörper?) als auch des Übergangs in die Krankheit (wer wird nach wie langer Zeit krank?) besteht ein beträchtlicher Bedarf an epidemiologischer und vor allem *sozialepidemiologischer Forschung*. Für solche Forschungen muß getestet werden. Weltweit haben sich hierfür bislang immer ausreichend viele Freiwillige gefunden, die in Kenntnis der Risiken an solchen Studien teilnehmen. Der Engpaß liegt hier in der Qualität der Forschung: Die Mindeststandards in der Zusammenstellung, in der Erhebung vor allem nichtmedizinischer Parameter und in der Auswertung werden sehr oft nicht erreicht (für die BRD vgl. z. B. die Kritik an der Frankfurter Helm/Stille-Studie von 1986 bei Rosenbrock 1986, S. 96—100).

3. Als Maßnahme der *individuellen Früherkennung* gibt es für den Test außerhalb der unter 1. genannten Situationen keine Indikation. Individuelle Früherkennung ist nach den Regeln der Logik und der ärztlichen Kunst nur zulässig, wenn auf Basis eines positiven Befundes eine sinnvolle medizinische Intervention einsetzen kann (Wilson 1986; auch: Reichsversicherungsordnung § 181 a). Das ist gegenwärtig nicht der Fall; die Beurteilung würde sich aber schlagartig ändern, wenn medizinische Mittel gefunden würden, die die Latenzzeit verlängern und/oder den Ausbruch der Krankheit unwahrscheinlicher machen würden. Auch zu den — medizinisch zu Recht sehr umstrittenen — Früherkennungsuntersuchungen auf verschiedene Krebserkrankungen besteht ein grundlegender Unterschied. Die Kritik an der Sinnhaftigkeit der Früherkennung bezieht sich dort auf die Effektivität der medizinischen Therapie im Verhältnis zu der durch das Untersuchungsergebnis bewirkten Lebensbeschädigung (Abholz 1987). Aber es *gibt* dort Therapieansätze, von denen zumindest wesentliche Fraktionen der ärztlichen Profession der medizinisch begründeten Auffassung sind, daß sie das Leben des/der Patienten verlängern können. Das ist bei der HIV-Infektion zumindest gegenwärtig nicht der Fall.

4. Ins Spiel gebracht wird der Test auch immer wieder als Mittel zur Beantwortung der Frage, wie hoch der »*Durchseu-*

chungsgrad« der Bevölkerung und wie groß infolgedessen die auf uns zurollende Welle der Aids-Kranken und sterbenden Menschen ist. Gefordert wird zu diesem Zweck entweder die Testung einer »repräsentativen Bevölkerungsstichprobe« oder eine Totalerhebung (Durchtestung der gesamten Bevölkerung). Diesem Ansatz liegen mehrere Denkfehler zugrunde:

a) Die Wahl der adäquaten Präventionsstrategie gegen Aids (möglichst flächendeckende und zeitstabile Durchsetzung der Kondombenutzung in Risikosituationen und der Verwendung von sterilen Spritzbestecken durch strukturgestützte Verhaltensbeeinflussung) ist weitgehend unabhängig davon, ob nun 30 000 oder 100 000 Menschen das Virus in sich tragen und deshalb in Risikosituationen weitergeben können.

b) Eine »repräsentative Bevölkerungsstichprobe« für die HIV-»Durchseuchung« kann es nicht geben, da die »repräsentative« Verteilung der Risiken aufgrund zahlreicher offener Forschungsfragen in bezug auf den »äußeren« Übertragungsmechanismus, die Kofaktoren, die Latenzzeiten und die Ausbruchswahrscheinlichkeiten nicht ermittelt werden kann. Schon die allergröbste Klassifizierung der risikotragenden Gruppen stößt auf nicht behebbare Wissenslücken und unüberwindliche Erhebungsprobleme: Die Anzahl der immer oder häufig homosexuell aktiven Männer liegt wahrscheinlich irgendwo zwischen 1 und 2, 5 Millionen; zwischen 50 000 und 100 000 Menschen bringen sich intravenös Drogen bei; der Prostitution gehen wahrscheinlich zwischen 200 000 und 400 000 Menschen nach; über das Ausmaß der hetero- und homosexuellen Promiskuität liegen nur vage Schätzungen vor etc. Über die Verteilung von Risikoverhalten in diesen Gruppen läßt sich ebenfalls nicht viel sagen. Elementare Voraussetzungen der Erhebung einer in bezug auf Aids-Gefährdung »repräsentativen Bevölkerungsstichprobe« sind damit nicht gegeben, so daß sich die gravierenden Fragen der Freiwilligkeit der Teilnahme an einer solchen Untersuchung nicht stellen.

c) In Frage käme deshalb nur eine Totalerhebung auf Basis gesetzlichen Zwangs. Weder die polizeilichen Melderegister noch eine (a) »halbwegs geglückte« und (b) durch gesetzwidrige

De-Anonymisierung mißbrauchte Volkszählung würde aber für ein solches Unterfangen ausreichende Unterlagen zur Verfügung stellen. Es müßte also eigens dafür ein gewaltiger Polizei- und Kontrollapparat geschaffen werden, gegen den sich der »Deutsche Herbst« von 1977 wie ein harmloses Spiel im Kinderladen ausnehmen würde.

d) Daß bei gegenwärtig »hoch gegriffen« einem HIV-Positiven auf 10 000 geschlechtsreife Bürger/innen zumindest im ersten Testdurchgang ca. 400 000 falsch-positive und auch einige Tausend falsch-negative Befunde produziert würden, bleibt bei solchen Überlegungen regelmäßig außer Betracht.

e) Generell wird auch das Problem »übersehen«, daß mit einer solchen Aktion möglicherweise zigtausende psychiatrisch bzw. psychotherapeutisch behandlungsbedürftiger »Fälle« produziert würden, von der weit über Aids hinausgehenden Hysterisierung der Gesamtbevölkerung noch ganz abgesehen.

f) Und wozu das Ganze? Für die Prognose notwendiger Behandlungs- und Bettenkapazitäten und der finanziellen Belastung des Sozialversicherungssystems sind solche, nur um den Preis eines extrem »starken Aids-Staates« zu gewinnenden Daten nicht erforderlich. Dieser Informationsbedarf könnte aus anderen Quellen und ohne jede Repression hinreichend befriedigt werden. Derzeit verfügen wir über vier »Meßstellen« hinsichtlich der Verbreitung des Virus und der Entwicklung der Krankheit (Jacobowski 1987):

— Jährlich fallen einige Hunderttausend Blutspenden an, die ohnehin untersucht werden müssen und fast ausschließlich aus soziologisch zumindest grob bestimmbaren Bevölkerungsgruppen stammen, die subjektiv davon ausgehen, daß sie *nicht* Aids-gefährdet sind.

— Seit Februar 1987 werden die positiven Testergebnisse aus den zum Bestätigungstest ermächtigten Labors (Western blot) zentral statistisch erfaßt.

— Mit sozialepidemiologisch fundierten Kohortenstudien auf Basis von Information, Freiwilligkeit und Betreuung lassen sich problemlos Erkenntnisse über Verbreitung und Entwicklung von Aids in risikotragenden Gruppen gewinnen.

— Die Vollbilderkrankungen an Aids werden mit unterdurchschnittlicher Dunkelziffer beim Bundesgesundheitsamt auf freiwilliger Basis gemeldet.

Durch eine soziologisch und epidemiologisch angeleitete Inerpretation der Daten aus diesen vier ohnehin vorhandenen Quellen lassen sich in bezug auf Aids bessere und härtere Informationen gewinnen als über die meisten anderen wichtigen Krankheiten in unserem Land. Von einer wissenschaftlich adäquaten Nutzung dieser Möglichkeiten kann aber gegenwärtig kaum die Rede sein.

Es ist deshalb wohl keine bösartige Unterstellung, wenn hinter dem Ruf nach Massentestungen zur epidemiologischen Messung andere Motive vermutet werden. Z. B. die unreflektierte »seuchenstrategische« Weisheit, daß man zur Bekämpfung von Infektionskrankheiten alle individuellen Infektionsquellen kennen muß. Übersehen wird dabei, daß diese »klassische« Regel angesichts der extrem schwierigen Übertragbarkeit des HIV (Übertragungssicherheit aller Kontakte außerhalb der Risikosituationen), des daraus folgenden absoluten Primats präventiver Selbststeuerung und angesichts der Nicht-Therapierbarkeit auf Aids nicht anwendbar ist (vgl. Rosenbrock 1987 a). Häufig stehen hinter solchen Vorschlägen freilich auch erkennbar gefährliche Omnipotenzphantasien vom »starken Staat«. Zumindest implizit spielt wohl auch der Gedanke eine Rolle, daß durch den Test individuell präventives Verhalten erzeugt werden kann. Dies verdient eine genauere Erörterung.

5. Der Grundgedanke der *individuellen Verhaltensbeeinflussung* durch den Test kommt in der Formel zum Ausdruck: Nur wer seinen Serostatus kennt, verhält sich präventionsgerecht. Dem liegen mehrere Denkfehler zugrunde:

a) Gemeint können damit nur HIV-positive Probanden sein, von denen erwartet wird, daß sie in Kenntnis der von ihnen ausgehenden Infektionsgefahr entweder strikt den Präventionsregeln folgen (Kondome bei penetrierendem Geschlechtsverkehr, sterile Spritzbestecke) und/oder ihre/n Partner/in über ihren Status aufklären oder sexuell gänzlich abstinent leben. Übersehen wird dabei, daß ein *negativer* HIV-Antikörperbefund (vor allem wegen der langen Inkubationszeit) keinen eindeutigen Aufschluß über die Infektiosität gibt und zudem auch für Seronegative die Regeln der individuellen Prävention gelten, solange das Virus in der Bevölkerung kursiert. Logischerweise — und empirisch durch eine Reihe von Studien belegt — führt ein negatives Testergebnis zu möglicherweise lebensgefährlichem Leichtsinn, speziell bei solchen Personen, die zuvor Infektionsrisiken ausgesetzt waren und sich nicht angesteckt haben. Der Leichtsinn nimmt plausiblerweise außerdem in dem Maße zu, wie durch Testprogramme die mit keiner Strategie realisierbare Illusion genährt wird, daß alle »Positiven« irgendwie »aussortiert« worden sind (durch amtliches Sexverbot für HIV-Positive, durch Prostitutionsüberwachung, durch Grenzkontrollen oder ähnliche symbolische Aktionen). Das Stiften von Leichtsinn ist eine auch quantitativ hochrelevante »unerwünschte Wirkung« einer auf Testpropagierung oder gar -zwang konzentrierten Gesundheitspolitik, bei deren Beachtung der bayerische Maßnahmenkatalog vom Februar 1987 — jenseits aller Bürgerrechtsfragen und der unmittelbar mit ihm erzielten erwünschten und unerwünschten Wirkungen in den Zielgruppen — unter gesundheitspolitischen Gesichtspunkten nicht hätte verabschiedet werden dürfen.

b) Ein *positives* Testergebnis kann folgende Reaktionstypen hervorrufen:

— Anomie, Panik, Depression, Hysterie, Verlust rationaler Handlungskontrolle, Rückzug. Ob diese iatrogen produzierten Krankheitsbilder günstige Voraussetzungen für einen vernünftigen Umgang mit der Sexualität und die Einhaltung der Regeln der Prävention bieten, darf füglich bezweifelt werden (vgl. Becker und Clement 1987).

— Ignorieren, Verleugnen, Verdrängen, keine Veränderung des (Sexual-)Verhaltens.

— Unterlassung riskanter Sexualpraktiken, Übergang auf Safer sex.

Es ist weder plausibel noch erwiesen, daß der zuletzt genannte Reaktionstyp die größte Häufigkeit aufweist, und selbst wenn dem so wäre, müßten die schädlichen Konsequenzen aus den Reaktionstypen 1. und 2. dagegen zumindest abgewogen werden. Besonders gesundheitsgefährlich (im Sinne der Aids-Übertragung) dürfte die Produktion von — ansonsten wohl sehr seltenen — »*Desperados*« sein, die das Testergebnis als Reduktion der ihnen noch zur Verfügung stehenden Lebensspanne auf wenige Monate oder Jahre *miß*verstehen und vor diesem Hintergrund auch sexuell »ohne Rücksicht auf Verluste« und nach dem Motto »Nach mir die Sintflut« agieren.

Daß vor allem von ärztlicher Seite *gegen* die Plausibilität und *gegen* die vorliegende Empirie so außerordentlich hartnäckig am Gedanken der Verhaltensbeeinflussung durch den Test festgehalten wird, dürfte nicht zuletzt damit zusammenhängen, daß die medizinische Ausbildung keine oder nur rudimentäre Kenntnisse aus Verhaltens- und Sexualwissenschaften vermittelt. Die ärztliche Profession folgt deshalb weithin dem (vielfach widerlegten) Glaubenssatz, daß mit Schock, Angst und Todesdrohung die nachhaltigsten Verhaltensänderungen zu erzielen sind. Daß dies vielleicht generell und ganz sicher für langfristige Verhaltensänderungen der falsche Weg ist, daß im Rahmen adäquater Modelle der Aids-Prävention viel mehr der prekäre Pfad zwischen rationaler Furcht und hysterischer Angst zu definieren ist, gerät auf diese Weise gar nicht erst in den Blick (vgl. dazu Rosenbrock 1987 b).

c) Einen Schritt weiter gehen Teststrategen, die als Konsequenz aus positiven Testergebnissen vollständige *Abstinenz* fordern und dies auch gegebenenfalls administrativ (»Absonderung«) durchsetzen wollen. Die griffige Begründungsformel lautet: »Safer sex is not safe.« Dieser Satz enthält natürlich einen Kern Wahrheit: Zwar ist die Herstellung dichter und reißfester Kondome technisch kein Problem, und die Verwendung von diesbezüglich getesten Fabrikaten bietet insoweit Sicherheit; auf der anderen Seite gibt es aber eine Reihe von Studien an kleinen Gruppen, die relativ hohe Quoten von Handhabungsfehlern, speziell bei Analverkehr, ausweisen (keine oder falsche Gleitcreme, Abrollen, Abrutschen). Dies verweist auf die Notwendigkeit, die Aufklärung in dieser Hinsicht zu spezifizieren und zu intensivieren. Es kann aber wohl davon ausgegangen werden, daß bei angeleiteter und verläßlicher

Kondombenutzung die HIV-Übertragungswahrscheinlichkeit mindestens auf die Größenordnung des Pearl-Index für Kondombenutzung (1—3 unerwünschte Schwangerschaften auf 100 Benutzerjahre) reduziert werden kann. Zusammen mit der Übertragungswahrscheinlichkeit des HIV-Virus in Risikosituationen (Schätzungen auf z. T. unklarer methodischer Basis zwischen 1:3 und 1:100 bei Analverkehr, zwischen 1:30 und 1:1000 bei Vaginalverkehr) ergibt sich daraus eine verbleibende Infektionsgefährdung, die — epidemiologisch betrachtet — weit unter den Risiken z. B. der Teilnahme am Straßenverkehr (Todesrisiko für jeden Teilnehmer in jedem Jahr ca. 1:7000) liegt. Von arbeitsbedingten Erkrankungen, ärztlichen Behandlungen und vom Zigarettenrauchen ganz zu schweigen. Aids würde bei verläßlicher Einhaltung der Minimalregeln nach dem »Herauswachsen« der Kranken aus den jetzt bereits Infizierten zu einer sehr seltenen Krankheit werden (diesen Zusammenhang übersieht z. B. Frösner 1987 b in seinem neuesten Horror-Szenario). Wer für sich individuell in bezug auf Aids eine höhere Sicherheit erreichen will, ist auf sexuelle Enthaltsamkeit oder strenge Monogamie angewiesen.

d) Ein ganz anderes Argument für den Test zur Verhaltenssteuerung bezieht sich auf die Ermittlung des/der Uneinsichtigen. Hier ist an Verhaltenssteuerung durch *äußeren Zwang* gedacht. Dem Modell nach wird die gesamte Bevölkerung getestet, die HIV-Positiven erhalten eine »intensive ärztliche Beratung«. Wenn Hinweise (welche? woher?) vorliegen, daß die Beratenen den Rat (je nach Risikokonzept Safer sex oder Abstinenz)nicht befolgen, kann es zu Zwangsmaßnahmen bis zur »Absonderung« kommen (Frösner 1987 a, dazu: Pohle und Eichenlaub 1987, Bayerische Staatsregierung 1987). Zum »Durchtesten« der Bevölkerung wurde weiter oben unter 4. einiges gesagt. Zur »intensiven ärztlichen Beratung« ist zu bemerken, daß die ärztliche Profession generell in bezug auf Verhaltensbeeinflussung und speziell in bezug auf Sexualberatung aufgrund ihrer Ausbildung und ihres professionellen Standorts und Blickwinkels (Behandlungszimmer, Klinik) regelmäßig schlechtere Ergebnisse vorzuweisen hat als sozialwissenschaftlich angeleitete Professionen.

Wenn diese Defizite überwunden werden könnten, würde — ohne Test — eine Strategie naheliegen, in der jeder Arzt jedem Patienten ohne besonderen Anlaß und ohne Aufforderung die Minimalregeln der Aids-Prävention vorstellt und empfiehlt. Nach zwei Jahren hätte auf diese Weise nahezu jede/r Bundesbürger/in seine/ihre persönliche Aids-Beratung bekommen. So etwas funktioniert natürlich nur bei gegebenem Vertrauensverhältnis zwischen Patient und Arzt, also nicht, wenn die Aids-Beratung mit polizeilichen Aufgaben (Zwangstestung, Überwachung, Meldepflicht o. ä.) in Verbindung steht. Abgesehen davon ist mit der polizeilichen Kontrolle des »einsichtigen Verhaltens« von HIV-Positiven eine ganz erhebliche Ausweitung der Aufgaben und damit der Verantwortungsübernahme durch den Staat verbunden: Polizeilich kontrollbedürftig wird praktisch jeder penetrierende Geschlechtsverkehr und jede iv-Drogenbenutzung. Gerade die Erfahrungen mit der seit Jahren versuchten scharfen polizeilichen Kontrolle in bezug auf Drogenbenutzung sprechen — wiederum jenseits der damit verbundenen Bürgerrechtsprobleme — schon aus Effektivitätsgründen gegen solche Ansätze.

Zusammenfassend läßt sich festhalten, daß Ansätze der Verhaltensbeeinflussung durch massive Testpropagierung oder gar Testzwang gegen gesicherte Erkenntnisse der Verhaltens- und Sexualwissenschaften verstoßen und die in sie gesetzten Hoffnungen nicht nur nicht erfüllen können, sondern stattdessen sogar kontraproduktiv wirken. (Erhöhung der Anzahl vermeidbarer Opfer). Etwas anderes tritt hinzu: Präventionsbotschaften kommen desto wirksamer an, je simpler sie sind und je leichter sie in die jeweils gegebene Lebensweise einzubauen sind. Wer die Präventionsbotschaft (Safer sex und Einwegspritzen) mit der Testbotschaft »vertauscht«, muß mit beträchtlichen Effektivitätsverlusten rechnen. Vor diesem Hintergrund erweist sich die im Frühsommer 1987 begonnene, neue Kampagne der Bundesregierung als geradezu verhängnisvoll fehlkonzeptioniert: Risikosituationen und Präventionsmöglichkeiten werden überhaupt nicht mehr beim Namen genannt und *statt dessen* wird der Test propagiert.

6. Der HIV-Antikörpertest wird weiterhin als Maßnahme

zur *Sicherheit in Institutionen* propagiert und mit oftmals unterlaufener oder nur fiktiver Freiwilligkeit durchgeführt (medizinische Versorgung, Gefängnisse, Bildungseinrichtungen, Betriebe etc.). Zunächst ist festzuhalten, daß auch in diesen Institutionen außerhalb der bekannten Risikosituationen ein relevantes Infektionsrisiko nicht besteht. Zwar ist die Anzahl der mutmaßlich durch Blutkontakt mit Aids-Kranken in Krankenhäusern (Nadelstichverletzungen, Eindringen von infiziertem Blut in offene Wunden) Infizierten weltweit mittlerweile auf 9 gestiegen (MMWR 1987), doch ist dies vor dem Hintergrund der zigtausend Expositionsjahre im Umgang mit Aids-Kranken und in Relation zu den sonstigen Berufs- und Lebensrisiken zu sehen. Auch die US-amerikanischen Centers for Disease Control (CDC) sind deshalb bei ihrer bisherigen Einstellung geblieben: Einhaltung der Hygieneregeln im Krankenhaus, so als sei jeder Patient infektiös (mit HIV oder dem wesentlich leichter übertragbaren Hepatitis-B-Virus), kein Screening bei Krankenhausaufnahme (ebd.). Ausnahmen können sich in Risikosituationen ergeben, bei denen es fast regelmäßig zu Nadelstichverletzungen des Personals kommt (Operationen am offenen Brustkorb etc.). Die Gefährdung der Patienten durch infiziertes Personal ist ebenfalls im Rahmen vernünftiger Abwägungen als Risiko auszuschließen.

Immer noch fordern einzelne Landesversicherungsanstalten den HIV-Antikörpertest als Voraussetzung zur Bewilligung einer stationären Drogentherapie. Angesichts der Motivationslage der Rehabilitanden und der in den Einrichtungen zu organisierenden Prävention (Kondome) ist dies als präventions- und rehabilitationsfeindlich anzusehen.

Besonders absurd ist die Situation in Gefängnissen: Solange der Knast gegen die Evidenz als sex- und drogenfreier Raum definiert wird und deshalb die technischen Voraussetzungen der Prävention (Kondome, Spritzbestecke) ausgesperrt bleiben, kann über die Sinnhaftigkeit von Testprogrammen nicht ernsthaft diskutiert werden. Faktum ist, daß ein/e nicht Infizierte/r, der/die im Gefängnis mit iv-Drogen in Berührung kommt, so gut wie sicher infiziert wird: An den wenigen eingeschmuggelten Spritzbestecken (»Stationspumpen«) »hängen« bis zu 25 Personen; der Drogenfluß in die Gefängnisse konnte trotz aller repressiven Bemühungen niemals unterbrochen werden. Vor allem Gelegenheits-Homosexualität ist im Gefängnis ständige und weitverbreitete Praxis.

Auch in Bildungseinrichtungen und Betrieben führt der Test nicht zu einer nennenswerten Steigerung der Aids-Sicherheit. Das gilt auch für Friseure, Köche, Masseure etc. Der HIV-Antikörpertest als faktische Einstellungsvoraussetzung im Rahmen betriebs- oder amtsärztlicher Einstellungsuntersuchungen stiftet keinen gesundheitlichen Nutzen.

7. Schließlich wird der HIV-Antikörpertest auch als Bestandteil *individueller Sicherheitsstrategien* diskutiert. Aus den bisherigen Ausführungen sollte deutlich geworden sein, wie fragwürdig, Leichtsinn stiftend und letztlich irrational die meisten zum Test führenden individuellen Überlegungen sind. Dennoch gibt es Konstellationen, in denen gerade unter Beachtung des Selbstbestimmungsrechts des/der Ratsuchenden vom Test nicht strikt abgeraten werden kann. So ist z. B. einer Frau, die schwanger werden möchte bzw. es schon ist, die Güter- und Risikoabwägung für sich selbst und ihr Kind in letzter Instanz selbst überlassen. Das Betreuungs- und Versorgungssystem hat die notwendigen Informationen bereitzustellen und zu gewährleisten, daß niemand mit einem positiven Test-Ergebnis alleine bleibt und/oder ein negatives Test-Ergebnis falsch interpretiert.

Eine andere Fallgruppe stellen Menschen dar, die in der Vergangenheit eine oder mehrere Risikosituationen hatten und dies subjektiv für ihre Zukunft ausschließen zu können glauben. Bei ihrer Beratung ist — wie bei allen Testberatungen — davon auszugehen, daß jeder und jede mit einem negativen Testergebnis rechnet, auch wenn er/sie in der Beratung das Gegenteil sagt; die Folgen eines positiven Testergebnisses werden ohne Beratung meist nicht konkret antizipiert. Auch hinsichtlich der jeweiligen Beziehungskonstellation und der Sicherheit der Prognose Aids-sicheren Verhaltens ergeben sich hier für die Beratung komplizierte, nur je individuell zu lösende Probleme (vgl. Becker und Clement 1987, Dannecker 1987). Generell kann gesagt werden, daß Menschen, die auch nur gelegentlich Risikosituationen eingehen, vom Test abgeraten werden sollte und sie immer primär auf strikt präventives Verhalten in Risikosituationen hin orientiert werden sollten.

Eine letzte Gruppe mit oftmals überhaupt nicht erfüllbaren individuellen Sicherheitsbedürfnissen stellen die quantitativ zunehmenden Aids-Hysteriker dar, die — meist ohne jedes zugrunde liegende Risiko — die Aids-Hilfen, Beratungsstellen, Gesundheitsämter und Arztpraxen nach jeder aktuellen Horrormeldung verstärkt heimsuchen. Diesen Menschen ist oft nur mit einem negativen Test-Ergebnis zu helfen. Aber nicht immer: Es sind Fälle bekannt, in denen solche Opfer der Aids-Berichterstattung sich bei verschiedenen Institutionen mehr als zehnmal haben testen lassen.

8. Gänzlich zu unterscheiden von der gesundheitsbezogenen Betrachtung des HIV-Antikörpertestes ist der Test-Einsatz zur *juristischen* Beweissicherung, sei es zur Ermittlung strafrechtlicher Verantwortlichkeiten, sei es zur Klärung im Rahmen des Haftungsrechts (vgl. dazu Bruns 1987). Ohne auf die damit verbundenen Probleme im einzelnen einzugehen, ist aus gesundheitsbezogenem Gesichtswinkel darauf hinzuweisen, daß eine Beweissicherung, die antipräventive und gesundheitsschädliche Effekte auslöst, auch rechtlich nicht unproblematisch sein kann.

Fazit

Der HIV-Antikörpertest wurde für die Sicherung von Blutprodukten und Transplantaten und damit für die Verstopfung eines wichtigen Übertragungsweges entwickelt. Notwendig und nützlich ist er darüber hinaus für einige begrenzte Felder der ärztlichen Differential- und Ausschlußdiagnose, in der Schwangerenberatung sowie für die (sozial-) epidemiologische Forschung, soweit dabei professionelle Standards eingehalten werden. Der Test darf ethisch und rechtlich ausnahmslos nur auf der Basis des »informed consent« vorgenommen werden, d. h. aufgrund einer ausführlichen Beratung und auf der Basis *echter* Freiwilligkeit. Alles andere verstößt gegen Grundprinzipien der ärztlichen Ethik und wäre auch straf- und zivilrechtlich zu würdigen (gefährliche bzw. schwere Körperverletzung). Dazu gehört weiterhin, daß vor dem Test geklärt sein muß, wo, wie und mit wem die psychischen, z. T. dramatischen Folgen der Mitteilung eines positiven Ergebnisses aufgefangen werden.

Ein Testeinsatz außerhalb der genannten Felder ist durchweg nutzlos, in den meisten Feldern und Fällen kontraproduktiv und angesichts der »unerwünschten Wirkungen« bis auf die im Text genannten Ausnahmen nicht zu vertreten (vgl. z. B. die in den Niederlanden staatlich offiziell so betriebene und so bezeichnete »Test-Entmutungspolitik«, Wijngarden 1986).

Um zu diesem Ergebnis zu gelangen, braucht man keiner spezifischen Ideologie in bezug auf was auch immer anzuhängen, vielmehr ergibt sich dies aus der Anwendung der Denkregeln von Medizin- und Gesundheitspolitik. Kriterium für Handeln oder Nichthandeln ist die erzielbare Wirksamkeit unter Abwägung sowohl der erwünschten als auch der unerwünschten Wirkungen in einem gegebenen Zusammenhang.

Wenn dem so ist, stellt sich natürlich die Frage, wieso der Test, die Testpropaganda und die Diskussion über Test-Zwang eine derart prominente (und allein dadurch schon präventionsfeindliche) Rolle spielen können. Dies ist nicht aus der Sache heraus zu erklären, sondern durch die nicht-gesundheitlichen, überwiegend symbolischen Bedeutungen, die der Test für die wichtigsten vier gesellschaftlichen Akteure im Umkreis von Aids gewonnen hat:

1. Für die beteiligten pharmazeutischen Firmen eröffnen die Tests einen nicht unbeträchtlichen Absatzmarkt, dessen Besetzung ihnen zudem Bekanntheits- und Vertrauensvorteile für die absehbar heiße Phase der Vermarktung von Therapeutika und Impfstoffen verleiht. Dieser Faktor ist sicherlich wichtig, erklärt aber keinesfalls das qualitative und quantitative Ausmaß des Mißbrauchs.

2. Für die medizinische Profession ist der Test (von AZT einmal abgesehen) das einzige vorzeigbare Interventionsinstrument im Umkreis der Krankheit. Er gewinnt dadurch eine hohe Symbolbedeutung für die Macht der Medizin über die Krankheit Aids und die Zuständigkeit der Medizin für Proble-

me von Krankheit/Gesundheit generell. Der HIV-Antikörpertest wird dabei einem Berufsstand an die Hand gegeben, der hinsichtlich der immer breiter werdenden Kluft zwischen den diagnostischen Möglichkeiten und den therapeutischen Fähigkeiten des vor allem technischen Instrumentariums stark desensibilisiert zu sein scheint.

3. Für den Staat ist der HIV-Antikörpertest *das* Symbol für Kontrolle und Kontrollierbarkeit der Krankheit. Wer nicht testet oder testen will, steht sofort im Verdacht, die unkontrollierte Ausbreitung einer Seuche zu befürworten. Die Frage, was sinnvollerweise mit dem Test kontrolliert werden kann und was aus den wie auch immer erhobenen Testbefunden folgen soll, wird meist gar nicht erst erörtert.

4. Letztlich gibt es — abgesehen von hysterischen und hypochondrischen Reaktionen — eine ziemlich starke nachfrageinduzierte Testvornahme. Teils dürfte diese auf mangelnder Aufklärung beruhen, teils auf nicht hinterfragter Arztgläubigkeit und Zutrauen in die Zuständigkeit des Medizinsystems für alle Fragen von Gesundheit/Krankheit. Aus vielen empirischen Untersuchungen geht aber auch hervor, daß bei einem großen Teil der Testteilnehmer unterdrückte Schuldgefühle und Wünsche nach Bestrafung für verbotene sexuelle Betätigung eine wichtige Rolle spielen.

Der vorliegende Aufsatz enthält wesentliche Ergebnisse aus dem Buch des Verfassers: AIDS kann schneller besiegt werden — Gesundheitspolitik am Beispiel einer Infektionskrankheit, VSA-Verlag, Hamburg 1986, 3. durchgesehene Auflage 1987. Dort ist auch die zugrunde liegende Literatur verzeichnet. Darüber hinaus wurde hier folgende Literatur zitiert:

Literatur

Abholz, H. H. 1987: Was ist Früherkennung, was kann sie leisten? in: Jahrbuch für kritische Medizin 13, ARGUMENT-Sonderband AS 155, Berlin
Bayerische Staatsregierung 1987: AIDS: Vollzug des Seuchenrechts, des Ausländerrechts und des Polizeirechts. Bekanntmachung des Bayer. Staatsministeriums des Innern vom 19. Mai 1987, Nr. IE/IA/IC-5280-8.2/7/87, in: Ministerialamtsblatt der Bayerischen Inneren Verwaltung, 39. (106.) Jg., Nr. 10, S. 246—256
Becker, S., U. Clement 1987: HIV-Infektion und Sexualität, in: Deutsches Ärzteblatt, 84. Jg., Nr. 28/29, S. 1223—1226

Bruns, M. 1987: Aids, Alltag und Recht, in: Monatsschrift für Deutsches Recht, 41. Jg., Nr. 5, S. 353—358
Burr, M. L., P. C. Elwood 1985: Research and Development of Health Promotion Services — Screening, in: W. W. Holland, G. Knox (Eds.), Oxford Textbook of Public Health, Volume 3, Oxford/New York/Toronto, S. 373—384
Dannecker, M. 1987: Haben Sie Angst vor AIDS? in: Sexualmedizin, 16. Jg., Nr. 7, S. 294—298
Frösner, G. G. 1987 a: Wie kann die weitere Ausbreitung von AIDS verlangsamt werden? in: AIDS-Forschung, 2. Jg., Heft 1, S. 61—65
Frösner, G. G. 1987 b: Einfluß von »safer sex« auf die Prävalenz der HIV-Infektion, in: AIDS-Forschung, 2. Jg., Nr. 6, S. 315—322
Gürtler, L., J. Eberle, B. Lorbeer, F. Deinhardt 1986: Sensitivity and Specifity of Different Commercially Available anti-LAV/HTLV-III ELISA Screening Tests, Poster 43, Int. Conf. on AIDS, Paris
Gostin, L., W. J. Curran 1987: AIDS Screening, Confidentiality, and the Duty to Warn, in: American Journal of Public Health, Vol. 77, No. 3, S. 361—365
Helm/Stille-Studie 1986: Brodt, H. R., E. B. Helm, A. Werner, A. Joetten, L. Bergmann, A. Klüver, W. Stille: Spontanverlauf der LAV/HTLV-III-Infektion, in: Deutsche Medizinische Wochenschrift, 111. Jg., Nr. 31/32, S. 1175 ff.
Jacobowski, C. 1987: AIDS — Entschließungsantrag IV/36 an den 90. Deutschen Ärztetag (zur weiteren Beratung an den Vorstand der Bundesärztekammer überwiesen), Karlsruhe
Konotey-Ahulu, F.I.D. 1987: Clinical Epidemiology, not Seroepidemiology, is the Answer to Africa's AIDS Problem, in: British Medical Journal, Vol. 294, S. 1593—1594
Miller D., J. Green, D. J. Jeffries, A. J. Pinching, J. R. W. Harris 1986: HTLV III — Should Testing Ever be Routine? in: British Medical Journal, Vol. 292, S. 941 f.
MMWR 1987: Update: HIV Infections in Health Care Workers Exposed to Blood of Infected Patients, in: Morbidity and Mortality Weekly Report, Vol. 36., No. 19, S. 285—289
Pohle, H. D., D. Eichenlaub 1987: Kann die weitere Ausbreitung von AIDS verhindert werden? in: AIDS-Forschung, 2. Jg., Nr. 3, S. 118—121
Rosenbrock, R. 1987 a: Politik mit und gegen AIDS, in: Blätter für deutsche und internationale Politik, 32. Jg., Nr. 9
Rosenbrock, R. 1987 b: Soziale, medizinische und sozialwissenschaftliche Voraussetzungen der Prävention und Bekämpfung von Aids, IIVG/pre 87—209 (engl.: 87-210) (kostenlos zu beziehen bei: WZB, Griegstr. 5—7, D—1000 Berlin 33), Berlin
Wijngarden, J. van 1986: AIDS in den Niederlanden, in: S. R.: Dunde (Hg.): AIDS — Was eine Krankheit verändert, Frankfurt
Wilson, J. M. G. 1966: Some Principles of Early Diagnosis and Detection, in: G. Teeling-Smith (Ed.): Surveillance and Early Diagnosis in General Practice, Office of Health Economics, London
Wilson, J. M. G., G. Jungner 1968/1971: Principles and Practice of Screening of Disease, WHO, Genf

Sophinette Becker
Der Arzt, der Aids-Patient und die Sexualität

Vor meinem ersten Besuch bei dem Aids-Kranken Herrn K. lese ich die Arztbriefe verschiedener Kliniken durch. Dabei fällt mir die unübliche Formulierung auf, der (heterosexuelle, verheiratete) Patient habe vor seiner Heirat »in sexueller Hinsicht relativ freizügig« gelebt. Rein sachlich hätte etwa der Hinweis, »der Patient hat sich vermutlich durch sexuellen Kontakt in dem und dem Land infiziert«, völlig ausgereicht. In mündlichen Äußerungen wird bereits vom »ausschweifenden sexuellen Leben« des Patienten gesprochen.

Im Gespräch mit dem Patienten selbst stellt sich heraus, daß er Frauen gegenüber schüchtern und sexuell sehr gehemmt war, sexuelle Kontakte nur im Ausland gewagt und auch eine Ausländerin geheiratet hat. Stark inzestuös an seine Mutter gebunden, konnte er Sexualität nur unter der Bedingung einer gewissen Entwertung des Sexualpartners zulassen und erleben. Es wurde deutlich, daß die Charakterisierung seiner Sexualität als »freizügig« und »ausschweifend« Ausdruck eines Distanzierungsversuches war im Sinne von: Wenn er schon als Heterosexueller »zu uns« gehört, muß er wenigstens ein Sexmonster sein, damit wir ihn wieder ausgrenzen können, um uns nicht selbst bedroht zu fühlen.

Als es dem Patienten ständig schlechter ging, mußte er aus medizinischen Gründen auf eine andere Station verlegt werden. Eine Station lehnte seine Aufnahme ab mit der Begründung, sein jetziger Zustand (Appetitlosigkeit, Gewichtabnahme) sei nicht Folge von Aids, sondern seiner Depression. Diese Begründung kam von Ärzten, die sonst in keiner Weise zu einer psychosomatischen Sichtweise neigen, hatte also reinen Ausgrenzungscharakter. Außerdem war zu diesem Zeitpunkt medizinisch durchaus schon zu fragen. ob die Depressivität des Patienten nicht nur eine psychische Reaktion auf seine Krankheit, sondern bereits Folge von durch Aids verursachten

Veränderungen im Zentralnervensystem war. Die Station, die ihn dann aufnahm, reagierte zunächst mit völlig übertriebenen Schutzmaßnahmen; selbst die Ehefrau wurde dazu angehalten, im Zimmer des Patienten ständig Mundschutz und Handschuhe zu tragen. Das verängstigte Pflegepersonal begründete mir gegenüber diese Maßnahmen mit einem Merkblatt, das es nach eigenen Angaben, da es in englischer Sprache verfaßt war, nicht verstehen konnte.

Auch auf dieser Station wurde von ansonsten hartgesottenen Organikern die Frage nach einer psychischen Verursachung seines Zustandes diskutiert. Ich wurde sogar gefragt, ob der 44jährige Patient eine Anorexia nervosa habe — bekanntlich eine Erkrankung pubertierender Mädchen. Später wurde allen deutlich, daß diese psychogenetischen Überlegungen ebenso wie die Klagen über die mangelnde Kooperation des Patienten Versuche waren, mit der eigenen Ohnmacht fertig zu werden.

Im Laufe der stationären Behandlung verfiel Herr K. zusehends: er aß nicht mehr, nahm immer weiter ab, sprach kaum und schwer verständlich, war depressiv und apathisch. Gleichzeitig traten vermehrt Ausfälle des zentralen Nervensystems auf, die er auch selbst bemerkte. Er starb langsam und qualvoll — ein Dahinsiechen, wie ich es selbst trotz langjähriger Erfahrung mit sterbenden Krebspatienten noch nicht erlebt habe.

Die Beziehung zu ihm war sehr belastend, besonders weil er sich abwechselnd wegstoßend und anklammernd verhielt. Es war schwer, ein für ihn hilfreiches Verhältnis von Zuwendung und Distanz zu finden. Gelegentliche Todeswünsche, die ich ihm gegenüber empfand, entsprangen nicht nur dem Wunsch, sein Leiden zu beenden, sondern auch dem, ihn »loszuwerden«. Die Betreuung von Aids-Patienten ist schwierig. Gerade deshalb ist es für den professionellen Betreuer wichtig, sich die eigenen Phantasien (über Tod, Omnipotenz, Schuld, Sexualität, Homosexualität usw.) bewußt zu machen, um sie nicht auf den Patienten zu projizieren. Auch der Umgang mit den Patienten wird dadurch wesentlich leichter.

Ein Mensch mit Aids, Verdacht auf Aids oder HIV-Infektion konfrontiert den praktisch tätigen Arzt mit einer Fülle von Problemen auf mehreren Ebenen:

— Mit einer neuen Krankheit, über die er in seiner Ausbildung nichts gelernt hat, über die er sich selbst erst gründlich informieren muß. Dieses Problem wird noch dadurch verstärkt, daß viele der betroffenen Patienten medizinisch bestens informiert sind — was ohnehin bei Ärzten nicht gerade eine beliebte Patienteneigenschaft ist. Jenseits der Hauptbehandlungszentren für Aids-Patienten, an denen es viele sehr engagierte und medizinisch sehr gut informierte Ärzte gibt, ist bis heute eine erschreckende Unwissenheit unter Ärzten zu konstatieren.

— Mit einer Krankheit, deren Behandlung noch aussichtsloser als die der meisten Krebsarten ist. Jede schwere Erkrankung mit möglicherweise tödlichem Ausgang stellt die (bewußte oder unbewußte) Allmachtsphantasie des Arztes in Frage, konfrontiert ihn mit Gefühlen der Hilflosigkeit. Die Abwehr dieser Gefühle ist verständlich, sie kann sich in Form von Aggression, Entwertung, Schuldzuweisung gegenüber dem Patienten ausdrücken (Der Patient empfindet dem Arzt gegenüber oft ähnlich). Dieses Problem stellt sich verschärft bei Aids, weil die sonst üblichen medizinischen »Waffen« als weitgehend wirkungslos bekannt sind. Auffallend ist jedoch, daß die medizinisch-therapeutische Ohnmacht bei Aids in einer sonst bei »hoffnungslosen Krankheiten« nicht üblichen Offenheit zugegeben und geäußert wird. »Ehrlichkeit« reicht als Erklärung nicht aus. Wenn Aids die Aura von Krebs und Syphilis in einem hat, bricht hier der Syphilisanteil durch in Gestalt des mehr oder weniger offenen Vorwurfs, der Patient habe letztlich selber Schuld an seiner Krankheit. — Mit Homosexualität, das heißt, mit seinen bewußten und unbewußten Einstellungen und Phantasien über Homosexualität der anderen und seiner (latenten) eigenen.

Diese drei Problemebenen vermischen und potenzieren sich. Eine vorurteilsfreie oder zumindest die eigenen Vorurteile bewußt reflektierende Erforschung der Infektionsherkunft mag für den Arzt schon schwer genug sein; »doctors are no experts in sex« — weder in eigener Sexualität noch in der von anderen. Phantasien über Homosexualität, Sexualität überhaupt, »exotische« Sexualität (»potenzstarke Neger«), Sexualneid (»zahllose sexuelle Partner«), voyeuristische Impulse werden angeregt. Selbst wenn der Arzt mit alledem einigermaßen gut umgeht, das heißt die Anamnese des sexuellen Lebensstils des Patienten nicht dazu mißbraucht, aus dem Kranken einen Schuldigen zu machen, und zu dem Patienten ein vertrauensvolles Verhältnis herstellen kann, wird er immer wieder aufs neue damit konfrontiert werden. Etwa, wenn der Patient kein »guter« Patient ist, sich in seiner Not fordernd, unbequem, »undankbar«, belastend verhält. Wenn es dem Patienten immer schlechter geht, das starke ärztliche Engagement ohne Erfolg bleibt, der Patient ihm möglicherweise deshalb Vorwürfe macht — wie leicht brechen dann die alten Vorurteile wieder durch, wenn auch nur in versteckter Form.

Als in der Regel systemkonforme Mitglieder der Gesellschaft mit qua Standesbewußtsein konservativen Wertvorstellungen teilen Ärzte alle allgemeinen Vorurteile. Auch im Umgang mit Aids empfinden sie deshalb nicht anders als der »homophobe« Durchschnittsbürger (vgl. etwa den Aufsatz »Die Männerliebe hat Tradition« von Dr. med. Hans-W. Rölke, Deutsches Ärzteblatt, Heft 27/84, und die Leserbriefe dazu in den folgenden Heften). Nur hat dies bei ihnen so fatale Folgen, weil sie in besonderer Weise mit den betroffenen Menschen zu tun haben.

Ärzte befinden sich in einem spezifischen Konflikt: Von ihrem ethischen Selbstverständnis her meinen sie, daß ihnen »nichts Menschliches fremd sein« darf, daß sie jede Krankheit und jeden Kranken ausschließlich mit nüchternem, naturwissenschaftlich-neutralem Blick betrachten müssen; eigene Gefühle, und ganz besonders sexuelle Empfindungen, dürfen nicht sein, stören die ärztliche Neutralität. Die hilfreiche psycho-analytische Erkenntnis, daß gerade die Wahrnehmung der eigenen Gefühle ein hervorragendes Diagnostikum ist und die Beziehung zum Patienten wesentlich erleichtert, ist den meisten Ärzten unvertraut bis suspekt. Da die Gefühle und Empfindungen aber doch da sind, müssen sie streng kontrolliert werden, können nur gelegentlich in abgespaltener Form ein Ventil finden, zum Beispiel in Witzen während gynäkologischer Operationen.

Dieser Konflikt zwischen der falsch verstandenen Neutralität und der eigenen Sexualität des Arztes wird durch Aids ganz besonders aktiviert. Erhöhte Angst und Verstärkung des Tabus sind die Folge, schaukeln sich gegenseitig hoch. Projektion und Kontrolle versprechen einen Ausweg aus dem Dilemma: Die als schuldhaft erlebte Sexualität wird an die Homosexuellen delegiert und ausgegrenzt; die eigene Sexualität muß in Schach gehalten werden — allgemeine Kontrolle muß her! Zum Beispiel Meldepflicht für Infizierte oder totale sexuelle Abstinenz als prophylaktische Empfehlung.

Dr. S. (selbst nicht in der Behandlung von Aids-Patienten tätig, aber an der allgemeinen Diskussion beteiligt) äußert in einem informellen Gespräch mit mir: »Man sollte die gesamte Bevölkerung der BRD zwangsweise drei Jahre lang alle drei Monate auf den HIV-Virus untersuchen und alle Virusträger am Po tätowieren.« Auf meine spontane Reaktion, das sei faschistisch, meint er, das sei das Problem bei diesem Vorschlag, daß man ihn in Deutschland nicht äußern dürfe. Daß man ihn in der BRD nicht *denken* dürfte, war ihm nicht nahezubringen. Außerdem wäre doch durch diese Maßnahme freie Sexualität weiterhin möglich, das müsse mich doch überzeugen.

Im Zeichen der sich zuspitzenden ökonomischen Krise im Gesundheitswesen taucht unter dem Deckmantel der Kostenersparnis in Diskussionen immer häufiger das Schlagwort Schuldprinzip auf: Wer krank ist, hat selber Schuld. So hatten schon in der Weimarer Republik die Diskussionen begonnen, die dann letztlich zur Vernichtung »unwerten Lebens« führten. In den Blättern der ärztlichen Standesorganisationen wird heute die Frage der »selbstverschuldeten« Krankheit diskutiert, vor allem in bezug auf Folgen von Alkohol, Nikotin und zuviel Essen. Auch in bezug auf Aids existiert bei vielen Ärzten die Vorstellung, die Patienten hätten ihre Krankheit durch ihren homosexuellen Lebensstil selbst verschuldet. (Essen, Rauchen, Trinken, Sexualität — alles Laster.)

Im Gegensatz dazu wird bei sozial anerkannten Krankheiten wie zum Beispiel Herzinfarkt (unter Ärzten sicher verbreiteter als Aids) oder bei Sportverletzungen dem Patienten der die Krankheit eventuell mitverursachende Lebensstil nicht vorgeworfen. Auch bei aufgeklärten Ärzten ist es dementsprechend oft so, daß sie die Diskriminierung von Virusträgern eigentlich nur bei Blutern als schlimm empfinden können. Ärzte fühlen sich nicht nur zuständig für den einzelnen Patienten, sondern empfinden meist auch eine »besondere Verantwortung für das Wohl der Bevölkerung«. Die fatalen Folgen eines solchen Bewußtseins des Arztes als »Volkserzieher« kann man an den Aktivitäten der Ärzteschaft im Nationalsozialismus studieren.

Es soll hier nicht geleugnet werden, daß die ärztliche Betreuung von Aids-Patienten wirklich sehr belastend ist, nicht nur zeitlich, auch emotional. Um so wichtiger ist es, daß Ärzte ganz besonders ihre Phantasien und Vorurteile über Sexualität, Homosexualität, Tod, Allmacht und Schuld reflektieren, sich darüber klar werden, wann sie kompetent sind und wann nicht. Ärgerlich wird es erst dann, wenn Ärzte, die sich nie mit sexualwissenschaftlichen Erkenntnissen beschäftigt haben, plötzlich vorgeben, über *den* »homosexuellen Lebensstil« Bescheid zu wissen und dabei nur populäre Vorurteile zum Besten geben. So wundere ich mich immer wieder über die Gewißheit, mit der viele Ärzte behaupten, *alle* Homosexuellen lebten promisk. Daß die psychische Disposition der Homosexualität (ähnlich wie die der Heterosexualität) eine Fülle von Lebensform-Varianten beinhaltet, setzt sich nur schwer als Erkenntnis durch.

Nach zwei Jahren Erfahrung sind mittlerweile bei den Ärzten, die sich intensiv praktisch mit Aids befassen, viele Vorurteile und irrationale Ängste abgebaut worden. Für die Ärzteschaft insgesamt gilt dies nicht: Es gibt viele Zahnärzte, die Patienten, die sich als Virusträger zu erkennen geben, die Behandlung verweigern; es gibt auch Hausärzte, die das positive Testergebnis den Patienten am Telefon mitteilen — und ähnliche Grausamkeiten mehr.

Die medizinische Aids-Forschung hat sich durch Vorurteile (Fixierung auf Homosexualität als Ursache: »Gay-related-immune-deficiency«) zum Teil selbst blockiert. Besonders in der Epidemiologie kam es dadurch zu zahlreichen Fehlschlüssen;

so wurden etwa drogenabhängige Homosexuelle unter die Risikogruppe der Homosexuellen subsumiert, was zeitweise zu einem Unterschätzen der Infektionsverbreitung durch Drogenabhängige führte. Die Entdeckung, daß ein Virus und nicht Homosexualität die Ursache der Krankheit ist, verdanken wir womöglich der Tatsache, daß Ehrgeiz und Konkurrenz *noch* stärker sind als das anti-homosexuelle Vorurteil.

Michael Lukas Moeller
Das Leben kann den Tod nicht beseitigen

»Lange bevor wir uns selbst als sterblich begreifen, haben wir die Erfahrung von Zeit und Vergängnis, das sehr frühe Erlebnis, daß Leben immerzu eine Todesrichtung hat. Ohne diese Erfahrung würde sich die Sinnfrage nicht stellen. Ohne die Sinnfrage, ob sie dann eine Antwort findet oder in die Verzweiflung führt, gibt es den Menschen nicht.«

So sprach Max Frisch zu Ärztinnen und Ärzten. An diese Worte denke ich, wenn Aidskranke zu mir in die Psychosoziale Ambulanz des Frankfurter Universitätsklinikums kommen. Zwischen dem organisierenden Helfen und dem miterlebenden Helfen ist ein gewaltiger Unterschied. Wer sich politisch, sozialpolitisch, forschend, organ-medizinisch oder rein organisierend um die Lage der Testpositiven und Aidskranken kümmert, bewahrt noch den schützenden Abstand. Der ist verloren für den, der ihr Schicksal hautnah miterlebt. Es verändert alles: das Bewußtsein zu leben, die Beziehung, den Beruf und den Alltag.

»Ich will den Rest meines Lebens nicht ›intensiver‹ verbringen. Was ich will, ist ein ganz normaler Alltag — so wie immer. Einmal wieder unbefangen eine Kartoffel aus der Schüssel nehmen, ohne — gegen mein besseres Wissen — zu befürchten, die anderen anzustecken. Oder einfach wie früher einen Achtstundentag im Beruf gut durchhalten.«

Wer zu mir kommt, ist noch nicht ganz hinfällig. Dennoch versetzen mich die Gespräche in eine andere Wirklichkeit. Die Todesnähe durchzieht meinen beruflichen und privaten Alltag. Ich fühle mich ihr nur gewachsen, weil ich selbst einmal an einer langwierigen Erkrankung glaubte sterben zu müssen. Die Todesangst, die mir die Angst des ungelebten Lebens zu sein scheint, trifft jeden tief, der helfen will. Seelische Hilfe brauchen die Kranken und die Helfer. Das darf nicht übersehen werden.

Im Gespräch mit Vertretern der AIDS-Hilfe Frankfurt,

Köln und Saarbrücken bin ich sicherer geworden, wie die bisherige krasse Unzulänglichkeit der psychosozialen Hilfe behoben werden könnte:

1. Gesprächsgemeinschaften, die durch ein monatliches Gesamttreffen begleitet werden, für die Betroffenen und für die Betreuer (zum Beispiel als Arbeitsplatz-Gesprächsgemeinschaften).

2. Beratung und Psychotherapie von einzelnen Betroffenen, Paaren und Familien, oft auch von Betreuern.

3. Balint-Gruppen für die Betreuer, zu denen auch Betroffene als Laienberater gehören.

Gesprächsgemeinschaften

Gesprächsgemeinschaften sind eine wohldefinierte Form der Selbsthilfegruppen: Eine kleine Gruppe von sechs bis zwölf Personen (beziehungsweise fünf Paaren) trifft sich mindestens einmal in der Woche für etwa zwei Stunden regelmäßig über lange Zeit in einem möglichst neutralen Raum. Diese Grundordnung der Gruppe ergibt sich aus Erfahrungen, die Hunderttausende solcher Gesprächsgemeinschaften — vor allem in den westlichen Industriestaaten — über Jahrzehnte gemacht haben.

Zu ihnen gehört auch »Make Today Count« (etwa: Zähle und achte den Tag), eine Selbsthilfegruppenorganisation für Menschen, die an einer tödlichen Erkrankung leiden. Die Gruppe ist kein privater Ratschlagverein oder politischer Diskutierclub. Sie arbeitet, vom eigenen Erleben ausgehend, reflektierend an der ganzen Situation. Das Selbsthilfeprinzip lautet: Jeder entwickelt sich selbst und hilft dadurch den anderen, sich selbst zu entwickeln. Das Lernen am Vorbild — gleichgültig, ob es gelingt oder mißlingt — ist entscheidend. Die Gruppen wirken mehr, als Experten lieb zu sein scheint. Das ist ein Ergebnis unseres mehrjährigen Forschungsprojektes. Vorbehalte, Bedenken und Ängste kleiden sich in die unterschiedlichsten Argumente und sind bei Fachleuten fast noch stärker als bei Laien. Es überraschte mich daher, daß die Patienten (Testpositive und Aidskranke), die zu mir kamen, bereit waren, an einer Gesprächsselbsthilfegruppe teilzunehmen.

Zwei Selbsthilfegruppen hatten sich bereits vor langer Zeit unabhängig von unserer Psychosozialen Ambulanz gebildet. Sie nahmen das Angebot an, sich mit mir zu beraten. Bei diesen beiden Beratungen zeigte sich das (übliche) Dilemma: die Ahnungslosigkeit, wie vorzugehen ist.

Eine Gruppe tagte vierzehntägig. Dadurch ging der unbewußte Faden verloren. Das Kontinuitätsprinzip war nicht eingehalten worden. Zu jeder Sitzung kamen Neue. Das ließ die Gruppenarbeit nicht wachsen. Zudem konnte die Entwicklung von der äußeren zur inneren Gruppenbildung (in den ersten zehn Sitzungen) kaum stattfinden. Die Gruppe tagte reihum in privaten Räumen, aber eben nicht in allen. Dadurch bildeten sich Untergruppen (Gastgeber und Gäste), die eine balancierte Gruppenarbeit sehr erschweren. An einer Gruppe nahm außer Einzelpersonen auch ein Paar teil, das ebenfalls eine starke Untergruppe bildete. Der Beginn und das Ende der Sitzungen wurden gemeinsam nicht klar vereinbart. Und es gab zahllose weitere Probleme.

Aus der Praxis der Selbsthilfegruppen sind sechs Kernprobleme vereinzelt arbeitender Gesprächsgemeinschaften bekannt:

1. Wie kann eine Gruppe *von den Erfahrungen der anderen lernen?* Das bedeutet: Wie läßt sich die Gruppenselbsthilfe verbessern? Wie lassen sich Probleme angehen, die eine Gruppe als Ganzes nicht lösen zu können meint? Wie lassen sich Fehlentwicklungen vermeiden?

2. Wie kann gemeinsames Reden *und* gemeinsames Handeln zugleich erreicht werden? Mit anderen Worten: Wie läßt sich *Selbstveränderung* — also Reflexion des eigenen Erlebens und Verhaltens und damit Aufarbeitung seelischer Belastungen — verbinden mit *Sozialveränderung* — das heißt mit gemeinsamer Planung von Initiativen, die als sozialpolitische und politische Konsequenz des Erkenntnisgewinns der Gruppen anzusehen sind?

3. Wie können *neue Interessenten* kontinuierlich informiert und aufgenommen werden, ohne daß die Gruppenarbeit gestört wird und ein Kampf gegen ständige Gruppenvergrößerung geführt werden muß?

4. Wie lassen sich die gemeinsamen alltäglichen Aufgaben im Rahmen der *Selbstorganisation möglichst wirksam* lösen und in ihrer Belastung verteilen — so etwa Raumbeschaffung und vor allem die meist vernachlässigte Bekanntgabe nach außen?

5. Wie soll die *Zusammenarbeit mit Fachleuten* vonstatten gehen, ohne daß die Eigenständigkeit der Gruppen gefährdet wird?

6. Wie ist der *Neigung zu vereinzeltem Arbeiten* der Gruppen zu begegnen, die so häufig zu vorzeitigem Zerfall, zu apolitischer Minisolidarität oder zu einer Art Selbstghettoisierung führt?

Für das gleichzeitige Beheben dieser sechs Kernprobleme gibt es keine geeignetere Lösung in der Praxis als die eines *konkreten Verbundes mehrerer ähnlicher Gesprächsgemeinschaften in einer Region*. Dieser Zusammenschluß realisiert sich in einer gemeinsamen Aktivität: im *monatlichen Gesamttreffen*. Dabei handelt es sich um einen zweistündigen Termin, der zusätzlich zu den üblichen wöchentlichen Gruppensitzungen vereinbart wird und meist an einem anderen Ort stattfindet. Das Gesamttreffen ist sozusagen die *Selbsthilfegruppe der Selbsthilfegruppen*. Die Sitzung findet in Form eines offenen Gespräches statt. Nur in besonderen Problemfällen kommen alle Mitglieder der Gruppe, in der Regel erscheinen zwei bis drei Gruppenvertreter, die nicht immer dieselben sein sollten (rotierende Delegierte).

Das Gesamttreffen ist gleichzeitig Anlaufstelle für Interessierte, die sich Gruppen anschließen oder neue Gruppen gründen können. Das Gesamttreffen ist darüber hinaus ein angemessener Ort für die Zusammenarbeit mit Fachleuten. Sofern diese Kenntnis und Erfahrung über die Arbeit der Selbsthilfegruppen haben, wirken sie hier als Begleiter von Gesprächsgemeinschaften mit, so etwa ärztliche oder psychologische Psychotherapeuten und Sozialarbeiter. Später ebensogut erfahrene Betroffene. Im Gegensatz zum traditionellen Abhängigkeitsverhältnis des Patienten zum beruflichen Helfer ist hier die gleichgestellte Beziehung zu beachten. Der Helfer berät also nicht die Gruppe, er berät *mit* ihr.

Ein solches Angebot, das die Selbständigkeit der Betroffenen unbehelligt läßt und auch ihre Bereitschaft zu sozialpolitischen Initiativen erhöht, kann jede andere Beratungsstelle ebenso machen wie unsere Psychosoziale Ambulanz. Ein solches Vorgehen ist nicht nur praktisch bewährt — ich habe es in meinen Büchern »Selbsthilfegruppen« und »Anders helfen« dargestellt —, es ist angesichts des dringend zu behebenden Notstandes der seelischen Hilfe auch rasch realisierbar.

Eine Teilnahme an einer Gesprächsgemeinschaft verträgt sich im übrigen ohne weiteres mit Einzelberatung oder Psychotherapie. Beide haben Gewinn davon. Eine Aufteilung in »Testpositive-Gruppen« und »Aids-Gruppen« haben die Betroffenen, mit denen wir zusammenarbeiten, nicht für sinnvoll erachtet. »Ich sage es Ihnen offen: Mir fällt in der Gemeinschaft das Sterben leichter«, sagte ein Aidskranker. »Ich kann nicht einfach die Augen zumachen und so tun, als wäre nichts passiert. Ich möchte mir mit anderen klarwerden, was das heißt, ›testpositiv‹ zu sein.«

Ich kenne Gesprächsgemeinschaften nicht nur als Psychotherapeut und Forscher sozusagen von außen, sondern auch als Teilnehmer von innen. Seit fünf Jahren nehme ich an einer Gesprächsgemeinschaft teil. Mehr denn je bin ich von ihrem Wert überzeugt. Für mich gibt es keinen Grund, aus den Gesprächsgemeinschaften herauszugehen. Mir gelingt es besser, mich selbst in der Gruppe zu verstehen, meine innere und äußere Situation genauer wahrzunehmen und entschiedener zu gestalten — auch hinsichtlich meiner politischen Einstellung. Ich halte die Gefahr, daß soziale Notstände durch psychologische Innenschau glattgebügelt werden, für gering. Vereinzelte Betroffene sind ungleich weniger durchsetzungsfähig als ein Verbund mehrerer Gesprächsgemeinschaften im Gesamttreffen.

»Wir sind zwar gegen die Krankheit weitgehend machtlos und werden es vermutlich auch noch längere Zeit sein, nicht aber gegen die Folgen des Umgangs mit ihr; denn diese sind das Ergebnis menschlichen Handelns und damit veränderbar.« Dieser Satz von Frank Rühmann umreißt genau die Chancen und Aufgaben der Gesprächsgemeinschaften. Bei den bisherigen Beratungen mit einzelnen Betroffenen und auch mit ganzen Gruppen in unserer Psychosozialen Ambulanz zeichnete sich aus der Vielzahl isolierter Belastungen erst nach und nach das Gesamtbild der seelischen Krise ab. Ich möchte die einzelnen Krisenmomente kurz benennen, um damit zweierlei deutlich zu machen: Erstens besteht nach der vollständigen Verleugnung (»ich denke einfach nicht daran«) die zweite hauptsächliche Abwehrmethode der Bevölkerung, der Experten und der Betroffenen darin, die einzelnen Krisenherde isoliert zu betonen, um damit das viel schwerwiegendere Gesamtbild nicht wahrnehmen zu müssen: Fraktionierung des Bewußtseins. Zweitens ist eine Gesprächsgemeinschaft imstande, eine solche Zersplitterung der Wahrnehmung aufzuheben: Nach und nach, die Angstmenge dosierend, gelingt es ihr, das Ganze zu sehen und damit seelisch angemessener aufzuarbeiten. Worunter sie seelisch leiden, ist also selbst den Betroffenen nur teilweise klar. Betreuende Organmediziner und andere Helfer stehen ebenso überfordert, in der Regel ratlos, vor der umfassenden und tiefen Not ihrer Klienten. Ich betone noch einmal: Auch den Helfern muß geholfen werden — durch psychotherapeutische Supervision (m. E. am sinnvollsten in Balint-Gruppen) und meist wohl auch durch persönliche psychotherapeutische Hilfe (m. E. am sinnvollsten in Arbeitsplatz-Gesprächsgemeinschaften für Ärzte, berufliche Helfer und Pflegepersonal). Andernfalls wird die mobilisierte eigene Angst und deren unbeholfene Eindämmung ahnungslos an den nächsten Betroffenen weitergegeben und verstärkt so die Krise durch unangemessene seelische Abwehrformen wie Verleugnung, Beschwichtigung, Agieren oder technische Distanzierung.

Die folgende Aufzählung der Krisenmomente kann Verleugnung aufheben. Verleugnung ist und bleibt zwar die »erste beste seelische Hilfe«. Doch wird durch sie der gewaltige Druck der inneren Not nicht verändert. Er wird nur dem Bewußtsein ferngehalten — genauer besehen: konserviert und durch Aufstauen noch verstärkt. Die seelischen Belastungen wirken sich dann unbewußt aus, sicherlich zugunsten der körperlichen Gesundheit. Vor allem besteht dann keine Chance, sie zu verarbeiten.

Krisenmomente

»Das Schlimmste ist die Ungewißheit. Du bist positiv. Jetzt hängt das Schwert über dir.« Die Bedrohung bleibt ohne faßbaren Gegner, allgegenwärtig und andauernd. Ungewißheit zählt zu den stärksten seelischen Belastungen. Sie verschärft die hypochondrische Selbstbeobachtung bis zum Exzeß. Sie ruft ein besonderes Krankheitsbild hervor, die Aids-Phobie. Unter ihrem Angstdruck suchen auch Testnegative fast in einer Flucht nach vorn ständig die Beratung auf und wiederholen Tests. Vor allem führt es sie zu einer radikalen inneren Isolation, zu einem inneren Exil.

»Ich werde in der Gruppe leichter sterben«, sagt ein Aidskranker. Die anderen erleben sein Sterben mit. Es könnte ihres sein. Das geschieht auch sonst im Alltagsleben. Der Tod ist hautnah. Die Gruppe wird zu einer »Schule des Sterbens«, damit aber gleichzeitig auch des wirklichen Lebens.

In einer Diskussion riß ein Aidskranker den anderen — Betroffenen und Fachleuten — die Masken vom Gesicht. Er hatte nichts mehr zu vertuschen. Er nutzte seine Wahrheit destruktiv. Angesichts einer tödlichen Erkrankung — sei es als Betroffener oder als Miterlebender — identifiziert man sich mit dem Angriff dieser Bedrohung, mit ihrer zerstörerischen Kraft, um ihr so vermeintlich nicht ausgeliefert zu sein. »Killing role« heißt diese *Identifikation mit dem tödlichen Aggressor* (letztlich mit dem unbewußten Bild vom Virus). So beginnt man auch seine Beziehungen, seinen Beruf, sein Leben unwillkürlich zu zerstören. Zur »Killing role« gehört die überwertige Idee, bei eindeutig harmlosen Begegnungen ansteckend zu sein oder — in der Selbstbestrafungsform — angesteckt zu werden. Eine Gesprächsgemeinschaft kann diese Haltung besser wahrnehmen und auflösen.

»Kann in der Gruppe meine Promiskuität geheilt werden?« Diese Frage enthält eine Verzweiflung und eine Illusion; denn jeder Liebesakt — auch der nichtpromiske — kann zum tödlichen Faktor werden. Liebe und Tod werden auch konkret so identisch, wie sie es in der unbewußten Vorstellung der Menschen sind. *Die (unbewußte) Faszination der Aidserkrankung geht von der tiefen Wahrheit aus, in der Liebe wie im Tod zu ver-*

gehen. Alltäglicher ist die geradezu unmenschliche Forderung, sich anders zu verhalten, als man sich spontan verhält. Jeder von uns hat seine Liebensbedingungen. Die radikale Veränderung des sexuellen Verhaltens angesichts der Infektionsgefahr bedeutet meist auch den Untergang der sexuellen Lust: »Ich habe zwischen Langeweile und Todesgefahr zu wählen.«

Daß in die Gesprächsgemeinschaft Positive und Aidskranke gemeinsam gehen, ist Abbild der wahren Lage: Keiner weiß, wann er erkrankt, nicht einmal, ob er bereits erkrankt ist. *Es gibt zwei Klassen: Sterbende und Überlebende.* Kein seelischer Triumph ist größer als der des Überlebenden — und ebenso vernichtend sind die entsprechenden Schuldgefühle. Dem entspricht auf seiten der Erkrankten ein großer unbewußter Neid und eine Wut unter den Gefühlen von Depression und Trauer.

»Ich lebte in einer festen Beziehung. Als ich positiv war, stand es fest, daß ich mich von meinem Freund angesteckt hatte. Er trieb sich viel mehr herum. Aber er weigerte sich, den Test zu machen. Das störte unsere Beziehung. Erst ein Jahr später machte er ihn. Er war negativ. Jetzt wurde ich in der Beziehung der Bedroher. Wir konnten diesen plötzlichen Wechsel seelisch nicht verkraften.« — *Jede Freundschaft wird seelisch umgedreht: Statt Geborgenheit zu bieten, wird sie zur potentiellen Bedrohung.*

»Lasse ich mich testen, gerate ich in die Zwickmühle. Denn bin ich positiv, packt mich die Angst so sehr, daß ich allein aus dieser seelischen Schwächung meine Abwehrkräfte verliere und tatsächlich erkranke. Bin ich negativ, weiß ich das sicher erst bei der zweiten Testung — und dann bleibt mir im Grunde nichts anderes übrig, als mich immer wieder testen zu lassen. Das ist ein Faß ohne Boden. Und Gewißheit gewinne ich nie — so oder so nicht. — Lasse ich mich aber nicht testen, bin ich auch nicht besser dran. Ich weiß nie, ob ich Virusträger bin. Ich könnte bei jeder Begegnung ein Todesbringer sein, also töten — letztlich, um mich nicht selbst zu töten.« *Der seelische Abgrund, den der Test aufreißt, wird sehr oft durch Beschränkung auf administrative oder organisatorische Probleme verdrängt.*

»Was nützt mir ein Rosa Winkel. Ich kann auch als Positiver mit dem nicht ins Bett.« Die wissenschaftliche Auffassung, daß eine Mehrfachinfektion eher zur Aidserkrankung führt, ja sie vielleicht überhaupt erst bedingt, trägt selbst in die Beziehung von Infizierten Vorsicht, Kontrolle und Mißtrauen hinein. *So bedroht der Virus nicht nur die körperliche Abwehr, sondern ebenso schleichend und systematisch das Fundament aller seelischen Abwehrkraft: die Solidarisierung.*

»Ich mache mir jetzt die größten Vorwürfe, wie ich bisher gelebt habe...« — Die »lebensgeschichtliche Theorie« ist sehr verbreitet. Es soll inzwischen zwei Bücher geben, in denen die Autoren berichten, wie sie sich durch eine grundlegend veränderte Lebensführung von der Aidserkrankung heilten. Ich kenne sie noch nicht und kann sie kaum glauben. Daß es für Infizierte vor Ausbruch der Erkrankung aber sinnvoll ist, zu lernen, wie sie die Lebensführung auch jenseits des sexuellen Verhaltens ändern und zugleich damit zusammenhängende unangemessene Schuldgefühle abbauen, begründet ebenfalls die Teilnahme an Gesprächsgemeinschaften.

»Ein leichter Griff an den Unterkiefer oder in den Nacken ist ja schon hoch verdächtig: der tastet seine Lymphknoten ab — denkt doch jeder.« »Alle haben inzwischen einen messerscharfen, geschulten Blick für die kleinste Schwellung im Gesicht des anderen.« *Der Virus schafft für alle einen paranoiden Raum. Jeder fühlt sich unter totaler Beobachtung und lauert selbst mit.* Durch den Zwang, sich so normal wie möglich zu geben, werden alle zu *Normopathen.*

Die massive Reaktion der Öffentlichkeit gegen Homosexuelle ist durch Aids nur ausgelöst. Die seelische Wurzel geht tiefer: Die Homosexualität selbst ist infektiös, weil die homosexuelle Seite jedes Heterosexuellen durch die Vorstellung der hautnahen tödlichen Erkrankung aus der Verdrängung gerät. *Plötzlich müssen sich alle mit drei, bisher streng vermiedenen Empfindungen auseinandersetzen: mit der Homosexualität, insbesondere der eigenen; mit Tod durch Liebe; und mit Tod durch homosexuelle Liebe. Das ist zuviel.* Eine massive Projektion auf die Homosexuellen hat eingesetzt.

Diese Sündenbockbildung wird in verhängnisvoller Weise

durch zwei unbewußte Reaktionen auf homosexueller Seite stabilisiert: nicht nur die Krankheit selbst ist eine Strafe; das Strafbedürfnis, das unbewußten Schuldgefühlen (nicht nur wegen der eigenen homosexuellen Neigungen) entstammt, wird auch durch die offene oder geheime Mißachtung und Verbannung durch die Öffentlichkeit befriedigt. Darüber hinaus findet die ungeheure seelische Dauerbelastung, die unbestimmte Gefahr aus dem Körperinneren, die Ungewißheit zu erkranken, plötzlich ein entlastendes Ventil: Die Bedrohung kann jetzt als von außen kommend erlebt werden. *Der Angriff der Öffentlichkeit dient so auch als Befreiung von der inneren Not: Es ist leichter, sich mit einem konkreten Außenfeind auseinanderzusetzen, als dem dräuenden, unbestimmten, inneren Angsttraum ausgeliefert zu sein.*

»Keiner wußte, daß ich homosexuell bin. Jetzt bin ich erkrankt. Meine Familie mußte davon erfahren.« Das doppelte Coming out verschärft die seelische Krise bis zur Unerträglichkeit. Manche möchten der Paniksituation entgehen, indem sie zur Heterosexualität wechseln. »Der Zwiespalt zwischen meiner Homosexualität und meiner Heterosexualität hat sich in letzter Zeit verstärkt. Ich frage mich, ob ich nicht doch eher heterosexuell leben sollte.«

»Daß ich positiv bin, hat mich noch nicht, aber meine Eltern krank gemacht.« *Der Virus ist nicht auf den Körper des einzelnen zu beschränken, er führt zu seelischen Erkrankungen im Sinne einer Pathoneurose* (Aktualisierung einer individuellen, Paar- oder Familien-Neurose, durch eine drohende oder bestehende Erkrankung).

»Daß ich hier war, sage ich niemandem. Wenn die Firma davon hört, bin ich sofort entlassen — natürlich unter Angabe anderer Gründe.«

»Eben hörte ich, daß einem homosexuellen Paar die Wohnung gekündigt wurde — aus heiterem Himmel, ohne ersichtlichen Grund. Es war aber klar, daß die Angst hatten, sie holten sich mit denen Aids ins Haus.« — »Die Leute im Haus reden mit mir eindeutig weniger. Sie tun nur noch unbefangen.«

In diesen drei Aspekten wird die soziale Verbannung sichtbar. Sie übertrifft wahrscheinlich die sexuelle Isolation in ihren seelischen Auswirkungen. Die Hand wird nicht mehr gereicht. Eine Psychotherapie, die beantragt und genehmigt wurde, wird plötzlich versagt. Landesversicherungsanstalten erstatten keine Therapiekosten, zum Beispiel für Drogenabhängige, die positiv sind. Die Lage ist tragisch, nicht nur empörend. Die Angstmenge ist für alle zu groß. Es kommt mir vor, als wäre eine unheimliche Bewegung im Gange, die Homosexuelle bei lebendigem Leibe in die vermeintliche Solidargemeinschaft dieser Gesellschaft einmauert.

Es ist nicht dieses oder jenes spektakuläre Ereignis, sondern die Zerrüttung der alltäglichen Atmosphäre, die in dieser Todesnähe die seelische Krise fast unerträglich macht. Die Krise ist aber nicht zu bewältigen, indem man sich abmüht, sie nicht wahrzunehmen. Daß Gesprächsgemeinschaften auch dieser schweren Lage gewachsen sein können, belegt vielleicht am besten ein Satz des leukämiekranken Journalisten Orvin E. Kelly, dem Gründer der Selbsthilfeorganisation »Make Today Count«: »Unabhängig davon, was mir jetzt geschehen wird, ich habe in den letzten drei Jahren intensiver gelebt und bin intensiver mit meiner Familie zusammengewesen als alle Zeit vor Ausbruch meiner Krebserkrankung.«

Medien
und
Politik

Ulrich Clement
Höhenrausch

Zahlen. In den letzten fünf Jahren sind 176 Menschen daran gestorben. 201 weitere sind an dem tödlichen Syndrom erkrankt, das sind, beim Jahreswechsel 1985/86, etwa 0,0003 Prozent der Bevölkerung, jeder dreihunderttausendste. Die Zahlen nehmen zu. Wer würde sich darüber Sorgen machen? So eine kleine Wahrscheinlichkeit — die trifft einen selbst doch nie. Damit muß man leben, hieße es. Die alltägliche Verdrängung würde ihre Arbeit tun, man ginge zur Tagesordnung über. Konjunktiv.

Indikativ. »10 000 Tote bis Ende des Jahrzehnts.«[1] »Ohne Beispiel in der Geschichte von Infektionskrankheiten der Menschen.«[2] »In den USA rechnet man mit Millionen Virusinfizierten.«[3] »Weltweit 19 000 Fälle.«[4] Es handelt sich um die Verbreitung von Aids. In der Diskussion um Aids spielen Zahlen eine Rolle, die sonst untypisch ist für die öffentliche Erörterung von Krankheiten und ihre Verbreitung. Wer weiß auch nur ungefähr, wie viele Krebstote es pro Jahr gibt, wie groß die Wahrscheinlichkeit ist, an Krebs zu sterben, wie die prognostische Entwicklung von Krebserkrankungen bis zum Ende des Jahrzehnts?

Zahlen können Angst machen, große mehr als kleine, und Zahlen lassen sich vergrößern, ohne daß man sie fälschen muß. Aids-Statistiken sind Lehrbeispiele dafür. Ein erstes: Um die Größenordnung einer Krankheit und ihre Entwicklung zu beschreiben, ist es üblich, als wichtigste Basisparameter die Neuerkrankungen pro Zeiteinheit (Inzidenzrate) und die Häufigkeit der Krankheit in der Bevölkerung (Prävalenzrate) anzugeben.

Aids sprengt diese Konventionen. Statt der üblichen Zahl der Neuerkrankungen pro Jahr tauchen fast überall *kumulative Inzidenzraten* auf. Diese geben an, wie viele Menschen insgesamt bisher erkrankt sind. Die kumulative Inzidenz ist der meistgenannte statistische Parameter in wissenschaftlichen wie populären Publikationen zu Aids. Das sind Aussagen der Art: »Es gibt bisher 377 Aids-Kranke in der Bundesrepublik.« Auf diese Weise kann man unbegrenzt sammeln. Man addiert die Zahl der Neuerkrankten einfach zur Anzahl der bisher Erkrankten. Definitionsgemäß *steigt* eine solche Zahl *immer*. Selbst wenn es zu einer Abnahme der Neuerkrankungen kommt, nimmt die kumulative Inzidenz, die »Bisher«-Anzahl zu. Das macht ihren suggestiven Effekt aus. Die Aussage »Es gibt immer mehr Aids-Fälle« ist, so gesehen, nicht falsch, sie bezieht sich aber auf einen Parameter, der in der Epidemiologie anderer Krankheiten ganz unüblich ist. Bei einer grafischen Darstellung des zeitlichen Inzidenzverlaufs würde sich zeigen, daß sich die Zunahme der Ersterkrankungen seit 1984 verlangsamt. Dieser Trend wäre in einer kumulativen Inzidenzkurve optisch nicht mehr erkennbar — sie schnellt nach oben.[5]

Trendangaben dieses Typs bestimmen die Diskussion. Sie werden sowohl vom Bundesgesundheitsamt in Westberlin, offizielle statistische Quelle für die Bundesrepublik[6] wie praktisch der gesamten Presse gemacht.

Ein zweites Beispiel: Bei der kumulativen Angabe von Erkrankten-Zahlen gehen die bereits an Aids Verstorbenen mit ein. So wird zum Beispiel ein 1983 Verstorbener der Gesamtbevölkerung von 1985 zugerechnet. Das wird dann zum epidemiologischen Unsinn, wenn daraus Prävalenzraten errechnet werden, die nicht die sonstige Sterbeentwicklung im selben Zeitraum mitberücksichtigen. Der Effekt ist auch hier derselbe: Die Zahlen werden vergrößert. Geht man etwa von den vom Bundesgesundheitsamt mitgeteilten Zahlen aus[7] (377 Aids-Kranke am 31. 12. 85, davon 135 bis 31. 12. 84 verstorben), so kommt man bei rund sechzig Millionen Einwohnern auf 4,0 Kranke/Mio. Einwohner im Jahr 1985, nicht auf die vom BGA angegebenen 6,2.

Nun hat es etwas Makabres, auf diese Weise die früheren Todesfälle nicht mitzurechnen, was freilich bei Angaben zur Krankheitsprävalenz und Letalität anderer nicht minder tragischer Krankheiten durchaus üblich ist. Deshalb geht es hier auch nicht um die kleinliche Aufrechnung statistischer Korinthen, sondern um die erstaunte Feststellung, daß sich im trockenen Geschäft des Zählens ausgerechnet bei Aids eine solche Abkehr von wissenschaftlichen Konventionen vollzieht.

Ein drittes Beispiel: Wer den wissenschaftlichen Alltag kennt, weiß, wie schnell sich eine Faszination an der Eigendynamik von Daten einstellt, der man sich schwer entziehen kann. Bei den Aids-Statistiken scheint so etwas zu passieren. Die Magie der exponentiell ansteigenden Kurve verbündet sich mit der Angstlust an der unfaßbaren Krankheit. Die Zahlen ängstigen — und die Angst fordert neue Zahlen: Über eine zunehmende Gefahr will man Neuigkeiten hören. Manchen genügt das aber noch nicht. Da ein paar hundert Todkranke in der BRD offenbar nicht reichen für eine Sensation, macht man ein paar Tausend daraus — und rechnet hoch.

Eine solche Zahlenvergrößerungstechnik führt der »Spiegel«-Journalist Halter vor. Sein Ende 1985 erschienener Reader »Todesseuche AIDS« enthält einen Aufsatz der Epidemiologin am Robert-Koch-Institut des Bundesgesundheitsamtes Berlin, L'age-Stehr. Darin beschreibt sie Verbreitung und Entwicklung der Aids-Daten in den USA und der BRD, wobei sie sich mit Hochrechnungen zurückhält. Lediglich am Ende wagt sie die vorsichtige Schätzung: »Wenn wir den Vorteil der zeitlichen Verzögerung von drei Jahren unserer Aids-Epidemie gegenüber der in den USA nicht nutzen, werden wir 1988 dort sein, wo Amerika heute ist, das heißt, vielleicht 3000 bis 4000 Aids-Kranke in der Bundesrepublik haben.«[8]

Der Herausgeber Halter macht daraus ein beeindruckendes Diagramm mit Daten des BGA, die *er* bis 1989 extrapoliert (das BGA gibt offiziell keine Hochrechnungen heraus) und »10 000 Tote bis Ende des Jahrzehnts« überschreibt — ein Zitat der Autorin suggerierend, das nirgendwo in ihrem Text steht.

Noch einmal, ganz langsam: Aus »vielleicht 3000—4000 Kranken« werden »10 000 Tote«! So macht man Panik mit Zahlen: dazuerfinden und beliebig Quellen mißbrauchen. Ein vom Höhenrausch besessener Herausgeber tut das, was er für hochrechnen hält, und dominiert mit seiner Graphik den Text. Die Autorin läßt es geschehen — und sie müßte es besser wissen:

— Ein Teil der bisherigen Zunahme von Aids-Krankheitsfällen läßt sich nicht als Zunahme von Erkrankungen, sondern als Verbesserung der Diagnostik verstehen, was gleichbedeutend ist mit einer Abnahme der »Dunkelziffer«. Das heißt: Je mehr über Aids bekannt wird, desto eher wird es auch diagnostiziert. Stellt man dies in Rechnung, ergibt sich zwar eine höhere Gesamtzahl von Fällen, aber eine geringere Zunahme.

Eine lineare Hochrechnung, die von den gemeldeten Fällen ausgeht, überschätzt also die Entwicklung.

— Man kann auf der Basis des kurzen Zeitintervalls von maximal fünf Jahren zu sehr verschiedenen Hochrechnungen kommen. Interessanterweise tut das auch l'age-Stehr. In einem kurz vor dem Halter-Buch veröffentlichten Aufsatz stellt sie eine ganz andere Prognose: »Es ist zu erwarten, daß die exponentiell ansteigende AIDS-Epidemiekurve bald einen deutlichen Abwärtsknick erfährt.«[9]

So fließt eben in Hochrechnungen viel Beliebigkeit ein, dazu Furcht und Hoffnung der Hochrechner. Entsprechend manisch oder vorsichtig erzeugen sie Zahlen für die Zukunft. Bei diesen Prognosen entsteht ein paradoxer Effekt, der denen, die unrecht haben, recht gibt. Stellt sich nämlich eine pessimistische Prognose als falsch heraus, kann der Prognostiker sagen: Das ist so, weil ich rechtzeitig gewarnt habe. Der Panik-Erzeuger Halter etwa, der 1985 10 000 Tote für das Ende des Jahrzehnts erfindet, kann in fünf Jahren bei 2000 Toten sagen, er habe recht gehabt. So »wenige« seien das, weil er soviel für die Verhinderung der Apokalypse getan habe. Hochrechnungen sollen also falsch sein.

Und sie sind es: Sowohl die bundesdeutschen[10] wie die europäischen[11] und die US-amerikanischen[12] Verlaufszahlen beschreiben eine geringere Zunahme der Neuerkrankungen. Von einer Verdoppelung der Neuerkrankungen alle sechs oder acht Monate kann danach nicht mehr die Rede sein.

Es wäre für eine Deeskalation der Aids-Hysterie gut, wenn solche Entwicklungen mit derselben Nachdrücklichkeit berichtet würden wie die anfänglichen Horrorprognosen. Es wäre gut, wenn ebenso deutlich hörbar würde, daß der Prozentsatz von Erkrankten unter den HTLV-III-Infizierten nach wie vor relativ gering ist. Nach einer jüngsten Untersuchung der bestinformierten CDC (Centers for Disease Control, die US-amerikanische Gesundheitsüberwachungsbehörde) in Atlanta/-USA[13] wird er auf ein bis zwei Prozent für Aids, zehn bis zwanzig Prozent für LAS geschätzt. Es wäre gut, die Einzelfälle von HTLV-III-Infizierten zu erwähnen, die nach einiger Zeit die Infektion überwunden hatten.[14]

Statt hysterisch gegen eine Aids-Hysterie zu reden und sie damit weiterzukochen, statt mit Zahlenstroh die Angst zu heizen, wären das immerhin Ansätze, ein Denken über Aids zu aktivieren, das auch ohne Horror wach bleibt.

Literatur

1 Halter, H. (Hrsg.): Todesseuche AIDS. Spiegel-Buch, Rowohlt, 1985, S. 40
2 L'age-Stehr: Ein höchst gefährliches Virus. In H. Halter (Hrsg.), a. a. O., S. 34
3 Ärzte-Zeitung 17. 10. 1985, S. 22 f.
4 Frankfurter Rundschau 19. 12. 1985, S. 24
5 Vgl. die Zahlen der WHO für die AIDS-Verbreitung in Europa. In: WHO Wkly Epidem. Rec., Nr. 40, 1985, pp. 305—311
6 z. B. L'age-Stehr: »Epidemiologie des erworbenen Immundefekt-Syndroms« (AIDS). In: E. B. Helm, W. Stille (Hrsg.): AIDS — Acquired Immune Deficiency Syndrome, 1985, S. 7—14
7 AIDS-Arbeitsgruppe BGA/RKI: Der AIDS-Arbeitsgruppe des BGA bekanntgewordene AIDS-Erkrankungen (CDC-Falldefinition) in Deutschland (Stand 31. 12. 1985)
8 L'age-Stehr, a. a. O., S. 33—66
9 L'age-Stehr, wie (6), S. 14
10 Bundesgesundheitsamt, tel. Mitteilung
11 wie (5)
12 Zeitschrift f. Chemotherapie Nov/Dez 1985, S. 41; Curran, J. W. et al.: The Epidemiology of AIDS: Current Status and Future Prospects. Science (September 27, 1985), p. 1354
13 Curran et al., a. a.O.
14 Lieberson J.: The Reality of AIDS. New York Review of Books 16. 1. 1986, p. 45

Nachtrag

Der Artikel ist vor eineinhalb Jahren geschrieben worden. Mittlerweile hat die Zahl der gemeldeten Aids-Erkrankungen von 377 auf 1089 zugenommen[1]. Gleichzeitig ist die naive Linearhochrechnerei in den Hintergrund getreten zugunsten von mathematisch zwar anspruchsvollen Extrapolationen, die aber epidemiologisch wackelig bleiben, weil sie mit unbekannten Ausgangsgrößen operieren[2]. Diese Unbekannten lassen nun Spielraum für Improvisation nach Bedarf: So kann man immer noch ziemlich sicher von der HIV-Infizierten-Zahl, die jemand behauptet, auf seine Aids-politische Position schließen: Wer zwischen 30 000 und 100 000 schätzt, ist wahrscheinlich liberal und für Aufklärung, wer über 150 000 schätzt, ist wahrscheinlich reaktionär und für staatliche Zwangsmaßnahmen. Man erzeugt also diese Zahlen so, wie sie für die jeweilige Argumentation gebraucht werden. Irgendjemand fing dann an, bei der Schätzung der Anzahl von HIV-Infizierten in der Bevölkerung den Daumen auf die Zahl 100 zu legen, mit der die Zahl der Aids-Kranken zu multiplizieren sei, damit man daraus die Zahl der Infizierten errechne. Eine solche Richtzahl hat besonders dann eine Anziehungskraft, wenn man wenig weiß. Nun hat der mit dem Daumen vergessen zu sagen, ob man die aktuell Kranken oder die kumulierten Kranken (also inklusive der Toten) zugrunde legen soll. Nimmt man den letzten, also schlimmeren Fall, kommt man gegenwärtig (Stand: 29. 5. 87) auf etwa 110 000 Infizierte. Führen wir diese Rechnung weiter. In der epidemiologischen Fachliteratur gibt es das, was nur auf deutsch »Durchseuchungsgrad« heißt und den Prozentsatz Infizierter innerhalb einer umgrenzten Gruppe meint. Dieser Prozentsatz ist nicht einmal grob bekannt. Das liegt daran, daß auch große untersuchte Stichproben stark ausgewählt sind. Vernünftigerweise führt das in der amerikanischen Fachliteratur, die mit Schätzungen sehr vorsichtig ist, zur Angabe von relativ breiten Schätzintervallen. So kommen Literaturübersichten zur Verbreitung von 10 Prozent bis 70 Prozent Infizierter unter den Homosexuellen, 1 Prozent bis 70 Prozent unter den i. v. Drogenabhängigen, je nachdem, ob die

Daten aus sogenannten »low incidence« oder aus »high incidence areas« kommen. Bei Hämophilen (10 Prozent bis 90 Prozent) hängt die Infektionswahrscheinlichkeit davon ab, ob sie mit dem Faktor VIII-Präparat behandelt wurden oder anders[3]. Mit einer solchen Relativierung von Wissen können nun bundesdeutsche Schreckensexperten nicht leben. Die Frankfurter Mediziner Helm und Stille wissen plötzlich das, was sonst keiner weiß, nämlich, daß »ca. 20 Prozent der Homosexuellen, 40 Prozent der Fixer und 60 Prozent der Hämophilen mit einem auf lange Sicht tödlichen Virus infiziert sind«[4]. Wie reimt sich das auf die Zahl der Gesamtinfizierten? Geht man einmal von dem in verschiedenen sexualwissenschaftlichen Untersuchungen replizierten und als relativ valide geltenden, zeitlich und kulturell konstanten Anteil von ca. 5 Prozent Homosexuellen in der männlichen Bevölkerung aus[5], so kommt man in der BRD (bei ca. 24 Millionen Männern über 15 Jahren[6], auf etwa 1, 2 Millionen Homosexueller im sexuell aktiven Alter. Nach Helm und Stille sind also bereits 240 000 Homosexuelle infiziert. Nimmt man dazu die 40 Prozent der mindestens 80 000 i. v. Drogenabhängigen[7], also weitere 32 000, ergeben sich bereits aus diesen beiden Gruppen 272 000 Infizierte, also etwa das Zweieinhalbfache der Daumenschätzung.

Was nun? Hat der mit dem Daumen zu gering geschätzt? Ist alles noch schlimmer? Oder sind die Schätzungen von Helm und Stille, deren Ursprung keiner kennt, zu hoch? Niemand weiß es. Solange Nichtwissen mit Scheinwissen verdeckt wird, repetierte Vermutungen Schätzungen genannt werden, um dann mit ihnen zu argumentieren, als seien sie empirische Realität, muß man sich die mathematische Regel merken, die dieser Form der Aids-Epidemiologie zugrunde liegt: 1 + 1 = 3.

Literatur

1 Stand: 29. 5. 1987, BGA-Zahlen
2 z. B. Halter, H.: »Den Toten können wir nicht helfen«. Der Spiegel 10/1987, S. 35—48
3 z. B. Blattner, W. A. et al.: Epidemiology of Human T-Lymphotropie

Virus Type III and the Risk of the Acquired Immunodefiency Syndrome. Ann. Int. Med. 103, 665 — 670, 1985
4 Stille, W., Helm, E. B.: Memorandum: Die aktuellen Konsequenzen. AIFO 2, 237—240, 1987
5 Übersicht bei Whitam, F. L.: Culturally Invariable Aspects of Homosexuality: Tentative From Cross-Cultural Research. Paper read at the 8th Annual Meeting of the International Academy of Sex Research, Copenhagen, Denmark, Aug. 22—26, 1982
6 Stand: 31. 12. 1985, mündliche Auskunft des Statistischen Bundesamtes, Wiesbaden
7 Velimirovic, B.: AIDS und Drogenabhängigkeit aus der Sicht des Epidemiologen. AIFO 2, 323—334, 1987

Eberhard Hübner
Inszenierung einer Krankheit
Die Aids-Berichterstattung im »Spiegel«

Man kann es als Fahndungsfoto verstehen, dieses Bild vom HTLV-III. Im »Spiegel« war es mehrere Male zu sehen: ein runder Fleck mit dunkel abgesetztem Rand, darin ein längliches, etwas asymetrisches Gebilde, mal eher stäbchen-, mal eher pyramidenförmig. Das ist das sogenannte Aids-Virus alias *»Killer-Virus«*, *»mörderische Mikrobe«* oder auch der *»diabolische«*, *»bösartige«* und *»heimtückische«* Krankheitserreger. Nach ihm fandet die Wissenschaftler-Kripo. Sie ist dem Täter schon *»auf der Spur«*, *»verfolgt erfolgversprechende Fährten«* oder ist noch dabei, den *»Hauptverdächtigen aufzuspüren«*. Offenbar hat sich die Wissenschaftsmetaphorik in der letzten Zeit entscheidend verschoben. Es geht hier nicht mehr um den noch im 19. Jahrhundert so beliebten heroischen Kampf der Forscher gegen die bedrohlichen Naturgewalten, sondern es werden Ordnungshüter herbeizitiert, die verbrecherische Asoziale in ihre Schranken weisen sollen. In dieser Sprechweise über Wissenschaft ist die Monopolisierung der Gewalt in den Händen der absoluten Naturbeherrscher schon vorausgesetzt; Natur selbst scheint, auch in ihren aggressiven Formen, ein grundsätzlich beigelegtes Problem zu sein, kein Gegenüber des Menschen mehr, sondern allenfalls ein Störelement innerhalb seiner Ordnungssysteme.

Zwischen diesen Metaphern wissenschaftlicher Selbstsicherheit irritiert nur das Foto vom Aids-Virus selber. Zwar erfüllt es auch die wesentliche Aufgabe von Zeitungsfotos, nämlich Beweise gegen das untergründige Mißtrauen dem Wirklichkeitsgehalt der Informationen gegenüber zu suggerieren, und dokumentiert zugleich, daß das sogenannte Aids-Virus aus der transzendenten Welt des Ungesehenen in den Kreis der fotografierbaren Objekte getreten und damit prinzipiell abschätzbar geworden ist. Sieht man es aber genauer an, muß man feststellen, daß es in diesen Rahmen des visuell Vertrauten eigentlich nicht paßt. Es ist geradezu eine Provokation der Abbildbarkeit. Man sieht auf ihm nämlich nichts, zumindest nichts Sinnvolles; und je länger man es betrachtet, desto unbegreiflicher wird, daß in diesen unscharfen geometrischen Figuren die Ursache für die tödliche Krankheit liegen soll. Wer in den Zügen des Täters nach der Spur seiner Taten sucht, wird hier enttäuscht. Ein »Spiegel«-Artikel zur Aids-Forschung war überschrieben »*Gesicht des Feindes*«. Der Titel war falsch gewählt. Er hat gar keins.

Nur auf den ersten Blick sieht es so aus, als sei mit diesem Bild ein Punkt wissenschaftlicher Neutralität und Beruhigung jenseits all der Hysterien und Mythen erreicht, die sich um Aids ranken und gerankt werden. In Wirklichkeit formuliert das Foto den Fluchtpunkt dieser Hysterien, von dem insgeheim alle Aufgeregtheiten der Krankheitsphantasien ausgehen. Das ist die Vorstellung von der Blindheit der Natur, der Unbegreiflichkeit ihres Zuschlagens, der puren, selbstgesetzten Faktizität ihrer Bestimmungen. Gerade das absolut Nichtssagende des Virus-Fotos drückt diese Vorstellung aus. Es bildet sozusagen eine Leerstelle ab, eine Lücke des Sinns; und die ist es, die die panische Flucht in Phantasiebilder und Sündenbockdenken hinein wenn nicht bewirkt, so doch möglich macht.

Die dramatische Rede von der »*Horrorseuche*« erscheint allemal erträglicher als das Bewußtsein vom blinden Fleck auf dem Foto. Und das Foto ist ja nur die Illustration zu der unendlichen Fremdheit der Sprache, in der die Wissenschaftler diese Krankheit beschreiben. Dazu gehört nicht nur der Kunst-Name der Krankheit selber, der mit seiner Anspielung auf das englische Wort für ›helfen‹ mühsam zu überspielen versucht, daß er ein reines Funktionswort ist. »*Acquired Immune Deficiency Syndrome*« ist der erste Name für eine populäre Krankheit, der nicht ihr Erscheinungsbild oder die Form ihres Ablaufs benennt.

Und auch die unverständlichen Prozesse in den Zellen, die unentwegte Rede von »*Systemen*«, »*Informationen*«, *Programmen*«, all diese Begriffe, die den menschlichen Organismus in Analogie zum Computer denken, stimulieren ein Gefühl von Enteignung an der Stelle, die einem eigentlich die nächste ist, dem eigenen Körper. Wenn die Wissenschaft die pragmatischen Zusammenhänge verläßt, in denen ihre Erkenntnisse den Sinn haben, den Zugriff der Natur zu lockern, etwa durch die Entwicklung von Impfstoffen, wird sie schnell der selber ganz mythischen Vorstellung vom blinden Ablauf des Verhängnisses zum Verwechseln ähnlich. Die Phantasien über die Krankheit antworten darauf wiederum mit den urmythischen Ideen von Schuld und Rache. Von ihnen lebt die Aids-Publizistik.

»*Sind Krankheiten zufällig, wollen sie etwas mitteilen?*« fragt Rosa von Praunheim in einem der ersten großen Aids-Artikel des »Spiegel« im November 1984. Über den Mitteilungscharakter von Krankheiten lohnt es sich nachzudenken. Er setzt Krankheit nicht als pures biologisches Faktum, sondern als Zeichen für Störungen in ganz anderen Bereichen: Gesellschaft, Umwelt, Seele. Aber nach der Theorie der psychosomatischen Erkrankungen spricht nicht die Krankheit selber, sondern es sprechen in ihr die verdrängten Teile des Innenlebens, weil sie keine andere Sprache finden, in der Ausdruck und Verschleierung sich so spezifisch mixen ließen. In Rosa von Praunheims Frage taucht aber Krankheit nicht als Medium der Mitteilung auf, sondern als ihr Subjekt. Das ist ein bedeutsamer Unterschied.

Es geht hier nämlich offenbar gar nicht um Menschen, die in der Sprache der Krankheit ihre wie immer unverständlichen Wünsche mitteilen, um sie dann später anders, nämlich im Klartext der Begriffe zu artikulieren, sondern es ist die Biologie selber, die das Wort über die Menschen ergreift. Das ist eigentlich eine dogmatische Sprachstruktur, die den Menschen in die Rolle des Zuhörers und Exegeten drängt; sie ließe sich allerdings akzeptieren, wenn die Krankheit hier über Angelegenheiten spräche, die sie angingen: über hygienisches und diätetisches Verhalten etwa, über Maßnahmen eben, die Krankheiten verhindern oder befördern können. Rosa von Praunheim aber läßt sie in seinem Aufsatz über all das nicht reden, sondern statt dessen über die Moral.

Der Aufsatz wendet sich gegen die promisken Sexualpraktiken vieler Homosexueller; das leuchtet ein bei einer Krankheit, die hauptsächlich beim Geschlechtsverkehr übertragen wird. Er verurteilt die multiplen Lüste aber nicht aus medizinischen Gründen, mit dem Argument, daß sich die Wahrscheinlichkeit einer Infektion mit der Anzahl der verschiedenen Sexualpartner erhöht, sondern allein aus Gewissensgründen. *»Was ist denn dran an dem bißchen Sex?«* fragt er, und diese Frage zielt nicht auf die Gefahren des Sex, sondern auf seine Qualität. Und um die steht es schlecht. Die *»Anonymität«* der Homosexuellen wird beklagt, die ihren Sex *»nur als Konsum«* und sich gegenseitig *»nur als Objekte«* betrachten; und die Szene ist ein *»Ghetto, das an alle Lüste dachte, nur nicht an die Liebe, Zuneigung und menschliche Wärme.«*

Ich will mich hier in die homosexuelle Selbstkritik nicht einmischen. Mich stört ihre Form: Die Kritik des sexuellen Verhaltens stützt sich nicht auf normative Überlegungen, neue Wünsche oder Unzufriedenheiten, die sich kraft ihrer subjektiven Dynamik selber ins Gespräch brächten, sondern sie bedient sich der Krankheit als argumentativer Krücke. So wird ein eigentlich rein menschlicher Diskurs über die Befreiung der Begierden und die Ausdruckskraft des Verhaltens durch den Rückgriff auf Biologisch-Medizinisches gestört, als ob die Wünsche selber zu schwach seien, sich hinreichend zu artikulieren. Medizin und Moral verwischen sich so auf kaum entwirrbare Weise. Die Krankheit wird zum Kommentar über ein Verhalten, das doch nur die Menschen selber kommentieren könnten. Daß ausgerechnet Rosa von Praunheim sich hier der Natur als Megaphon für seine moralischen Verdikte bedient, tut fast weh. Allzu nahe rückt die Struktur des Arguments an den Denk-Topos vom *»Widernatürlichen«*, der in der Geschichte der Homosexuellenverfolgung seine fatale Rolle spielt.

»War das die Befreiung, von der wir träumten?« Nicht daß der Protagonist der homosexuellen Emanzipation ihre Errungenschaften in Zweifel zieht, ist schlimm, sondern daß er das aus Anlaß von Aids tut. Damit signalisiert er nämlich nicht einen Fortschritt der Emanzipation über ihre abgelebten Formen hinaus, sondern einen Rückzug. Die Differenzierung der Wünsche als Motor der Reflexion wird ersetzt durch die

Drohgebärde der Biologie, und die läßt sich im Zweifelsfalle gegen jegliche Art des Anspruchs auf Glück ausspielen. Solche Denkfigur bricht die Solidarität mit den Bedrohten: sie verbündet sich nicht mit den Opfern gegen die Krankheit, sondern eher mit der Krankheit gegen die Opfer und läuft dabei Gefahr, daß das Unbehagen an den schlechten Formen der homosexuellen Befreiung durch das falsche Argument umschlägt in den Wunsch nach ihrer vollständigen Zurücknahme. Die Berufung auf Natur in moralischen Auseinandersetzungen zeigt sich nicht nur als formal, sondern zuletzt auch als politisch autoritär.

Und was die Panikmache angeht: Angst nistet in Undeutlichkeiten. Die medizinische Frage wird hier mit Moral aufgeschwemmt, die moralische Frage mit Biologie unzugänglich gemacht. Aids wird zum Problem auch des schlechten Gewissens, und das schlechte Gewissen zu dem der Krankheit. Das ist ein Klima der gegenseitigen Steigerung der Ängste, in dem das, was die Angst auslöst, in seinem Ausmaß und in seiner Begrenztheit ganz unerkennbar wird.

Dabei ist der »Spiegel« sehr darum bemüht, sich selber als aufgeklärtes und über den Hysterien stehendes Blatt darzustellen. Ein großer Teil seiner Berichterstattung besteht aus der Darstellung und Abqualifizierung der Ängste anderer. In einem Artikel über das Aids-geschockte Hollywood kann man lesen: »*Zwar hat auch Hollywood mit äußerstem Widerwillen zur Kenntnis genommen, daß das Aids-Virus keinen Unterschied macht, Männer, Frauen und Kinder erliegen ihm. Doch Angstvolle vertrauen am heftigsten ihren Vorurteilen.*« Und es folgt eine lange Liste hysterischer Reaktionen, von Jane Fonda, die befürchtet, daß Aerobic-Hopsende sich über ihren Körperschweiß anstecken können, bis zu den Kirchgängern, die ihrem homosexuellen Pfarrer nicht mehr die Hand geben.

Und auch bei uns werden Taxifahrer, Altenpfleger und Friseurkunden ausfindig gemacht, die phobisch überall Viren wittern. Natürlich fällt dem »Spiegel« die Häme da leicht. Er leistet damit eine Art Dienst am Leser: Er gibt ihm die Gelegenheit, sich über die Panik der Dummen lustig zu machen und sich so in seiner eigenen aufgeklärten Schlauheit wiederzuerkennen. Das ist ein Trick, von dem der »Spiegel« auch sonst lebt: Er suggeriert dem Leser das Gefühl von Vorurteilsfreiheit, um so ungestörter Vorurteile lancieren zu können. Rhetorisch gesehen ist das so etwas wie die Quadratur des Zirkels.

Immerhin beabsichtigt Rosa von Praunheims Appell, den Willen der Schwulen zur Selbstbehauptung zu stärken, damit Maßnahmen der Gesundheitsbehörden überflüssig werden. Dieses Interesse teilen die anderen »Spiegel«-Artikel zum Thema nicht. Sie durchzieht mal mehr, mal weniger deutlich die Sympathie für administrative Regelungen. Staatliche Eingriffe werden aber nur selten direkt gefordert und in ihrem Für und Wider entfaltet, sondern meistens nur unterschwellig nahegelegt. Wie der »Spiegel« das macht, will ich an einem Beispiel erläutern. Heft 38/85 des »Spiegel« enthält drei Beiträge zu Aids. Einer davon behandelt das relativ unspektakuläre Thema, ob HTLV-III-infizierte Kinder weiterhin die öffentlichen Schulen besuchen sollen; die Kulturminister wollen auf einer bevorstehenden Konferenz über diese Frage diskutieren.

Der »Spiegel« aktiviert alle seine Sprach-Tricks, um eine autoritäre Lösung als die einzig sinnvolle erscheinen zu lassen. Das fängt schon bei der Darstellung des Problems selber an. Der kurze fettgedruckte Vorspann des Artikels redet von den *»ersten Aids-Fällen an deutschen Schulen«* und gleich darauf von den *»Virus-Trägern«*. Daß das zwei ziemlich verschiedene Sachen sind, wird so unterschlagen. Ein Grund ist denkbar: Die Angst vor den Aids-Kranken läßt sich auf diese Weise leicht und ohne Abstriche auf die Virus-Träger übertragen; die Gefahr wird größer gemacht, als sie ohnehin schon ist, damit der Rückgriff auf *»Maßnahmen«* von oben noch selbstverständlicher erscheint.

Die Differenz zwischen den beiden Gruppen tendenziell einzuziehen, ist ein Manöver, das sich in der gesamten »Spiegel«-Berichterstattung zum Thema verfolgen läßt. Es bringt spektakulärere Zahlen, dramatischere Berichte, hysterischere Leser. Daß dem Schreiber im Vorspann kein Versehen passiert ist, wird im Laufe des Artikels deutlich. Von der *»Horrorseuche Aids«* ist im ersten Absatz die Rede, die *»unausweichlich«*, als *»Lawine«* auf die Schulen *»zurollt«*. Dann aber stellt sich heraus: Es sind bisher nur »*drei Träger des gefürchteten Aids-Virus*« an den Schulen bekannt geworden; *ein vierter Jugendlicher ist im Alter von 16 Jahren bereits an den Folgen der Immunschwäche gestorben.*«

Das bezeichnende Wort heißt hier »*bereits*«. Es suggeriert, daß es die anderen auch bald packen wird, und unterstellt so ganz nebenbei wiederum die Identität von Infizierten und Kranken. (Dieses »*bereits*« kopiert übrigens eine beliebte Masche der »Bild«-Zeitung. »Bild« hatte die gleiche Geschichte am selben Tag mit der Schlagzeile »*Aids an deutschen Schulen: 1. Kind tot*« gebracht und damit die ganze imaginäre Gruppe der folgenden Toten in der Phantasie des Lesers aufmarschieren lassen.)

Diese Gleichstellung der ganz unterschiedlichen Gruppen schlachtet der Schluß des Artikels noch einmal aus. Er redet über die Übertragbarkeit der Viren, hält sie bei wohl blutig gedachten »*Raufereien unter Schülern*« für »*denkbar*«, um dann fortzufahren: »*Während alle anderen Unfall- und Krankheitsrisiken kalkulierbar sind und die Folgen geheilt werden können, sind die Ärzte bei Aids bislang hilflos — dieses Übel endet, wenn es denn ausbricht, mit Sicherheit tödlich*«. Einzig der Nebensatz »*wenn es denn ausbricht*« hemmt hier den Schnellschluß von der Infektion auf den sicheren Tod.

Da erscheinen liberale Lösungen, die die Hysterien unter den Eltern und die Freiheiten der betroffenen Kinder gegen das Risiko einer Ansteckung aufwiegen, von vornherein als unangemessen. So »*verschweigen*« die Minister, die die liberale Position vertreten, das Problem oder sie »*verdrängen*« es, reagieren »*ratlos*« oder »*beschwichtigen*«, haben jedenfalls »*nirgendwo ein Konzept*«. »*Die Stuttgarter Sozialministerin Barbara Schäfer vertraut einfach darauf, daß keine Panik ausbricht*«. Hier liefert das Wort »*einfach*« die entscheidende Nuance, die die Einschätzung abwegig erscheinen läßt.

Ganz anders der Bremer Senator Franke, an dem sich die Meinung des Artikels formuliert. »*Bei uns, beklagt er, wird Aids noch immer wie Schnupfen behandelt*«. Das ist ein Fall von Manipulationsdramaturgie. Grad vorher war von dem »*bereits*« gestorbenen jungen Mann die Rede, so daß Zurückhaltung der Behörden in Sachen Aids jetzt in der Tat als unverantwortliche Verharmlosung erscheinen muß. Und während auch für einen Sprecher des Münchener Kultusministeriums die Sache »*einfach*« ist — er beruft sich auf bestehende Gesetze —, will es der »*erschreckte*« und »*nachdenkliche*« Bremer Senator »*nicht verantworten*«, sich im Gefahrenfall hinter den Gesetzen zu verschanzen.

Und noch einmal zur Schnupfen-Behauptung des Senators zurück: Vollständig lautet die Stelle »*Wie viele Schüler tatsächlich schon die Keime der Krankheit zum Tode in sich tragen, weiß niemand: es gibt weder obligatorische Reihenuntersuchungen noch eine Meldepflicht nach dem Bundes-Seuchengesetz. Bei uns, beklagt Bremens Franke, wird Aids noch immer wie ein Schnupfen behandelt*«. Das Satzarrangement schließt alle Möglichkeiten jenseits der Alternative von Meldepflicht und Verharmlosung aus. Nein, man muß die Tricks der »Spiegel«-Sprache ja schon gar nicht mehr benennen, es reicht, die Zitate aus dem Sprach-Brei zu isolieren und auf sie zu zeigen, um ihre Unterstellungen deutlich zu machen.

Über die konservative Meinung des Artikels selber ließe sich vielleicht noch diskutieren; schlimmer ist, daß diesem denunziatorischen »Spiegel«-Ton die Verteidigung individueller Freiräume gegen den Zugriff der Administration keine ernsthafte Überlegung mehr wert ist. Man mag hier nach dem Staat rufen wollen — es gibt dafür Argumente —, die Form, in der der »Spiegel« das tut, zeigt, daß ein Interesse für den Preis, der dafür zu zahlen ist, im Zweifelsfall nicht besteht.

Schwer zu ertragen sind die »Spiegel«-Berichte, wenn es um die Homosexuellen geht. Die Tatsache nämlich, daß Aids bislang vor allem unter Homosexuellen sich verbreiten konnte, war für den »Spiegel« ein Anlaß, in bisher einmaliger Ausführlichkeit schwule Lebensweisen darzustellen. Dieses unfreiwillige coming out einer Subkultur unter quasi medizinischen Gesichtspunkten schafft alleine schon ungute Assoziationen. Offenbar werden homosexuelle Lebensweisen erst dann von der Öffentlichkeit (zumindest der von den Zeitschriften repräsentierten) als Thema geduldet, wenn sozusagen schon das hygienische Verdikt über sie gebrochen ist. Alle Möglichkeiten,

Homosexualität überhaupt in den Horizont des allgemein akzeptierten Gefühlslebens zu rücken, sind damit vorweg vertan. Und an Korrekturen dieses fatalen Zusammentreffens von medizinischem und sozialem Interesse ist dem »Spiegel« offensichtlich nicht gelegen. Im Gegenteil.

Natürlich verwahrt sich der »Spiegel« ausdrücklich gegen jede Schwulenhetze und warnt vor ihr (um auf dem so gereinigten Terrain ihr dann ungehemmt verfallen zu können): »*Daß die geheimnisvolle Infektion weltweit zum Anlaß genommen werden könnte, von neuem zur großen Hatz auf die Schwulen zu blasen, fürchten nicht nur die Betroffenen. BGA-Professor Koch: ›Wir müsen alles tun, daß man die homosexuellen Mitbürger nicht wie die Pestkranken im Mittelalter behandelt.‹« (23/85)*

Schreibt man so über Mitbürger?:

»*Es ist alles aus Amerika gekommen, sagt Thomas, der harte Sex von Faustficken bis wer weiß wohin.*« — »*Während es der deutsche Heterosexuelle durchschnittlich im ganzen Leben nur auf drei bis vier Sexualpartner bringt, schaffen viele Homosexuelle leicht das Hundertfache. Tausend Intimpartner — tausend verschiedene — innerhalb von drei Jahren gelten den amerikanischen Aids-Ärzten keineswegs als Spitzenleistung. Unter den Patienten sind Männer, die im gleichen Zeitraum dreitausend Partner hatten.*« — »*Nun schlendern Schwule über Parkwege, verlangsamen den Schritt, wenn sie an den Bänken vorbeikommen und warten auf einen zustimmenden Blick. Gesprochen wird kaum. Haben sich die Männer geeinigt, treiben sie's im Freien auf der Bank, während andere sich schweigend darum versammeln, um zuzusehen. Wenn die Darsteller fertig sind, zerstreut sich das Publikum, und das ganze Spiel fängt wieder von vorne an.*« — »*Ein Regie-Kollege läßt sich auf einem Pooltisch in New York ficken, Kopf an Kopf mit einem anderen, den er dadurch kennenlernt.*« — »*Vor den Schließfächern wird Dohmin endlich von einem älteren Herrn angesprochen, der nach der Standardfrage (Was haben Sie heute noch vor?) gleich zu feilschen anfängt. Dohmin gibt schnell nach. Gemeinsam ziehen die beiden ins nahegelegene Kaufhaus Horten, wo sie im 1. Stock in einer Toilettenkabine verschwinden. Eine Viertelstunde später erscheinen sie wieder in der Bahnhofshalle.*« — »*Einsame Homosexuelle weichen auf Telefon-Sex aus, oder sie finden sich zu Jack-Off-Sessions zusammen: 50 oder mehr Männer masturbieren dabei im Verein.«* — *»Wer nicht anders kann, als in die Sauna gehen und losmachen, der muß in die Sauna gehen und losmachen. Wenn ich mich auf eine Bank lege und von fünf Männern ficken lasse, will ich fünf Männer.«* (»Spiegel« 34/85; 23/83; 46/85; 48/84; 42/85; 44/85; 47/84)

Dieses Auseinanderfalten von Sex-Praktiken — die »Spiegel«-Artikel sind damit gespickt — hat natürlich viel mit der Geilheit von Autoren und Lesern zu tun — na wenn schon. Aber zugleich wird hier ein Sexualverhalten in einer Weise präsentiert, als ginge es nicht um Menschen, schon gar nicht um *»Mitbürger«*, sondern um das Paarungsverhalten von Pavianhorden. Das liegt am exponierenden Blick, der allein schon deshalb diskriminiert, weil er die einen zum voyeuristischen Objekt der anderen macht, ohne den Blick zurück zu gestatten. Solches Schreiben bricht an zentraler Stelle in die Subjektivität der anderen ein, schlachtet sie als Exotikum aus und zerbricht damit jede Möglichkeit von Solidarität und potentieller Gleichartigkeit.

Ein Ansatz, das vielleicht Ungewohnte zu verstehen, wird dadurch boykottiert, daß all diese Verhaltensweisen völlig isoliert beschrieben werden. Für den »Spiegel« gibt es da keinen seelischen Kontext, keine gesellschaftlichen Zwänge. Warum promiskes Verhalten bei vielen Homosexuellen so verbreitet ist, ist dem »Spiegel« keine Frage und keine Antwort wert. Es geht ihm nämlich nur darum, eine bestimmte psychische Disposition, die Homosexualität, auf ein bestimmtes sexuelles Verhalten zu reduzieren. Reduktionen dieser Art verstärken den Objekt-Blick auf die anderen, weil sie die Züge aussparen, die Einfühlung und Wiedererkennen erlauben, nämlich all die Gefühle, die das Verhalten bedingen und ihm erst Bedeutung verleihen.

So ist denn auch im »Spiegel« von Liebe und Beziehungen nur am Rande die Rede, als seien dies für Homosexuelle inadäquate Begriffe. Und auch die Bilder halten es eher mit dem Absonderlichen: Fotos aus Berliner Lederbars werden abgedruckt, auf denen Männer in für Outsider abstrusen Aufzügen zu sehen sind. Das alles sind journalistische Ausgrenzungsbemühungen, in denen die Lebensformen von Minderheiten nicht als Varianten der alltäglichen Lebensformen, sondern als Jenseitigkeiten dargestellt werden, denen gegenüber die Grenzen aufzurichten näher liegt als sie einzureißen.

Die Gleichung zwischen Homosexualität und Promiskuität macht die Homosexualität natürlich anfällig für moralische Verurteilungen — deshalb wurde sie ja aufgestellt — und läßt sich ohne weiteres in die zwischen Homosexualität und Sauerei umformen (oder »*Saunerei*«, wie der »Spiegel« an einer Stelle (23/83) zu formulieren sich nicht zu schade ist, mit typisch verklemmter Aggressivität: Man will draufhauen und sich das zugleich nicht eingestehen, deutet also im Wortspiel alles überstark an, um sich dann doch hinterher darauf zurückziehen zu können, man habe doch eigentlich gar nichts gesagt). Sexuelles Verhalten seiner inneren und äußeren Kontexte zu berauben, es also nur vorzuführen, nicht einsichtig zu machen, läßt es leicht als beliebig, von den Subjektivitäten ganz abgetrennt erscheinen. Dieser Schein wiederum ist die Voraussetzung für die Leichtigkeit, mit der der »Spiegel« ohne Unterlaß die Aufgabe der Promiskuität von den Schwulen fordert, als ginge es um Unarten, die man läßt, wenn sie stören.

Wohlgemerkt: Ich will hier nicht bestreiten, daß das Auftauchen einer Geschlechtskrankheit strengste Rückwirkungen auf die sexuellen Verhaltensweisen haben muß. Wichtig ist mir etwas anderes: Das fehlende Bedauern darüber, daß hier Lebensformen durch äußeren Zwang aufgelöst werden, Formen, die Menschen gewählt haben, zu denen sie vielleicht nur durch gesellschaftlichen Druck gekommen sind, die sie auf jeden Fall als ihre eigenen betrachten und mit denen sie die Etablierung ihrer Emanzipation verbunden haben. Die Rede von der verantwortungslosen Promiskuität der Schwulen definiert diese eben schon gar nicht mehr als Lebensform, sondern als schädliche Angewohnheit, die je nach Situation ohne Schwierigkeit aufgegeben werden könnte. Daß Sexualität Ausdruck von Personen und Beziehungen ist, wird nicht bedacht und damit die Vorstellung aufgegeben, die der Motor der sexuellen Liberalisierung vor Jahren war.

Bei aller Diskriminierung der Homosexuellen zeugen die

»Spiegel«-Artikel doch auch von ihrer geheimen Attraktivität. Zu ausführlich wird da der Schwulensex beschrieben, zu detailliert das subkulturelle Leben, daß sich nicht die Vermutung aufdrängte, daß da auch die sexuellen Träume und Phantasien der Heteros mitspielen. Das homosexuelle Leben scheint auch eine der Projektionsflächen für die Wünsche der anderen zu sein. Der freizügige umstandslose Sex, der hier geschildert wird, läßt sich nämlich als Alternativprogramm zu den komplizierten und gefühlsbelasteten eigenen Beziehungsformen verstehen. Dann wäre Aids eine Chiffre für die Vergeblichkeit dieser Wünsche, eine Hilfe beim Verzicht auf sie; und die Schwulen wären als Vorläufer, die diese Wünsche sich erfüllt haben, aber dafür bestraft werden müssen, tolerierbar. Auf dieser Ebene liegt ein defizitäres Wohlwollen den Schwulen gegenüber: Sie entlasten die *»Normalen«* vom Druck der Phantasien; und sich ihnen mit Gesten aus Mitleid und Hilfe zuzuwenden, wird nun möglich. So ist eins der Lieblingsmotive des »Spiegel« das Seelenleben der Aids-Kranken; hier allein wird den Schwulen eine Innenwelt mit — meist traurigen — Gefühlen überhaupt erst zugestanden.

Daß Aids für den »Spiegel« keine Krankheit und Promiskuität kein Risikofaktor ist, sondern beides Symbole für Schuld und Sühne der westlichen Gesellschaft sind, das bringen die Berichte über Aids in Hollywood am deutlichsten zur Sprache. Hollywood ist selber schon immer Symbol gewesen: für den Gipfel eines hedonistischen Lebensstils, den die Konsumgesellschaft als ihr Ideal verstand, und zugleich für die äußerste Scheinhaftigkeit dieser Lebensweise. Tod in Hollywood: unzählige Filme und Romane haben dieses Doppelmotiv ausgeschlachtet. Das tut aufs neue der »Spiegel« (33 und 34/85). Er malt das wohlbekannte Bild von der *»Glitzerkommune«*, in der der *»Rich & Famous-Set«* und die *»fleißigen Müßiggänger sich durch die Empfänge und Partys küssen und tätscheln«*. Hollywood ist ein *»sich an sich selber erregender Narzißten-Zirkel«*, ein *»inzestuöser Eliteclub«*, in dem sexuelle Ausstrahlung am meisten zählt: *»Je viriler ein Star, desto höher sein Profit«*. *»Mr. Jedermann im sonnenreichen, glücklichen Kalifornien hat die Pflicht, o. k. zu sein. Great, fine, wonderful«*.

Der säuerliche Unterton dieser Beschreibungen deutet schon an, daß hier nicht alles in Ordnung sein kann. Vor Bedrohungen und Herausforderungen schließt Hollywood die Augen. Verdrängt wird die Homosexualität vieler Stars (dreißig Prozent, weiß der »Spiegel« zu berichten) — da wird Anpassung verlangt: siehe Rock Hudson —, verdrängt wird auch die Krankheit Aids, die das süße Leben zerstören könnte. *»Das Wort Aids war, wie die Talkshow-Glucke Joan Rivers bestimmte, das dreckigste Wort im Land.«* Und wenn es dann doch einmal nicht zu überhören ist, löst es Panik aus. *»Linda Evens, die vom Aids-infizierten Rock Hudson im ›Denver-Clan‹ leichtfertig geküßt wurde, schreckt Nacht für Nacht aus dem Schlaf. Sie schreit am Telefon um Hilfe, denn ihre Alpträume gaukeln ihr alle Stadien der Krankheit vor.«*

Die Filmstadt kann ihr eigenes Filmklischee nicht loswerden, weil es offenbar einen Sog auf die undeutlichen Gefühle der Menschen ausübt. Es gibt Impulsen eine Kontur, die sonst mühsam nach Formen suchen müßten und sich im Dschungel der Ideen und Postulate eher verirren würden. Hollywood und Aids, das steht für ein diffuses Unbehagen an der Konsum-Kultur, für ein ganz vages Mißtrauen dem schicken Glanz gegenüber, mit dem die Industriegesellschaft sich zu drapieren pflegt. Es lassen sich hier verbogene Motive von Gesellschaftskritik entdecken; der »Spiegel« selbst legt sie nahe: *»Noch die kleinste Niederlassung in den USA wurde einmal als Abbild des Reiches Gottes auf Erden entworfen. Als die ideale Gesellschaft, die nur im Zustand optimaler Leistungsfähigkeit ihre Ideen von Freiheit, Gerechtigkeit und Chancengleichheit verwirklichen konnte, die unbegrenzte Perspektive des Fortschritts immer vor Augen. Aids bedroht all diese Ideale.«*

Natürlich waren sie schon immer bedroht. Bei allen großen gesellschaftlichen Themen der letzten Jahre zum Beispiel standen sie, zumindest theoretisch, zur Disposition, ob es nun um Kernkraft, Atomkrieg, Umweltverschmutzung oder was immer ging. Die Aids-Variante dieser Themen ist allerdings bezeichnend: Sie greift die verstreuten zivilisationskritischen Stimmungen all dieser Diskussionen auf und deutet sie um. Sie richten sich nun nicht mehr gegen politische Instanzen und gesellschaftliche Verhältnisse, sondern gegen die eigene Lebensführung. Die privat-moralischen Motive drängen sich vor: die Liberalität ging zu weit, der Überfluß war zu viel, der Größenwahn zu kühn. Aids schiebt dem Ganzen einen Riegel vor, als quasi-metaphysische Macht rückt die Krankheit die Verhältnisse zurecht und formuliert sie innerhalb eines Schemas von Schuld und Sühne, dessen Unwiderstehlichkeit darin besteht, daß es die vertrackten und komplizierten und zu Zivilcourage herausfordernden gesellschaftlichen Probleme auf ein vertrautes psychisches Muster hin abbildet.

Insofern betreibt Aids hier die moralische Drainage der politischen Fragen. Der »Spiegel« schreibt damit übrigens nur die Topoi einer bestimmten konservativen Kulturkritik fort, die immer schon die großen Probleme der gesellschaftlichen Strukturen als solche des Lebensstils verstanden hat, als Konsequenzen von Maßlosigkeit, Anspruchsdenken und Liberalität, um damit den Subjekten die Verantwortung für die Fehler des Systems aufzuhalsen und die Bereitschaft für restriktive Maßnahmen zu schaffen.

Ist Hollywood wahrhaftig Babylon?« Wenn ja, dann wäre Aids wohl das Menetekel. Oder gar der *»Bote des Jüngsten Gerichts?*« Spätestens bei solchen rhetorischen Ausflügen zu den letzten Dingen kann man ahnen, daß es gar nicht die vielfältigen Hin- und Her-Deutungen selber sind, die den Kern der publizistischen Bewältigungsversuche ausmachen, sondern eher die Tatsache, daß hier ein Stoff vorliegt, über den man überhaupt mit Deutungen herfallen kann. Nicht wie die Krankheit inszeniert wird, ist vielleicht wichtig, sondern daß sie sich überhaupt inszenieren läßt. Ich will damit sagen: die Hauptarbeit, die der »Spiegel« (und nicht nur er) beim Umgang mit der Krankheit leistet, besteht in ihrer Dramatisierung. Aus dem Faktum macht er ein ästhetisches Phänomen, ein Kunst-Stück. Babylon oder Jüngstes Gericht meinen dann selber gar nicht mehr viel, sondern dienen als literarische Anspielungen, die vor allem den ästhetischen Reiz der Sache steigern.

An einem Beispiel aus der »Bild«-Zeitung, das sich aber durchaus auch im »Spiegel« hätte finden lassen, möchte ich das erläutern. Im August 1985 brachte die »Bild«-Zeitung eine Serie von Aids-Artikeln unter der Sammelüberschrift »*Aids — Kann denn Liebe tödlich sein?*« Nun läßt sich diese Anspielung auf den alten Schlagertitel natürlich gut verstehen: Die Ersetzung des Begriffs »*Sünde*« durch das Adjektiv »*tödlich*« legt Deutungen nahe, die auf eben die Mixtur von Moral und Medizin verweisen, über die ich geredet habe. Wesentlicher als der Inhalt scheint mir aber die Form zu sein: daß hier nämlich Aids zum Bestandteil eines Wortspiels, einer Zitatenverfremdung wird. Dadurch geschieht etwas Eigentümliches: Die Sache, über die berichtet werden sollte, verwandelt sich zum Spielmaterial; und die Blickrichtung, in der es gelesen wird, ist nun nicht mehr die Wiedergabe von Wirklichkeit, sondern der Beziehungsreichtum der Sprache und die Gelungenheit des rhetorischen Effekts. Das sind ästhetische Kriterien.

Die Ästhetisierung der Informationen trifft man im »Spiegel« überall an. Das Foto vom Virus etwa zeigt ja nicht nur seinen Gegenstand, sondern demonstriert zugleich dessen Prestige-Wert. Allein auf diesen zielt die erste Seite der »Spiegel«-Geschichte vom 12. August 1985, die die Titelseiten der internationalen Presse abbildet.

Insgeheim wird damit eine Erfolgsstory erzählt: von der Tipse zum Cover-Girl, vom Tellerwäscher zum Millionär, vom Virus zum Titel-Star. An solchen Stellen vollzieht sich die Absorption der Medizin durch das Show-Business; und der Glanz des Ruhms, der auf das Virus fällt, wird in geringeren Dosen an die weitergereicht, die von ihm lesen. Die »Spiegel«-Geschichten von den Hamburger Strichern und Berliner Lederschwulen, nobelpreisgeilen Ärzten und verängstigten Hollywoodstars, gefahrenbewußten Prostituierten und eifernden Sexfeinden, sie alle schaffen um die Krankheit herum eine Art literarischer Betriebsamkeit, die sich selbst ihr eigener Zweck ist. Damit kehrt sich das traditionelle Verhältnis von Form und Inhalt um: Die Form verwandelt die Nachricht in einen plot, einen Anlaß, aus dem heraus sich eine Reihe spannender Geschichten erzählen lassen. Der »Spiegel« betreibt mit dieser Art, Nachrichten aufzubereiten, die Transformation der Wirklichkeit in eine Art Film-Skript mit all seinen Aufgeregtheiten und Verwicklungen. Die wirklichen Aids-Kranken liefern letztlich nur noch die Realität zum Worte-Film, und zuweilen verwundert man sich darüber, daß es sie tatsächlich gibt.

Dieser Sieg des Mediums über die Message hat seine Folgen. Zum einen läßt er das Sensorium für Wichtiges und Unwichtiges, das für die Konstruktion von Wirklichkeit unerläßlich ist, verkümmern. Selbst gefährliche Krankheiten lassen sich dann nämlich nicht mehr genau von den Pappmacheemonstern aus den Horrorfilmen unterscheiden, wenn sie selber schon zur »Horrorseuche« geworden sind, Sie geraten so in ein Zwielicht des Unwirklichen, das jede mögliche Rede vom Ernst irgendeiner Lage neutralisieren muß. Andererseits sind gerade solche Undurchschaubarkeiten offen für Ängste aller Art. Wenn gar nicht mehr richtig einzuschätzen ist, wie wirklich die Dinge sind, dann läßt sich Wirklichkeit von allen Seelenlagen wie ein Luftballon beliebig aufblasen. Dieses Wandern im Indifferenzbereich zwischen Fiktion und Realität zersetzt jeden festen Halt, von dem aus man sich gegen die Überschwemmung der Phantasie durch die Hysterien überhaupt wehren könnte.

Hermann L. Gremliza
Die Herren des Montagmorgengrauens
oder: Die Abwehrschwäche des Informationssystems
Der Spiegel (A.I.D.S.)

Vor Tschernobyl war Aids, vor Aids war Neue Heimat, vor Neue Heimat war Flick. Aids war 1985. Mit immer neuen Schreckensgeschichten versuchte der »Spiegel«, die Nation Mores zu lehren und den Fall der Auflage unter die den Anzeigenkunden garantierte Marge zu bremsen. In dieser Gemengelage der Motive — man könnte sie gewinnbeteiligungsethisch nennen — wurde die »Todesseuche« geboren, welche die Opfer nach Megatoten hochzurechnen gebot. Ein neues Zeitalter (»Mikroben machen Geschichte«) wurde ausgerufen, die »Homophilen« wurden verflucht, jeder, der sich widersetzte, als mehr oder weniger pervers bewertet.

Öffentlicher Protest gegen die Kampagne war nicht zu befürchten, stimmten doch alle Bürgerblätter nur zu gern in das Lied vom schwulen Tod ein. Umso härter traf es die Herren dieses Grauens, daß ausgerechnet die über Jahrzehnte vom »Spiegel« als Experten in sexualibus aufgerufenen Forscher der Universitätskliniken von Frankfurt und Hamburg sich zusammenfanden, um des Nachrichtenmagazins »Geschäft mit der Angst« vor aller Welt zu denunzieren. In dem Sonderheft »Operation Aids« der Reihe »SEXUALITÄT KONKRET« widmeten sie sich dem Phänomen, das der Herausgeber Volkmar Sigusch, Professor für Sexualwissenschaft an der Universität Frankfurt und zuletzt im Mai 1985 Autor einer »Spiegel«-Kolumne, im Editorial unmißverständlich beschrieb:

Die bürgerliche Presse ist weder hysterisch noch paranoid. Sie ist nicht krank, sie macht krank. Gefühllos kalkuliert sie ihre Geschäfte mit der Angst vor einer »Todesseuche«, die sie eigens dazu fabriziert, mal zynisch, mal sentimental, wie es gerade kommt. Hauptsache die Kasse stimmt.

Auch für den, der sich nichts vormacht, ist das Versagen jener

Presse, die zwischendurch auch einmal liberal war, sind die Panikmache, das Ausgrenzen verfolgter Minderheiten, das Anstacheln des ohnehin dumpf grollenden »gesunden Volksempfindens« erschütternd.

Das traf. Doch zwei Monate lang tat der »Spiegel«, als sei nichts passiert — kein Muckser, keine Zeile, kein Zitat, nicht einmal in jener Rubrik, die alle Äußerungen Passauer Lokalredakteure über das Nachrichtenmagazin getreulich aufzählt. Man schien sich fürs Totschweigen entschieden zu haben: erstens, weil die Redaktion, die aufs Vorzeigen namhafter Experten angewiesen ist, keinen nennenswerten in petto hatte, und zweitens, weil etwas, das im Blatt nicht erwähnt wird, auch nicht stattgefunden hat. Blieb also bloß übrig, daß der »Spiegel« und sein für Aids zuständiger verantwortungsloser Redakteur (oder der unzuständige verantwortliche) in der sexualwissenschaftlichen Diskussion nicht mehr ernst genommen würden. Man schien das verkraften zu wollen.

Bis plötzlich, am 26. Mai, Händlerschürzen vor die Kioske gehängt wurden, auf denen der »Spiegel« einen »Krach zwischen Sexforschern« ankündigte: »Platzhirsch kontra Psychoanaler« (schon das war gelogen, denn beide Bezeichnungen galten derselben Person). Es war der Tag der Rache. Stellvertretend für die anderen Mitarbeiter an »Operation Aids« wurde der Herausgeber Volkmar Sigusch beleidigt, verhöhnt, geschmäht und beschimpft. Was da unter dem Titel »Erlebtes Elend« im »Spiegel« Nr. 22/1986 erschien, ist als hypertrophe Provinzranküne ein Dokument journalistischer Agonie, an dem keine Arbeit über das Wesen des »deutschen Nachrichtenmagazins« vorbeisehen sollte. So viele Falschmeldungen, Verdrehungen und perfide Konstruktionen, wie da in knapp drei Textspalten untergebracht waren, habe ich selbst im »Spiegel« auf so engem Raum vorher noch nicht beieinandergefunden. Es fängt so an:

Ein altes Rätsel schien endlich gelöst. Was ist Liebe? Die Antwort aus berufenem Munde: »Eine Orgie gemeinster Quälereien. Sie ist voll raffinierter Erniedrigung, wilder Entmächtigung, bitterer Enttäuschung, boshafter Rache und gehässiger Aggression...« So definiert Volkmar Sigusch, 45, der einzige ordent-

liche deutsche Professor für Sexualwissenschaft, die Liebe. Ob dieser »Verhöhnung von Wissenschaft und Ratio« packte Siguschs Amtsbruder Ernest Borneman, 71, nur noch warmes Mitgefühl . . .

So sei jetzt der Krach unter den Sexforschern ausgebrochen, der mit aktuellen Werbemitteln angezeigt wird. Wann aber hatte Sigusch »das Rätsel endlich gelöst«? In der Vorwoche? Im Vormonat? Vor sieben Jahren, in »SEXUALITÄT KONKREKT 1979«. Und Bornemans »warmes Mitgefühl« (ein feiner Scherz), Wochen vor »Operation Aids« bei Rowohlt erschienen, hatte damals keinen »Spiegel«-Redakteur hinterm Ofen hervorgelockt. Wichtiger aber ist, daß Sigusch »die Liebe« weder überhaupt noch gar so, wie vom »Spiegel« zitiert, »definiert« hat, sondern nur »das niedere Lied der Liebe» erzählt, dem er zehn Zeilen zuvor »das hohe Lied der Liebe« (»Sie ist weich, warm und weiblich. Sie eifert nicht und treibt nicht Mutwillen . . .«) und zwanzig Zeilen danach »das gemeine Lied der Liebe« gegenübergestellt: »Sie ist gewiß beides . . . Das, was wir Liebe nennen, ist eine Einheit einander entgegengesetzter seelischer Strebungen.«

Des Nachrichtenmagazins »Zitat« ist also nicht bloß aus dem Zusammenhang gerissen. Es ist eine mutwillige Fälschung. Obwohl mit ihrer Hilfe der Leser schon kräftig eingestimmt ist, wird nun das Opfer noch schnell auf eine respektable Fallhöhe gehoben: Sigusch ist »der einzige ordentliche deutsche Professor für Sexualwissenschaft«. Abgesehen davon, daß die DDR nicht ordentlich deutsch ist; abgesehen auch davon, daß das hessische Hochschulgesetz keine »ordentlichen« Professoren kennt — Sigusch ist auch in der BRD keineswegs der »einzige« Hochschulprofessor für Sexualwissenschaft, sondern hat zwei gleichrangige Kollegen: Eberhard Schorsch und Gunter Schmidt (die aber, obwohl früher »Spiegel«-Autoren, auch nicht mehr zählen, seit sie bei »Operation Aids« mitgemacht haben).

Doch gleich wird es wieder präzise und brandaktuell: *Sigusch präsidierte bis vor kurzem der »Deutschen Gesellschaft für Sexualforschung«* . . .

Vor kurzem erschien »Operation Aids«, nämlich am 25. März 1986. Vor kurzem präsidierte Sigusch: nämlich bis zum

Oktober 1982. Danach war drei Jahre lang Schorsch Präsident, ihm folgte Martin Dannecker (dessen Name auch nicht mehr genannt werden kann, seit er in »Operation Aids« einen Offenen Brief an Augstein gerichtet hat: »Bitte sorgen Sie in ihrem Haus für das Absetzen der menschenfeindlichen Berichte...«). Das Datum Oktober 1982, seit welchem Sigusch nicht einmal mehr dem Vorstand der Gesellschaft für Sexualforschung angehört, kann der »Spiegel«, der einen »Krach« dreier sexualwissenschaftlicher »Vereine« konstruiert, um zu beschreiben, wie »der Wuschelkopf des Volkmar Sigusch zerzaust wird«, überhaupt nicht brauchen, weil dann ja von Inhalten statt von Personen gesprochen werden müßte und auch der Begriff Aids nicht zu vermeiden wäre, der — obwohl einziger Anlaß der »Spiegel«-Wut — in der ganzen Geschichte nur ein einziges Mal und ganz nebenbei vorkommt.

Dafür aber »Siguschs Amtsbruder Borneman«, der zwar kein Hochschullehrer für Sexualwissenschaft ist, aber immerhin Vorsitzender der »Deutschen Gesellschaft für Sozialwissenschaftliche Sexualforschung e. V.« und als solcher tatsächlich »Siguschs Amtsbruder« war, wenn auch nur vor kurzem, nämlich von Januar bis Oktober 1982. Was doch die fabelhafte »Spiegel«-Dokumentation alles durchgehen läßt, wenn es einem guten Zweck dient.

Nach Borneman, dem Sex-Berater von Bauers Schmuddelillustrierter »Neue Revue«, ruft der »Spiegel« einen weiteren Zeugen auf, der bis zum Erscheinen von »Operation Aids« selbst dem windigen Nachrichtenmagazin als zu windig galt:

Was der Liebeslehrer Sigusch letzthin gegen den ehrenwerten Sexologen Erwin J. Haeberle publiziert habe... Haeberle ist Sigusch ein Dorn im Auge, seit der Emigrant im Revier des Frankfurter Gelehrten über Lust und Liebe redet... Mit seinen Kommentaren beindruckte er Medien und Bonner Politiker... Die Liste seiner sexkundlichen Publikationen ist lang, darunter auch der im angesehenen West-Berliner de Gruyter Verlag auf deutsch erschienene Bestseller »Die Sexualität des Menschen«. Siguschs letzte größere Publikation erschien 1984 — eine preiswert broschierte Sammlung leicht angestaubter Essays, vom »Trieb und von der Liebe« handelnd.

Die Schmierigkeit dieser Passage übertrifft noch die der Erzeugnisse des angesehenen Heinrich Bauer Verlags. Herr Haeberle ist also, weil er aus beruflichen Gründen von der BRD in die USA ging, ein »Emigrant«, was mehr Respekt gebietet als ein »Liebeslehrer«, dem man »warmes Mitgefühl« bezeugen darf. Herr Haeberle ist allerdings Veranstalter von Kursen über Sex-Praktiken mit »Anschauungsunterricht in Sachen Sado-Masochismus«, wie das Medium berichtete, das von Haeberle so beeindruckt war, daß es ihn exklusiv interviewen und folgenreich präsentieren durfte: Bauers »Quick«.

Während Siguschs letzte größere Publikation keineswegs vor kurzem, sondern vor ewigen Zeiten, nämlich 1984 erschien, ist Haeberles »Opus magnum« (so bezeichnete der »Spiegel« Siguschs »angestaubte Essays« — vor dem Erscheinen von »Operation Aids«) taufrisch: es erschien 1978 in den USA.

Natürlich ist auch nicht wahr, daß Siguschs letzte größere Publikation »Vom Trieb und von der Liebe« heißt: Nach ihr erschienen »Die Mystifikation des Sexuellen« (Campus Verlag) sowie die Editionen »Sexualtheorie und Sexualpolitik« (zusammen mit Martin Dannecker) und eben die schmerzhafte »Operation Aids«, die diese »Spiegel«-Geschichte hervorgebracht hat. Gegen Sigusch ist nun schon jedes Mittel recht:

Er ist der einzige etablierte (verbeamtete) Sex-Gelehrte geblieben — andere Universitäten konnten sich, vielleicht die hessische Wissenschaft vor Augen, bisher nicht entschließen, neue Männer auf Staatskosten über die Liebe forschen zu lassen.

Weil der eine nichts taugt, gibt es keine anderen, und weil es keine anderen gibt, wird »vielleicht« der eine nichts getaugt haben — denn zweimal gelogen hält besser: Tatsächlich gibt es an bundesdeutschen Universitätskliniken sieben »verbeamtete« Sexualwissenschaftler, die »auf Staatskosten über die Liebe forschen« (eine Diktion, die ja nicht zufällig an die »Revolutionäre auf Staatskosten« erinnert und dem hessischen Wissenschaftsminister einen Hinweis geben soll). Ob aber sieben oder nur einer — vor allem sind sie alle schwul, im Unterschied zum anständigen Haeberle:

Haeberle ... definiert Sexologie als die »theoretische Untersuchung von Sex«, basierend »auf der objektiven und systematischen

Beobachtung von Liebe und Fortpflanzung«. Damit ist es in Deutschland nicht weit her. Verständlicherweise gilt das Interesse einer Forschergruppe, in der die Homophilen stark überrepräsentiert sind, vor allem der Liebe unter Männern. Studien und Erhebungen, vergleichbar etwa mit den bahnbrechenden Untersuchungen des amerikanischen Wissenschaftlers Alfred Kinsey, ... gibt es in der Bundesrepublik nicht. Im Ausland werden deshalb nur die altdeutschen Namen — Sigmund Freud, Wilhelm Reich und Magnus Hirschfeld — genannt. Der Nachwuchs hat kein Renommee.

Was der »altdeutsche« Sigmund Freud wohl zu dieser klemmtrinigen Denunziation — »verständlicherweise ... die Homophilen« — gesagt hätte? Und gar auf der Basis des Befundes, daß der Nachwuchs ohne Renommee zwei große Untersuchungen über die Sexualität der Studenten, eine über Arbeiter und Arbeiterinnen, eine über Jugendliche, eine über Wirkungen von pornografischem Material, eine über Homosexuelle, eine über Alterssexualität veröffentlicht hat, unter anderem mit dem Resultat, daß der »Spiegel« das renommeelose Zeug, mit dem es »nicht weit her ist«, ausführlich, teilweise sogar als Titelgeschichte, präsentiert hat? Im Ausland werden zwar nur die altdeutschen Namen genannt, aber Gunter Schmidt ist ja gewiß einer: Er wurde nämlich von der amerikanisch dominierten International Academy for Sex Research »vor kurzem« zu deren Präsident gewählt.

An dieser Stelle verlassen wir den Gully in Hamburgs Dovenfleet-Street. Ich will unter die Dusche.

Frank Rühmann
Wege aus dem Zwang?
Zur Aids-Politik der Bundesregierung

»Es steht mehr auf dem Spiel als die wirksame Bekämpfung einer Seuche«, schreibt Rita Süssmuth am Ende ihres Buches »AIDS — Wege aus der Angst«, das im März 1987 bei Hoffmann und Campe in Hamburg erschienen ist. »Die Herausforderung betrifft Grundwertfragen jeder Gesellschaft. Der unbedingte Wille zur Verantwortung in Freiheit, zur Solidarität, zum strikten Nein gegen gesellschaftliche Spaltung und Abgrenzung sollte alle Demokraten einen. Der Schutz der Gesunden, die Integration der Infizierten und die Empathie für die Kranken sind uns Verpflichtung. AIDS geht nicht nur die Gesundheitspolitiker, AIDS geht uns alle an.« (S. 160) Die Sätze sind bemerkenswert, insbesondere da sie aus der Feder der amtierenden Bundesgesundheitsministerin einer christdemokratischen Regierung stammen. Wohltuend heben sie sich ab von so manchen radikalisierten Erklärungen anderer Politiker aus der Regierungspartei.

Es stehen viele schöne Sätze in dem Buch der Ministerin. Ihre Absichten sind ohne Frage redlich. Man findet keinen Grund, an ihrer persönlichen Integrität zu zweifeln. Fast ist man nach der Lektüre des Buches geneigt, wie Candide zu meinen, man lebe in der besten aller möglichen Welten und könne seinen Garten kultivieren.

Tatsächlich dürften es nicht wenige sein, denen die Politik von Rita Süssmuth ein Grund zur Beruhigung ist. Zu groß ist der Schrecken über den von der bayerischen Staatsregierung beschlossenen Maßnahmekatalog. Ein Schrecken, der vor allem auch deshalb so groß war, weil Erinnerungen an die Zeit des deutschen Faschismus geweckt wurden. Solche Assoziationen sind kein Zufall, denn die im Maßnahmekatalog verwendete Sprache und zahlreiche Erklärungen bayerischer Politiker ähneln zu sehr der aus der Zeit zwischen 1933 und 1945. Wenn Franz Josef Strauß vom europäischen Hygienekreis spricht, wenn der bayerische Kultusminister Homosexuelle für eine naturwidrige Randgruppe hält, die ausgedünnt werden müsse, und wenn ein CSU-Bundestagsabgeordneter Überlegungen anstellt, ob man Aids-Kranke nicht in speziellen Häusern konzentrieren solle, dann wird die Erinnerung an eine Zeit mobilisiert, in der die gemeinten Gruppen mit Verfolgung und Ermordung bedroht waren. Es wird, wenn man so will, das Dritte Reich zitiert. Das ist als Drohung gemeint. Und die Drohung wurde, wie die Reaktionen zeigen, durchaus verstanden. Es sollte daran erinnert werden, wie weit man gehen kann, daß es keine absolute Grenze gibt, sondern potentiell *alles* zur Disposition der Herrschenden steht.

Ganz anders hingegen die Bundesgesundheitsministerin in ihrem Buch: »Weiterhin sollten wir alles daran setzen, das Niveau der Freiheitlichkeit und des guten Umgangs mit Minderheiten, das in unserer Gesellschaft allmählich entstanden ist, nicht aufs Spiel zu setzen. Gerade im Zusammenhang mit der Krankheit AIDS besteht die Gefahr, daß sie als Vorwand genommen wird, um gegen Minderheiten ins Feld zu ziehen. Je mehr nach Zwangsmaßnahmen gerufen wird, je mehr verlangt wird, daß der Staat mit eisernem Besen kehre, desto stärker wächst auch die Bedrohung für unsere freiheitliche Lebensform und desto gewaltiger wird die Gefahr gesellschaftlicher Isolierung und Diskriminierung. Dies ist in Deutschland besonders prekär: In den Jahren 1933 bis 1945 herrschte ein Schreckensregime, das Diskriminierung und Ermordung betrieb. Wir sollten alles tun, um vergleichbare Geschehnisse zu verhindern!« (S. 95)

Die Positionen scheinen unvereinbar, die Gegensätze unüberwindbar zu sein. Die Bundesgesundheitsministerin hält sich an diesem Punkt bedeckt. Sie meint: »Im Kampf gegen AIDS, und auch das möchte ich betonen, sind alle Beteiligten *unterwegs,* auf der Suche nach Erkenntnis über die Krankheit und ihre medizinische Bekämpfung. Wir sind aber ebenso *auf dem Weg,* wenn es darum geht, die Ausbreitung der Krankheit einzudämmen und die Betroffenen vor Ausgrenzung und Benachteiligung zu bewahren.« (S. 13) Schon in den Koalitionsvereinbarungen hatte es, durchaus interpretierbar, geheißen, daß Aufklärung und Beratung Vorrang vor seuchenrechtlichen Eingriffsmaßnahmen zukomme. Der Bevölkerung müsse die Notwendigkeit von Verhaltensänderungen durch umfassende Aufklärungskampagnen »eingehämmert« werden. An den entscheidenden Stellen argumentiert die Bundesgesundheitsministerin stets funktional. Sie weiß: »Wann immer der Staat oder andere Institutionen versucht haben, gerade in diesem Bereich ihre Vorstellungen mit Hilfe von Drohungen und Verboten durchzusetzen, bewirkten sie eher das Gegenteil. Was die Institutionen verdammten, »blühte« im Verborgenen. Wir leben in einem Jahrhundert, in dem die Menschen zu Recht erwarten, daß ihr Intimbereich respektiert wird.« (S. 90) Rita Süssmuth sagt nicht, daß der Staat nicht versuchen solle, seine Vorstellungen durchzusetzen. Er soll es nur nicht mit Verboten tun. Die Bundesgesundheitsministerin setzt auf eine andere Strategie. Denn, so schreibt sie: »Ich weiß aber auch, daß Menschen in der Lage sind — nicht unbedingt von heute auf morgen —, ihr Leben zu ändern, daß es ›verschüttete‹ Werthaltungen gibt, die das Leben prägen können. An beides muß ich denken. Allerdings hier zu trennen zwischen einer ›moralischen‹ und einer gesundheitlichen Argumentation erscheint mir problematisch. Das hieße nämlich, die moralische Dimension in der gesundheitlichen Argumentation nicht wahrzunehmen.« (S. 74) Interessanter als die wohlformulierten Erklärungen der Ministerin sind dann auch die unterschwelligen Botschaften, die sie vermittelt.

Besonders beschäftigt habe sie, so schreibt Rita Süssmuth in dem Einleitungskapitel ihres Buches unter der Überschrift »Liebe statt Angst«, in den letzten Wochen der Gedanke an Kinder, die schon mit Aids infiziert geboren wurden. Ebenso betroffen machten sie jene Bluter, »die durch ein Mittel vom Tod bedroht sind, von dem sie sich eigentlich eine lebenserhaltende Behandlung versprochen hatten.« (S. 9) Erst wenige Seiten später erwähnt sie das erste Mal Drogenabhängige, Prostituierte und Homosexuelle. Und in dem Zusammenhang fallen ihr zwei andere Stichworte ein: Gefahr und Bundesseuchengesetz. »Gefahren«, so Frau Süssmuth, »gehen in erster Linie von all denen aus, die ungeschützte Sexualkontakte mit wechselnden Partnern bzw. Partnerinnen haben, die promisk leben. *Falsch* ist anzunehmen, Gefahren gingen allein von der männlichen und weiblichen Prostitution aus, von Homosexuellen und Drogenabhängigen. *Zutreffend* ist, daß der Staat dort eingreifen muß, wo einzelne gegen die Gesetze verstoßen, das heißt, den Schutz des Menschen vor Ansteckung und Krankheit mißachten. In solchen Fällen bildet das Bundesseuchengesetz die Grundlage für rechtliche Maßnahmen.« (S. 12f) Von Drogenabhängigen, Prostituierten und Homosexuellen geht natürlich auch keine Gefahr aus, aber sie gehören nicht zu der Gruppe, der die Betroffenheit der Minstern gilt: »Babys und Bluter konnten sich vor der Infektion nicht schützen. Aber in den meisten anderen Fällen ist AIDS weitestgehend vermeidbar. Bei keiner anderen Krankheit ist das Verhalten des einzelnen so entscheidend: AIDS bekommt man nicht, man holt es sich. AIDS ist nicht heilbar, aber vermeidbar.« (S. 10) Selbstverständlich weiß die Bundesgesundheitsministerin, daß die meisten inzwischen an Aids-Verstorbenen und Erkrankten sich zu einer Zeit infiziert haben, als weder Ursache noch Übertragungswege der Krankheit bekannt waren. Sie weiß auch, wie man mehreren Stellen ihres Buches entnehmen kann, daß Drogenabhängigkeit, Prostitution und Sexualität komplexere Themen sind, als daß man sie mit einem flotten Slogan behandeln kann. Nicht ohne Grund wechselt sie beim Thema Sexualität umstandslos von Imperfekt ins Präsens.

Sie umschifft auf diese Weise elegant jene Klippen, die sie dazu zwingen würden, sich mit den Ursachen von Diskriminierung und Verfolgung auseinanderzusetzen. Eine Analyse der Vorurteile und deren Ursachen verweigert sie. Dabei waren Schuldzuweisungen und Diskriminierung Begleiter der Krankheit Aids vom Zeitpunkt ihrer Entdeckung an. Die Bundesgesundheitsministerin argumentiert entlang der Vorurteile. Sie versucht diese zu beschwichtigen, indem sie auf die Notwendigkeit vermehrten Wissens über Sexualität und einer daraus dann folgenden verbesserten Präventionsstrategie verweist. »Unsere Gesellschaft, auch die Wissenschaft, war nur unzureichend darauf vorbereitet, die sexuelle Seite des Problems zu bearbeiten. Um genauere Kenntnisse über Ansteckungssituationen zu gewinnen und um die Menschen vielleicht auch bei der Lösung intimer und angstmachender Probleme zu unterstützen, wäre es sehr wichtig, wissenschaftliche, anonyme, aber einigermaßen repräsentative Erkenntnisse über das Sexualverhalten der Bevölkerung zu haben. Denn da stellt sich doch eine Reihe von Fragen: Welche Rolle spielen für die Menschen Liebe, Erotik, Sexualität? Wie hoch ist der Anteil jener Frauen und Männer in der Bevölkerung, die sich homo-, hetero- oder bisexuell verhalten? Welche Sexualpraktiken sind verbreitet? Wie hoch ist die Zahl von Menschen mit häufigem Partnerwechsel? Welche Motive bewegen sie, und unter welchen Bedingungen sind sie bereit, ihr Sexualverhalten zu ändern?« (S. 89) Was hier gefordert wird, ist nichts anderes als eine gründliche Bestandsaufnahme über den moralischen Zustand der Nation und daraus abzuleitende Strategien für die moralische Hochrüstung.

Entgegen dem äußeren Anschein und entgegen der Meinung ihrer Kritiker von rechts, beschränkt sich die Ministerin nicht auf nüchterne Infektionsprophylaxe. Vielmehr geht es ihr, ganz im Sinne der konservativen Wendemoral, um »die Werterkenntnis des einzelnen, die persönliche Entscheidung, die eigene Motivation und, wo notwendig, die individuelle Verhaltensänderung.« (S. 93) Rita Süssmuth verläßt zu keiner Zeit die Geschäftsgrundlage ihrer eigenen Partei. Sie setzt nur auf die effektivere Strategie. Dabei geraten ihre Formulierungen bisweilen zu einer Mischung aus pastoraler Ermahnung und Ratschlägen zur modernen Sexualhygiene. Für sie nämlich steckt in der Wertentscheidung des einzelnen »zugleich die Abschreckung (? F. R.) an jeden einzelnen zu gegenseitig verantworteter Partnerschaft, in der sexuelle Treue ihren Platz hat. Das kann im konkreten Fall bedeuten: Einübung neuer Formen der Zärtlichkeit, die gegenseitige Gefährdung ausschließen; Benutzung von Kondomen; Verzicht auf bestimmte, gefährdende Sexualpraktiken; Umgang mit sterilen Nadeln bei Drogenabhängigen.« (S. 93)

Einen Satz aber wird man bei Frau Süssmuth vergeblich suchen, nämlich den, daß es *Unrecht* ist, Kranke, Infizierte, Drogenabhängige, Prostituierte, Homosexuelle und Ausländer zu diskriminieren und zu verfolgen. Sie beklagt allgemein und unverbindlich die Diskriminierung und Benachteiligung von Minderheiten, ohne deren Ursachen und Erscheinungsformen zu benennen. Eine Stellungnahme dieser Art brächte sie schließlich in Konflikt mit einer Politik, wie sie beispielsweise von ihrem Kabinettskollegen Bundesinnenminister Zimmermann betrieben wird. Es brächte sie in Gegensatz zu den Rentenversicherungsträgern, die von Drogenabhängigen einen HIV-Antikörpertest vor Beginn einer Therapie verlangen. Sie müßte dann Stellung beziehen zu der auch in sozialdemokratisch geführten Bundesländern geübten Praxis, Strafgefangene zu testen und sie bei einem positiven Testergebnis oder einer Weigerung, sich testen zu lassen, zu isolieren. Die Ministerin müßte auch Maßnahmen ergreifen, gegen die »freiwillige« Testung bei Neueinstellungen in der Privatindustrie.

Statt klarer Stellungnahmen ermahnt die Ministerin alle, die ein Risiko tragen, sich einem HIV-Antikörpertest zu unterziehen. Immer wieder wertet sie das als ein Zeichen von Verantwortungsbereitschaft, ohne daß sie dafür überzeugende Gründe anführen kann. Sie beantwortet nicht die Frage, warum Menschen dem psychischen und sozialen Druck eines möglicherweise positiven Testergebnisses ausgesetzt werden sollen. Sie verweist stattdessen auf bestehende Selbsthilfegruppen und Beratungsstellen. Doch einmal abgesehen davon, daß diese aus den verschiedensten Gründen kaum für alle zugänglich sind, können auch sie das Problem allenfalls lindern, aber nicht lösen.

Und Rita Süssmuth schreibt auch, »daß jeder, sofern er nicht seit Jahren mit demselben Partner zusammenlebt, Vorbeugung betreiben — und das heißt in erster Linie ›safer sex‹ praktizieren — muß, ganz egal, ob er ›negativ‹ oder ›positiv‹ ist oder ob er keinen Test gemacht hat.« (S. 126) Ein einziges Argument wirkt bei ihr glaubhaft: »Als Politikerin, die kontraproduktive staatliche Zwangsmaßnahmen ablehnt, liegt mir auch noch ein anderer Aspekt am Herzen: Nur wenn möglichst viele Menschen, bei denen ein Test angebracht ist, das *freiwillige* Angebot auch annehmen, können wir die Richtigkeit unserer Linie unter Beweis stellen.« (S. 126) Mit diesem

Satz ist die Politik des Bundesgesundheitsministeriums auf den Punkt gebracht: Es ist der Appell an die künftigen Opfer der Repression, ihre Verfolgung dadurch zu verhindern, daß sie sich freiwillig einer Ordnungsvorstellung unterwerfen, die man andernorts bereits mit Zwang durchsetzen will.

Sicher, mit der gegenwärtigen Politik von Frau Süssmuth kann man noch leben, mit der der bayerischen Staatsregierung schon nicht mehr. Doch längst verwischen sich in vielen Bereichen die Gegensätze. Die Grenzen sind fließend. Und niemand kann sich mit der Hoffnung beruhigen, daß sie es letztlich nicht wagen werden. Sie werden es wagen.

Peter Rogge
Fortgeschrittene Paranoia

Lieber B., in Deinem letzten Brief beschreibst Du ausführlich den Umgang der deutschen Schwulengruppen mit der Aids-Krankheit, ihr diffuses Verständnis einer politischen Dimension dieser Krankheit, ihre freiwillige Übernahme gesellschaftlicher Verantwortung im Sinne einer optimalen Aufklärung der Bevölkerung, mit dem Ziel, die Epidemie einzudämmen und die finanzielle staatliche Unterstützung der Selbsthilfegruppen einzuklagen. Deiner Behauptung, die Aids-Gruppen befänden sich mit dieser Strategie in der Defensive; es sei nicht möglich, Aufklärung gegen eine Hysterie zu setzen, die mit einer Stigmatisierungspolitik des Homosexuellen einhergeht, konnte ich folgen. (Ich werde Dir gleich einige US-amerikanische Beispiele vorangeschrittener Irrationalismen und Ausgrenzungen geben.) Nicht mehr folgen konnte ich Deinem Vorschlag, HTLV-III-Positive sollten ihr Virus offensiv gebrauchen. Das erinnerte mich doch zu nostalgisch an das SPK Heidelberg mit jener Siebziger-Jahre-Parole »Aus der Krankheit eine Waffe machen«.

Ich schreibe »erinnerte«, denn inzwischen habe ich hier in New York eine Frau kennengelernt, die ich Maria Plague nenne. Diese Maria Plague versteht sich als Repräsentantin der subversiven Gruppe New Cancer Power (NCP), die für eine Politik der terroristischen Aids-Infektion eintritt. Um zu verstehen, wie so eine NCP-Gruppe entstehen kann, sollten wir kurz auf das tödliche Karussell von Krankheit, Politik, Medien, Kriminalisierung und Erpressung aufspringen: Da ist zunächst das so sichere Wissen der Direktorin der AIDS Medical Foundation, Mathilde Krim: »Der HTLV-III-Virus ist sogar unter idealen Laborbedingungen sehr schwer zu übertragen.« (Ich mußte an meinen gehaßten Chemielehrer denken, der gegen den Technologiewahn behauptete: »Im Vergleich zum menschlichen Organismus ist das allerfeinste Labor eine Bruchbude.«)

Den beruhigenden Worten Mathilde Krims steht die Prophezeiung des geistigen Führers der hiesigen Sikh-Gemeinde, Yogi Blajan, gegenüber, der am 2. Oktober 1985 in Los Angeles orakelte, das Virus werde mutieren, um sich dann auch über die Schleimhäute und selbst durch das Wasser zu verbreiten. Folgerichtig beschwor er seine Anhänger, Duschen und Whirlpool-Bäder in den Gesundheitsclubs zu meiden und keinesfalls auswärts zu essen. Es sei denn in Restaurants, wo man das Personal kennt.

Daß es sich dabei nicht um sektiererische Exzentrik handelt, machen die Anweisungen eines Reisebüromanagers an seine Busfahrer in Atlanta, Georgia, deutlich: Den Fahrern wird ausdrücklich verboten, Touristen vor Restaurants im Stadtzentrum abzusetzen, da sie sich vor dem Genuß dort angebotener Speisen fürchten.

Fürchten tut sich auch Patrick Fagan, Direktor des Kinder- und Familienschutz-Instituts, ein rechter »think tank«, und zwar um die Gesundheit der Kanalisationsarbeiter und ihrer Familien. Denn Fagan glaubt, daß außer durch die Stechmücke — eine, die homosexuelle und intravenöse Drug User bevorzugt — der Virus auch durch die Berührung mit Fäkalien weitergereicht werden kann.

Wen wundert es da, wenn Mitglieder des New York AIDS Resource Center — einer Gruppe, die sich um die 450 registrierten obdachlosen Aids-Kranken kümmert — so nebenbei einen Aids-Kranken aus einer Sperrholzkiste in der Wohnung seiner Familie befreien mußten?

Sperrte jene Familie den Kranken aus Angst vor der Infizierung ein, so sperren Unternehmer Positiv-Verdächtige durch Kündigung aus. Potentiell positiv ist jeder Homosexuelle. Um die Verknüpfung der Kette von Irrationalismen am Ort zu zeigen, will ich hier nur den Manager eines Fast-Food-Konzerns in Atlanta anführen, der die Anweisung erhielt, allen homosexuellen Kellnern zu kündigen und keine männlichen Arbeitskräfte mehr einzustellen.

Aber auch ohne solch dezidierte Anweisungen kann die Kombination von mutmaßlicher Homosexualität und Hautausschlag oder Husten ein Kündigungsschreiben zur Folge

haben. Steven Little, Assistenzmanager in der Fleischabteilung der texanischen Lebensmittelkette Randalls, mußte wegen seiner Brechreizanfälle Mitte letzten Jahres ins Krankenhaus. Die Diagnose: Hernie der Speiseröhre. Nach einer unbedeutenden Operation kehrte er zur Arbeit zurück, um festzustellen, daß sich während seiner Abwesenheit eine mittlere Panik verbreitet hatte. Little hatte einem Kollegen erzählt, daß sein Untermieter auf Aids untersucht worden war. Der Anlaß dazu entpuppte sich jedoch als eine allergische Reaktion auf Littles Hund. Doch die Gerüchteküche brodelte bereits. Little berichtet, daß der Chef ihn zur Seite nahm:
— Sind Sie homosexuell?
— Ja.
— Wären Sie bereit, sich einem Aids-Test zu unterziehen?
— Ja.
Little wurde trotzdem entlassen.

In einem derartigen Klima unternehmerischer Willkür erscheint der HTLV-III-Test als ultima ratio, ungerechtfertigte Verdächtigungen einzudämmen. Und so hat als erstes Großunternehmen die Ensearch Corporation in Dallas Ende letzten Jahres alle Angestellten, die im Lebensmittelbereich tätig sind, auf Aids untersuchen lassen. Bis auf den Oberkellner der Firmenkantine, dessen Testergebnis positiv war, durften alle Angestellten weiterarbeiten. Der Kellner klagt vor Gericht.

Und in Miami müssen seit Oktober 1985 alle Beschäftigten von Gastronomiebetrieben einen Aids-Test machen. Alle »Nichtinfizierten« erhalten einen Reinheits-Paß. Und fast täglich wird der Katalog der Gruppen, für die man einen Zwangstest fordert, länger: Ärzte, Krankenpflegepersonal, medizinische Forscher, Geburtshelfer, Lehrer, Kinderbetreuer, Studenten, »im Studentenalter stehende Personen«, »sexuell aktive Frauen«. Letztlich »müssen alle unverheirateten jungen Erwachsenen« untersucht werden (Fagan).

Du siehst, wie sich mit der übersteigerten Angst vor Aids irrationale Forderungen ein logisches Gewand umhängen. Und jedes Mal, wenn eine Forderung erfüllt ist, werden noch extremere Beschränkungen zur Beruhigung der Angst folgen. Noch sind Verhältnisse wie in New Jersey, wo Antragsteller für eine

Heiratserlaubnis den Antikörper-Test absolvieren müssen, die Ausnahme.

Noch richten sich die Hauptaktivitäten staatlicher Fürsorge gegen die »Risikobruderschaft« — die Homosexuellen. Sicherlich ist der konservative Politiker Louis Welch aus Houston kein repräsentatives Beispiel für seine Partei. Doch seine Äußerung im Rahmen eines Fernsehinterviews Ende vorigen Jahres gibt die Stimmung wieder, die gegen Homosexuelle gemacht wird. Nach seinem Vier-Punkte-Plan gegen Aids befragt, versprach er: »Einer der Punkte wird sein, daß die Schwulen erschossen werden.«

Erschossen werden sie zwar noch nicht, aber man will sie vor ihren Praktiken schützen, indem man diese kriminalisiert. Am 25. Oktober 1985 hat das staatliche Public Health Council (PHC) in New York eine Resolution verabschiedet, wonach Analverkehr und Fellatio an Orten verboten sind, wo für »Eintritt, Mitgliedschaft, Waren oder Dienstleistungen bezahlt« werden muß. Das heißt Pornokinos, Bars, Bäder und Hotels können jetzt von der Polizei legal ohne Durchsuchungsbefehl geräumt und geschlossen werden — allein die »Information« über »pornografische Aktivitäten« reicht aus.

Daß wegen eines Sexualdelikts Verhaftete einem Zwangstest unterzogen werden, wie es jüngst ein Richter bei zwei wegen gemeinsamer Masturbation festgenommenen Männern in Florida verfügte, dürfte demnächst zum juristischen Alltag gehören. Schon jetzt wird in Colorado jede Person mit positivem Testergebnis registriert. Und in San Antonio, Texas, wurden erstmalig in den USA Aids-Patienten darüber informiert, daß ihre sexuellen Aktivitäten eine Straftat beinhalten könnten. Ihr Bürgermeister Henry Cisnews forderte mit Nachdruck, daß die Kranken »ihre individuellen Rechte zugunsten ihrer Teilnahme an der Gesellschaft aufgeben« hätten.

Diejenigen Aids-Kranken, die ihrer Teilnahme am gesellschaftlichen Leben wegen kleiner Eigentumsdelikte bereits beraubt sind, werden, so in New York, an ihr Krankenhausbett festgebunden. Als Zugabe steht vor ihrer Tür ein bewaffneter Wächter.

Und mit dem Urteil eines Richters in Delray Beach, Florida,

driftet das Problem endgültig in die Sphäre der Science Fiction: Der Richter lehnte es ab, eine aidskranke Prostituierte ins Gefängnis zu schicken. Stattdessen ordnete er an, ihr einen elektronischen Kragen umzulegen, der die Polizeiwache alarmiert, wenn sie das Haus verläßt.

Diese Liste der Monstrositäten ließe sich sicherlich noch beliebig fortsetzen. Auch wenn ich weiß, daß es auf der anderen Seite hervorragende Beispiele von Toleranz und Selbstaufopferung gibt, das Schicksal der Aids-Kranken zu erleichtern, verzichte ich absichtlich auf deren Darstellung. Es kommt mir an dieser Stelle nicht darauf an, Dir den perfekten, objektiven Bericht über die Aids-Gesellschaft USA zu präsentieren. Vielmehr wollte ich deutlich machen, wie solch eine Verdichtung des Faktischen dazu führen kann, daß sich Maria Plague, die ich im Dezember in Washington interviewte, mit der Gesellschaft im Kriegszustand befindet.

Die Entscheidung, ob Du das folgende Gespräch zur Veröffentlichung weiterreichst, überlasse ich Dir.

Viele Grüße, Dein P.

»Die Lust zur Waffe machen«
Peter Rogge interviewte Maria Plague von der Gruppe »New Cancer Power«

Maria, wenn Sie jetzt über Aids sprechen werden, so reden Sie nicht primär stellvertretend für andere, sondern für sich selbst? Sie sind HTLV-III-positiv?

Ja, ich habe das Ergebnis des Tests vor einem Jahr erfahren.

Wie kamen Sie dazu, sich diesem Test zu unterziehen?

Nun, es war ganz einfach. Ich lebte mit einem bisexuellen Freund zusammen, hatte ein Verhältnis mit ihm. Eines Tages bekam er die bekannten Symptome. Anschwellende Lymphdrüsen, hohes Fieber etc. Die Diagnose hieß Aids. Er ist dann unter ziemlich widerwärtigen Umständen gestorben. Sie haben ja sicherlich inzwischen auch in einem dieser rührseligen Aids-Filme gesehen, wie so einer stirbt. Wie dank der Selbsthilfegruppen ein Todgeweihter mit anderen Menschen ganz eng zusammenkommt. Bei ihm lief da ein anderer Film. Er war bisexuell und IV-Drug-User. Halt ein Fixer. Er hat es einfach nicht mehr geschafft. Seine alten Freunde haben ihm über mich den Stoff zukommen lassen, den er für den »Goldenen Schuß« brauchte. Das hab ich alles mitangesehen, wie so ein Mensch doppelt und dreifach fertiggemacht wurde. Wie er krepiert ist.

Zu diesem Zeitpunkt wußten Sie bereits, daß auch Sie infiziert waren?

Davon ging ich aus. Später, nach seinem Tod, habe ich mir durch den Test Gewißheit verschafft.

Wie ging es danach für Sie weiter?

Oh, es ging allerdings weiter. Und wie. Ich wollte das Virus loswerden, obwohl ich wußte, daß es kein Gegenmittel gibt. Verstehen Sie, ich wußte, daß ich den Tod in mir trage, auch wenn die Krankheit akut noch nicht ausgebrochen ist. Ich suchte nach Menschen, denen dieses Ziel ebenso selbstverständlich ist. Es war entsetzlich. Was ich antraf, waren Opfer, die sich in diesem Status organisierten.

Sie sprechen von den Selbsthilfegruppen, die ...

... die sich darauf beschränken, den Versuch zu unternehmen, die medizinische und mental-hygienische Versorgung der Infizierten sicherzustellen ...

... und damit einigen Erfolg haben.

Wenn Sie es Erfolg nennen, daß das zwei Jahre alte River Hotel in der Christopher Street in ein Aids-Haus für 52 Kranke umgewandelt wird und einen Block weiter, im Saint Veronica, 12 Aids-Patienten leben oder sterben dürfen, verkennen Sie die Dimensionen. Das ist nämlich gar kein Schritt, um die Krankheit zu beseitigen. Das ist lediglich eine Umverteilung der Kosten. Durch derartige Einrichtungen spart die Stadt New York zur Zeit 9, 5 Millionen Dollar jährlich. Von dieser Seite müssen Sie das Problem denken. Haben Sie sich schon einmal gefragt, warum der Aids-Test im Staate New York von den Behörden nicht anerkannt wird? Aus Liberalität? Um niemand zu diskriminieren? Unsinn, es geht ganz einfach um Milliarden.

Die Lebens- und Krankenversicherungen verlangen von einigen Antragstellern Aids-Tests. Die New Yorker Life Insurance Company hat bereits Antragsteller aufgrund positiver Testergebnisse abgewiesen, obwohl es die staatliche Anordnung gibt, diese Testergebnisse nicht als rechtskräftige Aussage über den Gesundheitszustand der getesteten Personen anzuerkennen.

Also, die HTLV-III-Infizierten werden nicht versichert, und eines Tages tritt die Krankheit aus der latenten in die akute Phase. Im Moment sind 20 Prozent aller Aids-Kranken, die in den New Yorker städtischen Krankenhäusern liegen, unversichert. Die Versicherungsgesellschaften möchten, daß die Prozentzahl steigt, die Stadtverwaltung, daß sie sinkt. 25 000 Aids-Kranke, die für das Jahr 1989 allein in New York prognostiziert werden, zeigen die Größenordnung an und machen deutlich, warum sich letztlich niemand für sie zuständig erklären wird. Und warum die Politik der Selbsthilfegruppen in die falsche Richtung geht.

Was wäre denn Ihrer Meinung nach die richtige Richtung?

Der aktive Gebrauch des arrows (Pfeil)..

Wie bitte?

So nennen wir, die New Cancer Power (NCP), das Virus. Man muß dieses Virus als Pfeil gebrauchen. So wie man von ihm getroffen wurde, muß man es verwenden. Man muß es auf seine Gegner abschießen.

Sie meinen, andere infizieren, die Krankheit ausweiten? Das Elend vergrößern, den Tod vermehren?

Das ist die Sprache des Horrors, die Sie benutzen. Ein undifferenzierter Horror. Sehen Sie, was läuft: Die Selbsthilfegruppen beschränken sich darauf, für die medizinische und psychische Betreuung der Kranken private Spenden und staatliche Unterstützung zu erbetteln. Außerdem versuchen sie, über eine Aufklärungskampagne die Ausdehnung der Seuche zu verhindern und der Bevölkerung klarzumachen, daß ein Aids-Kranker kein Pest-Kranker ist. Wie wird diese Übernahme gesellschaftlicher Verantwortung honoriert? Indem sich diejenigen aus der Verantwortung stehlen, die zur Verbreitung dieser Seuche beigetragen haben: die Gesundheitsbehörden, die es versäumt haben, die Bevölkerung richtig zu informieren; die Polizei, die die IV-Drug-User verfolgt, anstatt Gratisspritzen zu verteilen; die Politiker und Pharmakonzerne, die die für die Forschung notwendigen Gelder blockieren. Was machen sie stattdessen? Sie holen die Sodomiegesetze wieder aus der Schublade hervor, sie schließen die Schwulenkneipen, sie wollen die Infizierten registrieren und ihnen den Sex verbieten, sie treiben sie in das Ghetto der Illegalität.

... und tragen somit zur Verbreitung der Krankheit bei. Glauben Sie denn, daß das eine bewußte Strategie ist?

Im allgemeinen sollte man Politikern nicht unterstellen, daß sie wissen, was sie tun. Aber dennoch müßte ihnen anhand des vorliegenden statistischen Materials klar geworden sein, daß ihre bisherige Aids-Politik eher zur Verbreitung der Krankheit beiträgt, als daß sie sie eindämmt, geschweige denn beseitigt. Weshalb man sich die Frage stellen könnte, ob die Politiker nicht bewußt dieses Risiko auf sich nehmen, um der moralistischen Politik der Reagan-Administration Genüge zu tun. Unterstellen wir den Politikern ausnahmsweise doch eine Strategie, dann wäre die Krankheit ein Mittel zur Ausrottung von nicht genehmem Verhalten; ein Scheidemittel in gute und schlechte Amerikaner. Man nimmt die Krankheit bewußt in Kauf, um eine neue Moral durchzusetzen.

Kann man den Politikern einen derartigen Zynismus unterstellen?

Wissen Sie, ich habe da noch andere Bilder des politischen Zynismus im Kopf: Die Agent-Orange-Opfer, die GIs, die in der Wüste von Nevada einem Atompilz entgegengehetzt wurden usw. Die Politiker jonglieren immer mit dem Tod anderer.

Das wird mir zu global. Kommen wir zurück auf die Aids-Politik — auf Ihre Strategien.

Gut. Wir befinden uns mitten in der Strategie. Stellen wir doch die Politiker vor das Problem ihres eigenen Todes. Im Moment ist Aids eine Krankheit des Ghettos, der zu eliminierenden Elemente der Gesellschaft. Zwar kann sie längst nicht mehr in diesem Ghetto unter Kontrolle gehalten werden, sie schwappt darüber hinaus. Aber sie hat die Politiker, die maßgeblichen Entscheidungsträger, noch nicht erreicht. Welche Entscheidung würden sie angesichts des eigenen Todes treffen, also wenn auch sie Aids hätten?

Der klassische Terrorismus versucht über Geiselnahme Entscheidungen zu erpressen. Unser Terrorismus verläuft über den Weg der schleichenden Infizierung — durch Lust.

Das also ist die Strategie Ihrer Gruppe?

In der Tat. Wie jedermann haben diese VIPs ihre Bedürfnisse. Wenigstens darin sind sie menschlich. Und da setzen wir an. Wir, das waren Anfang '85 einige wenige. Doch innerhalb der letzten Monate haben wir einen derartigen Zulauf erfahren, daß es uns möglich war, ein Netz über das ganze Land zu spannen. Die anfängliche Resignation hat sich glücklicherweise bei vielen Betroffenen in Power verwandelt. Wir sind Männer und Frauen, die sich in die höchsten Gesellschaftskreise hineingevögelt haben.

Heißt das nicht, die Rigidität der bestehenden Moral potenzieren? So daß eine Verschärfung der Gesetze daraus resultieren könnte?

Gehen wir von der Besetzung Dänemarks durch die Nazis

der dänische König einen Davidstern an die Brust. Ein Großteil der Dänen folgte seinem Beispiel, mit der Konsequenz, daß die Nazis ihre Politik dort nicht durchsetzen konnten. Nun, die US-Amerikaner sind keine Dänen. Also muß man sie dazu machen. Warten wir ab, was daraus folgt. Die Nazis zumindest sind dem Problem nicht durch Verschärfung von Gesetzen beigekommen.

Verstehen Sie, es kommt nicht darauf an, das Problem einzugrenzen, sondern es auszuweiten, das heißt, den Infizierten klarzumachen, daß sie trotz des erwarteten Todes einen realen Machtfaktor darstellen. Statt einer Politik des Mitleids eine aggressive Politik des »Betroffen-Machens«. Erpressen wir die Gesellschaft mit uns.

Sie haben bisher über das theoretische Konzept Ihrer Gruppe gesprochen. Ein Konzept, das auf Drohung und Erpressung basiert. Wieweit hat ihre Gruppe dieses Konzept bereits in die Realität umgesetzt?

Na, fragen Sie sich doch einmal, warum Los Angeles, das ist die Stadt, in der Rock Hudson starb, die einzige Stadt in den USA ist, die die Diskriminierung von Aids-Kranken unter Strafe stellt. Über unsere Aktionen, die in New York, Miami, San Francisco und Dallas laufen, möchte ich mich noch nicht äußern.

Und für den Fall der Fälle — ein unwahrscheinlicher Fall, wegen der anderen Größenordnung —, daß man Aids-Kranke massenhaft internieren wird, wie man bei uns zwischen 1914 und 1918 18 000 Prostituierte wegen Syphilisgefahr einsperrte, haben wir eine lange Liste bekannter Persönlichkeiten parat, die dann ebenfalls in Quarantäne müßten.